はまむぎ

並木正三《なみきしょうざ》諸工夫《くふうのかずかず》より

毛利 隆一

風詠社

目次

装画　毛利隆一

はまむぎ

―並木正三諸工夫より―

一　奈良街道

「お由、それでは行ってくる。お祖母様《ばば》の世話、よろしゅう頼む」

宝暦六年（一七五六）、並木正三が伊勢に旅立ったのは、山々の若葉も鮮やかな初夏のことだ。妻のお由を伴に伊勢参りと行きたかったところだが、近頃、めっきり衰えの見える祖母の面倒をすべて人まかせにすることもできない。その上、作者夫婦が物見遊山の積もりで行ったなら、伊勢にいる芝居の一座も承知しまい。

伊勢の中之地蔵の芝居には中村歌右衛門、岩田染松、嵐三右衛門など道頓堀の中之芝居の一座の多くが加わっていた。正三はその座本、坂東豊三郎から応援を求められたのだ。伊勢でも苦しい興行がつづいているのか、と豊三郎の手紙の行間ににじむ苦汁を正三は感じ取った。

大坂の大芝居の一座が夏興行を伊勢で行うことはこの頃では珍しくない。正三は昨年に引きつづいて、二年連続の伊勢下りとなる、当初は祖母の具合が悪く、妻のお由一人に任せておくのは心もとないと断っていた。しかも中之芝居の一行が伊勢に旅立ってからすでに二か月近くが経過している。それにもかかわらず座本からは是非とも伊勢に来てくれとの誘いの手紙が四月になって改めて届けられた。そこには芝居の中身の算段よりもむしろ相変わらず一座の役者同士のいざこざが絶えないため、何らかの手助けを頼まれたように読み取れた。

祖母の病状も気になりはしたが、四月になってようやく少し暖かくなったためか体調も持ち直してきたと、お由の勧めもあり、祖母の看病はお由にまかせて一人、伊勢に旅立つことにしたのだ。しかし、芝居にもこれといった思いつきがあるわけでもなく、ましてや一座の役者のまとめ役など荷に余ることと正三は重い足を伊勢に向けた。

昨宝暦五年十一月の道頓堀中之芝居の顔見世『時代世話黄金栄《じだいせわこがねのはなぞろえ》』では、舞台に源平盛衰記の役名の書かれた札の入った箱を置き、それぞれの役者に富籤を突く要領で突かせ、突いた札に書かれた役を演じさせることにした。これは正三の思いつきだった。

十一月八日に幕を開ける中之芝居の顔見世に先立つ数日前、舞台に役者たちを揃え、見物衆を前に籤取りをした。

「さて一番富は立女形の橘屋春水丈、突きませい」

座本の坂東豊三郎の呼び声とともに若女形の芳沢崎之助が槍で突く。当たった札を控えている色子（子役）の坂東菊松に手渡した。菊松は黄色い声を振り絞り、

「辻法印」

途端に見物からは爆笑とともに拍手喝采が巻き起こった。女形に辻法印、いわば勧進僧の役である。崎之助はさっそく、「中之芝居に御報謝」と振りを付けさらに喝采を浴びた。

「二番富、岩田屋仙露丈、突きませい」

「船頭権四郎」若女形の岩田染松がこともあろうに船頭権四郎。

「七番富、加賀屋歌七丈」

「斎藤実盛一子五」実悪の中村歌右衛門は子役が当たる。大爆笑。

「十番富、和泉屋一蝶丈」

「巴御前」立役の中山新九郎が女役。「そりゃない、そりゃない」と言いながらも新九郎は女形の振りを付ける。

　こうして当たった役を基にした芝居作りが行われた。岩田染松の船頭権四郎は女権四郎、中村歌右衛門の斎藤実盛一子五は成長して船頭松右衛門となり、中山新九郎の巴御前は巴九太夫という相撲取り、実は渋谷金王丸、となり梶原館に使者となって入り込むが、見破られて衣装を剥ぎ取られ、裸になって一人相撲を取らされる。

　富籤による役付けだけでも評判は高まっていたが、さらに絵のない上方の顔見世番付に替えて、江戸風に役者の舞台絵の入った顔見世番付を出して景気をあおり稀に見る大入となった。

　しかし、顔見世に加わっていた並木永輔はもっと真面目な芝居をしたいと、二の替り『村烏《むらがらす》廓音声《さとのねじめ》』に力をそそいだ。永輔は正三の先輩にあたり、銀主に請われて中之芝居に一座していた。

「正三はんの思いつきは奇抜でよろしゅうございます。けど、そう、いつもいつも当るもんではないでっしゃろ。見物の気ぃを、じわぁと捕《とら》まえる本を永輔はんにお願いしとります」

　こう言われれば、先輩の筋立てを無下に毀すこともならず、正三は陰の薄い作者とならざるを得ない。翌宝暦六年一月に出た前年の顔見世についての評判記『役者懸想文』では、芳沢崎之助の辻法印について、廓で金を催促され、腰縄をつけられ、夜着の上に首を出し、「金才なりがたく死ぬ」とおどける仕草は「おかし、おかし」と評もよかった。崎之助だけでなく、どの役者も普段にはない役を演じるため、おどけた仕草を工夫しており、総じて評判はよかった。しかし、芳沢崎之助は「さりながら、かような事は上役者のせぬ事なり、人躰が安う見えます。重ねては御無用、御無用」とも評された。奇抜な趣向は面白がられながらも、安っぽいという見方も特別ではなかった。ところが並木永輔が渾身をこめて仕組み、十二月十九日に幕を開けた二の替りはひどく不評で、春を待つことなく、わずか四日でつぶれたのだ。

芝居の当たり外れは相場と同じく、運のあるなしにもかかわってこよう。みなが皆、役者のせいでもなければ作者のせいでもない。それでも不景気な桟敷を見渡すだけで、気も沈み苛立ちもつのってくる。ささいな間違いを殊更に取り上げ、すべての失敗をそのせいにしたりする気持ちも起こってくる。ただでさえ、地位や習わしにうるさい芝居の座中に、喧嘩もめごとは避けようもなかった。楽屋の中だけならまだしも、舞台の上でも、忘れたふりをして決められた台詞を言わなかったり、本物の脇差をちらつかせたりする。

坂東豊三郎を座本とする中之芝居の一座は、年を越し新年を迎えても揉めにもめた。とうとう道頓堀で三の替りを打つこともならず、角之芝居に移った中山新九郎、中山文七父子、芳沢崎之助を大坂に残して、三月を待つことなく大坂から伊勢の中之地蔵に一座を移していた。

鮮やかな新緑の生駒の山中を早足で歩いていると、まだ二十七歳の足は自然、先を行く旅人たちを追い抜いて行く。気の乗らない旅立ちだったが、いつしか晴れ晴れとした気持ちになっていた。時鳥やひよどりの声に混じり鶯も時折、谷間に木霊する。例年に比べまだ寒さが残る上に晴れ間が少ないとはいえ、山や草叢や田畑には遅ればせながら夏の気配も感じられる。この季節、暗峠《くらがりとうげ》越えの山道には大坂から伊勢参りの一行が引きも切らない。狭い峠道の道端には急な上り坂に息を切らし汗を拭う旅人が三々五々と蹲っている。奈良から大坂に向かう旅人ははるかに少ない。坂道を上る旅人の間を縫うように、杖でようやく転がるのを防いで駈け下る奈良からの旅人とはたまにすれ違うだけだ。正三は気が向けば、道端の草むらに咲く山躑躅の花を取り蜜を吸った。菅笠は手に持ち、青空の下を心地よい旅路がつづく。

「親分、親分ちゃいまっか」

暗峠の茶店の前を急ぎ足で通り過ぎようとした時、一軒の茶店から軽い口調で呼び止められた。峠には道の両側に数軒の茶店が並び、茶店の前の道は石畳で舗装されている。茶店を過ぎた所が河内と大和の国境となる。どの茶店も大勢の旅人でごったがえしている。馬をひと休みさせ、道端にしゃがみこんで煙草を吸っている馬方もいる。駕籠舁きは駕籠の担ぎ竿にもたれかかって談笑する。社寺の参道前の通りのように狭い峠道には、けれど心地よい風が通り抜け、人いきれも汗の匂いも吹き飛ばしている。にぎやかに談笑する声の中から、正三は呼び止められた気がした。

「親分？」

聞き慣れない言葉だ。大坂では使わない。まさか自分を呼び止めているわけではなかろうと、そのまま行き過ぎた。茶店を過ぎると道は少し広くなり、坂道も次第にゆるやかな下り坂になる。その下り坂を駆け足で追いかけてくる足音に正三は振り返った。見知らぬ若者だ。二十歳くらいだろう。若者は勢い余って正三を追い抜き、あやうく旅人の一人にぶつかりかけた。

「親分、殺生な。ちょっと待っとくなはれ」

若者のぞんざいな言葉を無視して、正三は坂道を走るように下った。

「そんなに駈けんでもよろしまっしゃろ。今日中に伊勢まで行かはる気でっか」

奇妙に甲高い大声のためか、それともよろよろと道の端の田圃に飛び込んでしまいそうな足取りのためか、旅の娘がくすくすと笑う。つられて老人たちも笑った。

まだ二十歳になったか、ならずであろう。小柄で色白、もう少しで優男といわれそうだが、目鼻立ちが少々不ぞろいで額が少し突き出た才槌頭をしている。単衣を尻端折りして白い股引に紺の脚絆、草鞋履き、片手に菅笠を持ち、肩には振り分け荷物をかけ、脇差を差している。旅姿の若者に見えた。

山肌は新緑に混じって薄紫色の藤の花や黄色い山吹の花で彩られている。数羽の鳶がひときわ細い声でゆうゆうと薄く雲のかかった空を舞う。幾重かに曲がりくねって下る坂道の向こうに矢田丘陵に遮られながらも緑豊かな大和平野がかいま見える。若者は正三の体に飛び込むようにして止まった。

「道頓堀の泉庄の若親分でっしゃろ。わい三次と申します」

泉庄とは正三の両親がひらいている道頓堀の芝居茶屋（いろは茶屋と呼ばれる）、和泉屋庄（正）兵衛を略している。大坂には和泉屋という屋号を持つ家は無数にある。銅吹き替えで、元禄期には世界の精錬銅の三分の一以上を製造していた東横堀、長堀角の住友も和泉屋である。いろは茶屋だけでも和泉屋権兵衛、和泉屋藤兵衛など四、五軒ある。それぞれ泉権、泉藤と称している。若者は三次と名のった。しかし正三に見覚えはない。

「親分、ご一緒させてもろうてもよろしまっしゃろか？」

「わしは伊勢まで行くが、伊勢まで付いてくる気か？」

「へぇ、伊勢でっか。そらぁぐつよろし（具合がよい）。わいも伊勢に参ります」

「まことか、伊勢参りの恰好には見えんがなぁ」

「へへへ、お伴さしてもらいます」

三次は大きな目をぱちぱちとさせ、小さな口で微笑み、えくぼを作った。あくまでも付いてくる様子だ。この頃は役者志願や作者見習いを希望するという見知らぬ若者に声を掛けられることも時々ある。役者修業をしているわけでもなく、ただ物珍しさや幸運を当てにしただけの軽薄な若者が多い。この三次もそうした役者志願の若者と見える。まさか旅先でまでこうした者に出会うとは思ってもいなかった。付きまとわれるのも面倒だ。

「わたしをどこでお知りになったのです？」

「へへへ、泉庄の親方にお噂をうかごうとります」

そう言って、少し歪んだ髷を額の汗を撫でつけてなおした。まことか嘘かはわからないが、正三の父親と関係があるという。体《てい》の良い思い付きかもしれない。正三の父の正兵衛は芝居茶屋は妻のお絹に任せきりにして、南堀江で油店を営んでいる。油といっても灯油ではなく、白粉や鬢《びん》付け油の類であり、香草や岩石の削り粉を混ぜた薬のような油も作っている。それを買いに来るのはもっぱら香具師の類であり、各家をたずねて売り歩く行商人もいる。そう言われてみると、この男も色町や富裕な商家に化粧油や白粉を売って回る商人《あきんど》にも見えなくもない。三次は少し小綺麗にすれば女客には相応の贔屓も持つことができよう。笑った時に出来るえくぼには愛嬌がある。特に役者志願の類ではなさそうだと、正三は少しほっとした。

「さっきの茶店でひと休みしまひょ」

三次は正三の袖を取った。半町（約五十メートル）ほど下りて来た坂道をまた上って戻ろうというのだ。

「わたしは今夜は初瀬に泊まる積もりで急いでいる」

三次の馴れ馴れしさに正三は少々むっとして手を振りほどいた。

「あいた、えらい乱暴しはりまんな」三次はわざとらしく手を痛そうに振る。

これはたかりにでもかかったかなと、正三は顔を顰めた。なら仕方ないと、懐に手を入れた。早々に方を付けた方がよかろう。いつまでも関わりになってはいられないと巾着を取り出した。

「へ、初瀬まで・・・そらぁ、お急ぎだすな。そんな急用がおありでっか?」

正三の巾着には気づかないのか、別に手を出すわけでもなく、また馴れ馴れしく体を寄せてくる。そして突然、巾着に気づいたかのように、

「わ、奢ってもらえるんでっか、そらすんまへんな」と嬉しそうに顔をほころばせた。

「急用というわけではないが、出来るだけ早く伊勢に着かなならん」

ぶっきらぼうに答えながら巾着の小銭を三次の手のひらに載せた。二十文もやれば充分だろう。それとももっと要求するだろうか。正三は二十文だけ三次の手のひらに残し、残りは巾着に戻した。三次はその小銭をちらっと見て、

「さいだすか・・・けど、こないなえぇ日和でっさかい、ちぃとは旅も楽しんだらどうだす。それとも初瀬に宿、取っていなさるんでっか」

と言うだけで銭をしまおうとする様子は見せない。二十文では足らんという積りなのだと、正三は一旦しまった巾着をまた取り出した。

「さあ、これでいいじゃろ」

正三は二十文を乗せている三次の手のひらにさらに三十文足してやった。

「わっ、こんなにぎょうさん。そないに使えませせん」

三次は驚いたように五十文のうち十文だけを受け取って四十文を正三に返した。おや、たかりではなかったのか？　しかし、三次は今度こそ正三の袖を握って離さないつもりだ。たかりではなかったにせよ、この得体の知れない若者に付き纏われそうだ。

正三もこの日のうちに初瀬まで行けるとは思えない。暗峠から奈良まで五里（約二十キロメートル）近くある。奈良から上つ道を初瀬まで行くとなるとさらに七里はあるだろう。夜遅くなるに違いない。それでも途中の柳本辺りなら、日暮れ前に着くこともできると考えていた。もっとも本気で初瀬まで行くのなら、奈良を通らずに大和郡山から田原本、桜井への道をとる方が少しは近いだろう。しかし、途中で日が暮れれば宿を探して、真夜中の田舎道を歩かなければならないことになるかもしれない。昔の旅人はみな、野宿は当たり前、乾烏賊《ほしいか》か乾飯《ほしいい》というわずかな食糧を携えただけで何里もの道を歩み通したものだ。今も伊勢へ抜参りする旅人の中にもこうした旅をするものもいるかもしれない。しかし、たいていは喜捨を当てにして本道をとる。伊勢参りを示す柄杓を背に差し、白装束で旅をしておれば、一文、二文や握り飯どころか時には宿を振舞われることもある。

「いや、別に宿を取っているというわけではないが、先を急ぐので、そなた・・・」と、言いかけたのを三次は遮った。

「そんなら、初瀬って決めんでもよろしまっしゃろ。一人旅は宿、取りにくやす。しかも、ほれ見てみんなはれ、こない、ぎょうさんの人が伊勢に行くんでっせ。一人じゃと、どこでも断られまっしゃろ。わいと一緒じゃったら、いくらでも宿、取れま。ご一緒いたしましょ」

当然のことのように三次は掴まえて放さない勢いだ。

「しかし、その親分いうのは何とかならんか」半分あきらめて正三は呟いた。

「いやだすか・・・江戸ではそない言うそうだす」

　大坂で親方というのを江戸では親分という。親方が御屋形から来る由緒のある言葉に対し、親分というのは江戸の田舎言葉だと正三は言いかけてやめた。

「ところで三次さん、そなた、どちらのお方で？」

「三次さん、なんて堅苦しいこと言わんといて下さい。三次でよろしやす。三次と呼んでもろうたら結構だす」

　正三の問いには答えずに、「ほな、もどりましょ」とばかりにもと来た坂道を上りかけた足がふっと止まった。そして道端に蹲り草鞋の紐をしきりに結びなおしている。正三はどうしたものかと三次の傍らでひと息ついた。たしかに枚岡から一気に二里近くの急勾配の坂道を峠まで上ってきたため、汗が滝のように噴き出している。先ほどは人だかりのする峠の茶店に入る気にはならず素通りしたが、少し戻ってひと休みするのもよいかもしれんと思い直してもいる。

　しかし、草鞋を堅く結び直しおえた三次は立ち上がり、振り分け荷物を肩にかけ直すと、

「ほな、行きましょか」と峠とは逆の方に歩き出した。

「おいおい、峠にもどるのではないのか？」正三はあっけにとられて三次を呼び止めた。

「やっぱりこのまま先、急ぎましょ。何があるかわかりまへん。十文は次の茶店で使いますさかい、心配せんといてくださぃ。ぐずぐずしてたら置いてきまっせ」

　どうしたことかわからぬまま、正三は菅笠を被り、紐をしっかり締めなおした。それならそれ

でと三次を追い抜いて行こうとした。

「親分、そんな急がんでもよろしいがな。ゆっくり歩きましょ」

また正三の袖を取って足を緩めさせた。どうにも奇妙な男に捕まったものだとは思いながらも、愛嬌のある笑顔にほだされるように正三は歩調を合わせた。

下り坂だった坂道はまたゆるやかな上り坂になり、初夏の日差しが真上から照りつける。先ほどは休み損ねたので、茶店があれば一服してもよい時刻になっている。早朝、沢庵をおかずに軽く湯漬を食べただけなので空腹も感じている。藤尾峠の手前の地蔵堂の側に茶店がある筈だ。昨年は役者衆に同行したため、どの茶店でも道頓堀の役者さんじゃと珍しがられ、思いもかけない接待を受けた。地蔵堂の傍の茶店では冷えた真桑瓜を特別に切ってくれた。今年はそんなことはあるわけもないが、少しは腹の足しになる蕎麦もあった筈だ。それにしても三次の歩みは殊の外ゆっくりだ。

「三次、もう少し早うに歩けんのか」

老人でも二人を追い抜いて行く。手に伊勢講の幟を持ち、杖をつきながらも矍鑠《かくしゃく》とした足取りである。かと思えば数人の若者が身振り手振りをまじえ伊勢音頭を歌い、歩きながら踊り回る。

踊るあほうに、踊らぬあほう、同じあほなら、踊りゃんせ、
よーいいやーさ、ああさあ、やれこらほい
藤尾峠の手前の茶店も一杯だった。仕方ない、この先の小瀬なら茶店も数軒ある。

「親分、えぇ日和だすな」

　三次の歩みは変わらない。道端の石仏に一々、お辞儀をしてはまた、ゆっくり歩みをはじめる。暗峠を経由する奈良街道には殊の外、石仏が多い。この調子では奈良に着くのも日暮になろう。もう付き合ってはいられぬ、とばかりに、

「三次さん、悪いけど、わし先に行かせてもらう」と正三は足を速めた。

「親分、ちょっと待っとくなはれ。どうせ今夜は奈良町に泊まりだっしゃろ。わいに付き合うとくれなはれ」

「そなた、なんでわしと一緒、したがるのじゃ？」やはり何か魂胆があるとしか思えない。

「わいを護摩の灰かなんかと思うてはるんでっか。そら、心外だす、わいは親分のお芝居、ちょいちょい見させてもろうとります。先年の『天羽衣』、よろしましたな。加賀屋はんが切腹するとこ、悪人とはいえ、見事な武士の魂、見た気ぃしま。そら、四月まで続くんは当たりき車力だす。なんで、もっと続けんかったんでっか？」

　三年前の宝暦三年（一七五三）の十二月十八日に幕を開けた大西芝居の二の替り『けいせい天羽衣』は翌年の四月まで続いた。しかし、座中にもめごとがあり、正三は大西芝居を離れた。当たってももめごと、不当たりでももめごと、座中のもめごとにはさほど気に掛けることもなく、正三は頼まれるまま芝居を書いている。役者とも多少の気の合う、合わぬもあるが、おおむね年上の役者とも年下の役者ともに波風は立たずに来た。

しかし、役者同士ではどうしても役の損得が気になるのも仕方ない。この宝暦六年三月に二の替りの評判記『役者改算記』が出版された。評判記そのものは二月に大坂を発った中之芝居の一行はまだ目にしていない筈だ。そこでは立役の巻頭に市川団蔵、惣巻軸に藤川平九郎が置かれている。それというのも、大坂中で人気投票のようなものをしたところ、団蔵が千四百六十票、平九郎が千百七十票だったからだ。中之芝居の立役は二人にぐっと差をつけられて、中山新九郎が六百六十、坂東豊三郎が六百、また中山文七は五百八十だった。立役だけの入れ札で、実悪の中村歌右衛門や若女形についての記述はない。中之芝居は芝居そのものが不評だった。しかし、そのことを差し引いても不本意な入れ札だったろう。評判記は目にしていなくとも、そうした入れ札の噂は耳にしていた筈だ。座本の坂東豊三郎にしても、同座の中山新九郎の下になり、しかも若手の中山文七とさほど変わらない入れ札には面白くなかろうが、このところ評判の上がっていた新九郎にしても団蔵や平九郎との差を見せつけられ忸怩たる思いが募ったようだ。この度の伊勢芝居には中山親子は同道していない。入り札とは関係ないが、中村歌右衛門にしても実悪からの脱皮を狙った実事《じつごと》（実悪と同じく写実的な芸であるが、悪役でなく立役である）の仕打ちに今ひとつ評判が立っていない。大坂を出る時からすでに、歌右衛門には内心思うところもあるように正三には感じられた。

そんなことを三次と名のる見知らぬ男と話す気はない。少しは芝居を見たこともあるのかもしれないが、さして熱心な贔屓にも見えない。三次の問いを無視して竜田川に掛かる板橋を渡った。

早足になった正三に戸惑いながらも三次も少し後をきょろきょろ見回しながら付いて来ていた。どうやら三次には何か当てがあるようだ。

伊勢参りの中には若い娘ばかり連れだって賑やかに踊りながら歩いている三、四人連れもいる。どこかの田舎娘が示し合わせて抜け出して来たに違いない。男連れの中には娘の笠の中を覗き込んで通り過ぎるものもいるが、三次は特に話しかける様子はない。逆に娘の中には三次に話しかけるものもいるぐらいだ。しかし、三次は娘に笑顔を見せられても上の空のようだ。

橋を渡ると小さな村の街道沿いに茶店が数軒、並んでいる。正三は一軒の茶店の床几に空きを見つけ、菅笠をとって腰を下ろそうとした。赤前垂の若い娘が立ち働きながら、「おいでやす、奥、涼しおまっせ」と元気のいい声を掛けてきた。

「親分、もちっと先にしましょ。ええ店、知ってまっさかい」

腰を掛けようとすると、三次は小声で正三の袖を引いた。

「姉さん、悪いな、帰りによらしてもらうわ」三次は旅慣れた様子で軽く言う。

「どうせ、乞食のお粥でっしゃろ」娘は横を向いて、床几の客の世話にかかった。

「乞食のお粥？　それなんのこっちゃ？」三次はぼんやり娘にたずねたが、もう見向きもされない。

「湯ばっかりということじゃ」正三は三次の肩を抱くようにして表に連れだした。

昼下がりの太陽が街道を照らしている。風がなくとも人が歩くだけで乾いた土埃が舞い上がる。

ようやく暖かくなりだした初夏の快晴がまだ数日はつづくだろう。この宝暦六年は十一月に閏月がある。四月一日は太陽暦の四月二十九日に当たり、例年に比べて季節が遅れている。そのせいか暖かくなるのが遅かった。初夏といってもまだ肌寒い日もある。その上、雨も多く、三月弥生の桜の開花も遅れたが、この頃、ようやく暖かくなって来たばかりだ。なおも雨が多いが、それでもこの二日ほど続いた快晴の日差しが痛く感じられ、正三はまた菅笠をかぶった。

「湯、ばっかり・・・湯、ばっかり」三次は何度も口にする。まだわかっていないようだ。

「言うばっかり、口先ばっかりということじゃ」正三が解説した。

「あっ、なあるほど、湯ぅばっかり、言うばっかり、っちゅうことでっか。さすが親分、学ありますな」

「誰でも知ってる地口じゃ、お前はまことに大坂ものか？」

「当たり前ですがな、正真正銘、道頓堀の産でっせ。生まれてからこのかた、大坂から一歩も出たことありやしません」

「旅は初めてなのか？　先ほど、えぇ店、知ってると」正三の言葉を遮って、

「へへへ、堅いこと言いっこなしだす」と一向にこたえた様子も見せない。いつまでも「湯ぅばっかり、言うばっかり、なるほど」と感心しきりだ。

小瀬の村を通り過ぎると、まもなく椋木《むろき》峠にかかる。

「おいおい、三次、峠にかかる前にひと休みせんのか？」

「親分、子どもでもこんなとこ、休みはしまへんで」

そのまま茶店の前を通り過ぎ、雑木林に囲まれた急な坂道をのぼり始めると、三次は口に反して汗みずくになっている。

「親分、こら暑いわ。ちょっと、あこの枯れ木の上でひと休みしましょ」

三次は道端に倒れている太い枯れ木を指差した。仕方なく正三も三次の側に腰を下ろした。振り返ると木々の隙間から生駒の山並みが緩やかな稜線を描いている。空高く薄雲が広がり、鳶が二、三羽舞っている。二人の他にも道端に腰を下ろして休む旅人が幾人かいる。正三は笠を脱ぎ、額の汗をぬぐった。そして腰に差していた煙管を取り出し煙草に火をつけた。そして三次に改めて何用で伊勢に行くかとたずねた。三次は「へへへ」とまた、誤魔化すように笑った。逆に正三に伊勢に行く目的をたずねた。正三は隠し立てするわけもなく伊勢の中之地蔵の芝居を手助けに行くと答えた。

「へぇ芝居の助《すけ》だすか?」どうやら三次はわかっていないようだ。「助っちゅうのは掛りう人《かかりゅうど》みたいなものでっしゃろか?」

掛りう人とは食客のような用心棒のような雇われ者である。

「わしは別に一座に雇われているわけではない。もちろん、大坂では雇われているが、伊勢の旅芝居は役者たちのいわば手間稼ぎのようなもの。わしには関わり合いはない」

「手間稼ぎ・・・ふうん、そならなんで助に行かはるんでっか?」

「頼まれたら無下に断るわけにもいかんではないか。しかもどうやら一座にはもめ事があるようじゃ」

「そうだんな、そら頼まれたら無下に断れませんわい」三次はいかにも納得したように強くうなずいた。「やっぱり親分でやすな。もめ事おさめに頼まれなさったんじゃ」

「いやいや、別に喧嘩の仲裁するわけではない。少しばかり芝居を工夫して、過不足なく役作りをするだけじゃ」

「つまりもめ事をおさめる筋書を作るっていうわけだすな」

「まあ、そのようなものじゃろ」

「役者はんでも喧嘩なさるんだすな」

「当たり前じゃ。人気は大根一本いくら、というように数えられるものではない。何であっちはあないに儲かる、わしは何でこないに少ない、それを納得させるのは難しかろう」

「なるほど、お芝居のお師匠さんちゅうものも、気ぃのもめることだすな」

「いつもいつもというわけではない。去年などは楽しく伊勢を回って来たわい」

「へぇ、去年ももめ事をおさめなさったんだすか?」

「いや、昨年はわしも気晴らしに旅芝居に付き合うただけじゃ。今年は行く気はなかった。伊勢の芝居はもう二か月もなるのに、揉めておるようじゃ。仕方ない」

「さいだすか。そらえらいこってすな」

「ところで、三次、おぬしどこでわしを見知ったのじゃ？」

「和泉屋の旦那には時折、お世話になっております。親分のお姿はちょくちょくお見かけ申し上げておりました」

「ほんに芝居を見たことはあるのか？」

「えらい信用されとらんのだすな。へぇ、何回かは小屋をのぞいてます。親分のお芝居はなんか他とはちごうてすうっとしまんな」

本当にそう思っているのか、さほど芝居に興味を持っているようには見えない。そして、「煙草、美味しおまっか？」と尋ねた。

「おぬし、吸わぬのか？」

「わい、煙草はどうも苦手だすねん。それより甘いもんがよろしやす」

三次は腰に下げていた竹筒の水をうまそうに飲んだ。

どうやら旅慣れた男ではなさそうだった。ほんとに初めて大坂から旅に出たのかもしれない。奈良まではまだ三里以上ある。この調子で歩いたら、随分、日が長くなったとはいえ、奈良に着くのはやはり日暮れになろう。

「へい、兄さん、えろう草臥れてるようじゃ、馬に乗らんかね。戻り馬じゃ、気持ちだけで結構でやす」

通りすがりの空馬の馬士が三次に向かって声を掛ける。

「そりゃありがとやす。奈良まで幾らでやすか？」

「ほんの三十文で行きやしょう」

「三十文、ふうん、奈良まで三十文でやすか。ならあの峠までなら、一文でもお釣りがもらえるじゃろな」

「ははは、一文にお釣りとは、そらまた、えらい張り込みようじゃ」

「お釣りは心づけにしときまっさかい、あの峠の茶店で団子一串、いただきたい」

「一文で馬に乗り、茶店で団子、そないな馬があったら、こっちが乗りたいわい」

馬士が坂道の蔭になったのを見届けたように、三次は「ははは、あの馬士、怒っとりましたな」と一人悦に入っている。先ほどの茶店の洒落の仇を取った積もりのようだ。

間もなく、二人の目の前の坂道を白帷子に杖、報謝袋を首に掛けた伊勢参りの母子連れらしきものが通り過ぎた。狭い坂道でもあり、葉の茂った木々が両側から覆いかぶさるように日陰を作っているため、ほとんどみな菅笠は背中に掛けている。母親はまだ四十歳を少し回った位だろう。小柄だが頑丈そうな足取りで娘を支えて坂道を登っている。色は黒いがしっかりした目鼻立ちだ。きちんとした商家の御寮人のように見える。娘は十四、五歳だろうか、母親とは似ておらず、小柄な愛くるしい顔立ちで、足も弱っているようだ。箱入り娘なのだろう。その跡を追うように三次は立ち上がった。

「もうすぐ峠だす。峠で一休みなされませ」

年かさの女が息を切らしながら言う。母子連れと思われた二人の女連れは、言葉遣いからするとどうも母子ではないようだ。

「わいらも峠で一服せな、どうもならん」

三次は独り言を呟いたつもりのようだが、その声は甲高く女連れにも聞こえたようだ。二人はちらっと三次を見たが、そのまま茶店に入って行った。

椊木《むろき》峠には茶屋もあり椊木大師という真言宗の寺もある。暗峠と奈良とのちょうど真ん中あたりになる。この峠を過ぎて林に囲まれただらだらと下る坂道をうねって十丁（約一キロ）ほどすすむと奈良と郡山に分かれる追分になり、それから先はさほど厳しい上り坂はない。初夏とはいえ、日中の一番暑い最中である。この峠か追分で一服する旅人も多い。先ほどの女連れも茶店の奥の床几で冷たい水を飲んでいる。表の床几に腰を下ろした三次はちらっと二人の方を見た。

「若旦那、やっぱり今夜は奈良泊まりでいきましょ・・・」また、口の中でもぐもぐと呟いた。いつの間にか親分が若旦那に変わっている。

「若旦那？　どういうことです？」急に呼び方を変えられた正三は戸惑ってたずねた。

「どういう？」三次が答える間もなく茶店の婆が茶を持ってきた。「わいも団子もらお、若旦那、よろしまっしゃろ？」

婆は正三の返事も聞かず、「へぇ」とだけ言って奥に入った。茶店には蕎麦も飯もなく、正三も団子に付き合わざるをえない。三次は結局、二人分の団子を食べてもまだ立ち上がる気配もなく、ゆっくり茶を飲んでいる。それでも時折、二人連れの女の方をちらちら見るのがわかった。どうやら三次はこの女二人連れに気があるようだ。そういえば、暗峠からずっと後になり先になりしていたように思われる。それにしても一人は三次の母親くらいの年格好であり、一方は娘姿をしているとはいえ、まだ子どもと言った方がよいだろう。どちらにしても三次に拘わるのはやはり碌な事ではなさそうだ。正三は今度こそ一人旅をつづけることにした。

正三は銭を盆に置くと、三次に声もかけず、すたすたと歩きだした。茶店を出て下り坂を数歩、急ぎ足で下ると三次が追いかけてきた。

「おぬし、あの娘を放っておいてよいのか？」わざと嫌味を言った。

「親分、殺生な、わてをほっていかはるなんて。さっき貰うた銭、お返しします」

正三は三次が返すという銭十文を受け取り首をひねった。どんな魂胆か、見当もつかない。三次はその間も、茶店の方を振り返っている。曲がりくねった下り坂からは茶店の板葺の屋根と低い庇の上に垂れさがった汚れた幟がわずかに見えるだけだ。

「わて、別にあんな子どもに気ぃあるわけちゃいますで」

「しかし、先ほどからずっと窺がっているではないか」

「窺がう・・・」三次は困ったような表情を見せた。「そう見えますか・・・」

道端で小声で話している二人を不審そうに横目で見ながら旅人たちが次々と先を急いでいる。まもなく乳母と娘も茶店を発ったようだ。通りすがりの駕籠に二人の姿があった。茶店の前にいた二丁の駕籠に乗っている。

「親分、急がなあきまへん。駕籠に乗りよった」

三次はあわてて駕籠を追い始めた。もう正三のことはそっちのけで、二人を見失っては一大事だといわんばかりに駈けだしていた。三次の姿は曲がりくねった街道の脇に伸びた麦の穂の向こうに見えなくなった。正三はようやく落ち着いて歩き始めた。駕籠とはいえ、女を乗せてさほどの速さで行くはずもない。三次も乳母と娘も今夜は奈良に泊まるだろう。それなら、こちらは今夜は奈良の町を通りぬけようと足を速めた。

追分から砂茶屋を過ぎ、五条山、別名赤膚《あかはだ》山に沿っていく。五条山は古くから陶土が採られ山肌が削られたため赤膚山とも言われた。天正年間、郡山城主豊臣秀長が始めたと伝えられる赤膚焼がこの頃、再興され、窯から上る煙が山中に漂っている。五条山を下ると田植えを待つばかりに水を張った田や苗代が平野一面に広がっている。苗代の苗もいつでも田植えが出来るばかりに成長している。こんもりと繁った岡を池が取り囲んでいるように見えるのが垂仁天皇陵とされる前方後円墳である。そこを過ぎると昔の奈良の都の三条通が一直線に東西に走っている。東大寺の大仏殿、興福寺の五重塔、古い奈良の町が正面に堂々とした威容で立ちはだかる。松並木の南に広がる田畑の中には唐招提寺や薬師寺の古びて傾きかけた五重塔が見える。法輪はすっかり錆びついて今にも崩れ落ちそうだ。尼ヶ辻の地蔵堂の少し東に平城京の朱雀大路が南北に走っていた筈だが、今や田畑となって影も形もない。青丹よし、と歌われた平城京の面影はない。

旅人の側を悠然と馬子歌を歌う馬子や駕籠舁がゆっくりと追い抜いてゆく。先を行く三次たちの姿は往来の人波に見え隠れしている。それでも充分、見分けられる。三次もまた駕籠の少し後を小走りでついている。三条通の常夜灯を過ぎ、奈良の町に入った。

駕籠は猿沢池の手前で南に折れた。猿沢池の周辺には宿が幾つも並んでいる。正三も角を曲がり、そのまま奈良町を通り過ぎようとさらに急ぎ足になった。帯解《おびとけ》か櫟本《いちのもと》辺りに泊る積りだ。三次も駕籠の姿も見えない。通りに面した宿の板壁にはどこも伊勢講の看板が二つ三つと掛けられ、伊勢参りの泊り宿であることを示している。

伊勢講は各地に定宿があり、それらの宿では講名を記した看板がかかっている。たとえば三条の小刀屋は大坂のかざりや組や相続講の定宿であり、そうした講の看板を掲げている。他にも三条の印判屋、猿沢池の畔の田葉粉屋などを大坂の様々な伊勢講が定宿としている。もちろん伊勢講は大坂だけでなく各地に数多く存在する。二十年ほど後の安永六年（一七七七）の統計によれば、北海道の松前から薩摩までおよそ四百四十万戸が伊勢の御師の檀家となっている。一家四人としても千七百万、それよりもなお多い人口、当時の日本全体の三分の二にも当たるであろう信者を伊勢は維持していたという。こうした信者は各地の講に所属することが多く、それぞれの講は伊勢への道筋に沿って、順次、各地の宿屋と提携していた。

それでも留め女が通りすがりの旅人の袖を引く宿もあり、飯盛り女を抱えた宿もある。正三も二度、三度と声を掛けられた。しかし、泊る気のないのを見て取ると、すぐに別の旅人のところに飛んでゆく。

　正三は先を急ごうと、ふと向こうを見ると、行き来する旅人の陰に手を振る男がいる。まさか、待っているとは思いもかけなかった。正三は仕方なく三次に近づいた。

「親分、遅やしたな」にやにや笑っている。

「二人はどうした？」

「宿に入りよりました」

「それでおぬし、どうするのじゃ？」

「もう宿、決めときました。さあ行きましょ」

「こうなったら袖振り合うも他生の縁か・・・今夜はおぬしの伴をしよう」正三はあきらめて三次に付き合うことにした。

「そらよろし、しばらくここで待っててくんなはれ」

　そう言って三次は脇道を少し入ったさほど大きくもない宿に入って行った。この宿屋は伊勢講の定宿ではないようだ。

　正三は宿の前で菅笠を取って三次が出てくるのを待った。付近の宿では伊勢講の一行らしき旅人が二人、三人と組になり、あちこちに招き入れられている。たしかに飛び込みでまともな宿を探すのは難しそうだ。

「親分、えぇ具合に部屋、取れましたで」

三次が戻ってきた。追いかけるように宿屋の入口から小女が顔を出した。無愛想な表情だ。まるで立ち去るのを期待しているとさえ見える。

「そんなら親分、はよ行きましょ。けど、こんなご時世でっしゃかい、相部屋でよろしまっしゃろ？」

「なに、相部屋なのか・・・うぅん」

相部屋がいやというわけではないが、正三は宿では少し芝居の筋立てを考えてみたかった。しかし、相部屋となるとそんなことはとても無理なことだ。何も出来ずにただ泊まるだけになる。また躊躇した。しかし、三次はそんな正三にかまうことなく、宿に入った。

「おいでやす」宿の小女はしぶそうな顔付きで二人を迎えた。

二　人相書

場末のこの宿も満室のようだった。しかもどの部屋も入れ込みで、大勢が一部屋にいる。話し声も小さく、互いに遠慮し合っている様子が廊下からもかいま見られた。これなら相部屋も仕方あるまいと、正三は三次と小女の跡を付いていった。三次は襖を開け放した部屋の前を通る度に挨拶するでもなく、部屋の様子をうかがっている。女と娘の二人連れを探しているのか。

小女に案内された部屋の襖は閉じられていた。名代の宿に比べれば、狭い路地の奥の隠れ家のような宿だ。造りも建具もみすぼらしい。それでも伊勢参りの旅人で相部屋となるほど混み合っている。今はまさに伊勢参りの季節なのだ。

「おじゃまします」小女は襖を閉め切った部屋の前で膝をつき、中に声をかけた。返事の前に襖を開けると「どうぞ」と、二人を招き入れた。

「無理言うてすんまへんな」三次が先に中に入った。

「これは・・・」

後から部屋に足を踏み入れた正三は絶句した。まがうことなく三次が付けている女連れだ。三次は宿の小女に二人と同室になるよう無理強いしたに違いない。敷居のところで立ちすくんだ正三にかまうことなく、三次はずかずかと部屋の中に入り、肩の荷を下ろした。女たちは部屋の隅に固まっている。仕方なく相部屋を承知したようだ。

「若旦那、そんなとこに立っとらんと休ませてもらいましょ」

正三も詮方なく三次の側に腰を下ろした。

「そんなら姐さん、お酒、冷たいのたのむで」

「へぇ、二本でよろしゅうございますか?」

「まあ、湯ぅに入る前はそんなもんでえぇじゃろ。盃は四つたのむ」

「えっ、お二人だけとちがいまんのか?」年かさの女があわてて強い口調で言った。「こないな狭い部屋に六人とは殺生だす」

「いやいや、ちゃいま、ちゃいま。姉さん方もお飲みになりはりまっしゃろ？」三次はにっこりと笑った。

「わてらは頂けません」女が驚いて手を振った。

「ほんのお近づきの印だけだす。わいもようは呑めません。これは申し遅れましたけど、こちらの若旦様は道頓堀の芝居茶屋のお方だす。それだけじゃのうて、きつうおもろいお芝居をお書きになります」

三次は正三を若旦様と呼んだ。正三も、「和泉屋正三と申します」としぶしぶ名乗った。

「わいは丁稚の三次だす。御寮はんも伊勢参りだすな？」

「へぇ？　お芝居を書かはるんですか？　もしかしたら、わてらも見たことあるかもしれまへんな」

三次に答えることもなく、女が膝を乗り出してきた。女が目を輝かせたのを見て、正三の顔はますますしぶくなった。それに反して三次はますます生き生きしている。

「この旅も伊勢芝居に招かれて行くんだっせ」

「へえそうだすか」

「暇があったら見に来なされ。いい席、取れるように計らいます」

三次は正三の顔を盗み見た。正三は腕を組んだ。そんなことには慣れてはいるが、愉快な事ではない。

「どこの芝居小屋だす？」女は正三の顔が曇ったのを知ってか知らずか尋ねた。なかなかの芝居好きのようだ。

　伊勢には歌舞伎芝居の小屋は二つある。古市にある口之芝居とか古市芝居と呼ばれる小屋と中之地蔵芝居である。ともに伊勢参宮街道に面している。参宮街道は外宮から岡本の里を通り、長嶺に至る。長嶺は外宮と内宮の間にあるため間《あい》の山とも呼ばれる尾根道である。その尾上坂（一名、尾部坂）を上ると古市に至り、古市から中之地蔵を過ぎ浦田坂（一名、牛谷坂）を下って内宮へと至る。この尾上坂から浦田坂に至る間の山には歌舞伎芝居だけでなく人形芝居ほか様々な見世物小屋もあり、何よりも遊郭が所狭しと建ち並び、伊勢参り客のいわゆる精進落としと称する場として繁昌している。どうやら女は初めての伊勢参りというわけではないようだ。

「へっ？　小屋？　小屋と言われても・・・」三次は逆に答えあぐねている。正三に教えられた芝居の名を忘れたのだろう。

「中之地蔵です」正三は仕方なく答えた。

　どうしてこんなことになったのか。ただ旅の行きずりにすぎない。それは珍しいことではないが、正三は物見遊山の旅ではない。伊勢に着けば面倒なことが待っている。新作が待たれている筈はない。伊勢の芝居には新作など出しても見物は見向きもしないだろう。伊勢参りの合間に話の種に芝居見物に立ち寄るだけだ。馴染みのない外題では二の足を踏まれる。近頃はもっぱら人形浄瑠璃を芝居に書き換えた、いわゆる丸本物が三都でも人気を呼んでいる。中之芝居の一座が伊勢で何を乗せているかは知らない。しかし、丸本物であることは間違いない。作者の出番はさほどない筈だ。それでも呼ばれるとは、よほど座中の役割に座本では抑えきれない揉め事があるのだと予想した。それは行ってみなければわからない。しかし、一座の役者たちの顔を思い浮かべると、自然とどのように彼らを動かそうかという考えも浮かんでくる。出し物が何にせよ、浮かんだ中には使えるものもあるかもしれない。何泊かの宿で仕組（脚本）が無理でもちょっとしたチャリ場（滑稽な一場）の筋立だけでも作っておこうと思っていた。それなのに行きずりの見知らぬ旅人と相部屋になるだけでなく、この三次に掛るとゆっくり舞台を頭に浮かべることすら出来ない。

「大坂の役者さんも仰山、お出でなんじゃろなあ」娘も芝居好きな様子だ。

「もちろんでやす」

「文七さんもお出でなんじゃろか？」女が尋ねた。

「いいえ、文七は大坂に残っております」

「ふうん、さよだすか」女は正三の答えに期待外れな表情をした。

「文七の贔屓だすか・・・あら、色男だすな」三次の当て推量ではあったが、文七について破綻はない。中山文七は芸妓から町娘まで近頃の人気の沸騰は著しい。「けど若旦さんの御芝居はいつも、えらい評判だっせ、ほらあの・・・」

「もしかしたら『けいせい天羽衣』？」娘の目の色も変わった。

「へぇ嬢《とう》さんも御覧になりましたか・・・よろしまっしゃろ？」

「加賀屋はんのお目、こわい言わはって、その晩、嬢様、寝つかれしませんでしたな」

「そらあん時、うち、まだ子どもじゃったさかい」

「ほなら、今、お幾つで？」

「十三歳にならはりました」女が代わって答える。

「へぇ、別嬪さんじゃさかい、十五、六歳かと思うとりました」三次はますます調子よく合わせている。

「おべんちゃらばっかり、別嬪なんて言われたことありません」娘は少し頬を赤らめた。

「そんなことありません。嬢様は近所では評判の別嬪さんだす」

三次に乗せられるように女も古い馴染みのように気さくに話している。

「嬢さん、いわはるんだしたら、お前様は姉《あね》さんちゃうんでっか」

三次は愛想も遣って二人と親しくなろうとしている。正三は出来るなら今すぐにでも宿替えしたい気分になって来た。やはりこの二十歳になるかならない若者は年かさの女に何かよからぬ魂胆を持っているのではないだろうか。色恋でないとすれば、財産なのだろうか、大坂から付けて来たとすれば、この娘は大商人の娘ででもあるのだろうか。しかし、とてもそのような家付き娘とは見えない。確かに十三歳にしては大人びており、顔かたちも申し分ない。しかし、身なりといい言葉遣いといい商家の娘ではないようだ。

「姉さんじゃすって、母子みたいな年だすわ」女は少し顔を赤らめ俯いた。

「母子じゃと、そらえろうお若い母《かか》さんじゃ」三次はますます調子に乗って愛想を繰り返す。

「わては乳母だす。嬢様のお生まれになった時以来、お世話申し上げています。嬢様のお父上にはうちの人がえらいお世話になりました。これは申し遅れましたけど、嬢様はお志摩様と申されます。わては小枝《さえ》だす」

「お志摩さんにお小枝さんだすか・・・そら、洒落た名ぁだすな」

しばらく話が途切れた。まもなく仲居が徳利と盃を持ってきた。三次は皆に急いで注いで回った。

「お父上っちゅうと？」酒を差しながら、三次は改めて尋ねた。

「はあ・・・」

乳母は答えるのをためらっている。

「うちのややこの時分に時化に遭われたそうじゃ」お志摩が乳母に代わって答えた。

「時化、ですか・・・それでは」お志摩の父親は船で遭難したのかと、正三は尋ねかけた。

「廻船のお頭をなさっておいででした」お小枝がいち早く答えた。

「でした、ということは？」三次は身を乗り出してきた。「今はもう」

「もう十年も昔のことだす」

お小枝の表情が一層、曇ってきた。お志摩の父親は時化で遭難し、生きていないのだろう。

「そうですか・・・では、お志摩さんは船頭をなされておいでのお父上を亡くされたのですか」

正三も二人に少し興味がわいてきた。しかし、三次との関わりは見当もつかない。

「うちの人がえらいお世話になった方の嬢様だす」

「父様が亡くなってから、母と二人、ずっとお世話をしてもらいました。その母も」

「嬢様の幼い時分、亡くなられまして、今は身寄りものうなっておいでだす」

「それは心細いことですね」

正三はうかうかと他人の身の上話に乗ったのを後悔した。三次も物思いに耽っている。伊勢参りの軽い話題ではない。隣近所の部屋からは時折、大きな笑い声が聞こえてくる。急に沈んだこの部屋の空気を和らげようと正三は敢えて尋ねた。

「では、お小枝さんの御亭主も船乗りなのですか？」

「はあ、お志摩様のお父上に一から十まで教えられました」正三の問いにお小枝はほっとしたように見えた。「嬢様のお世話を申し上げるのも、いわば恩返しだす」

「今回、伊勢参りを思い立たれたのは」

正三の問いにまたお小枝は沈黙した。どうもただの伊勢参りにしては浮き立つ様子はまるでない。そればかりか、時折、二人が見せる暗い表情はただ身寄りのない娘の境遇にあるだけではないように思える。

「一度、お参りしたいと嬢様が申されますんで・・・」お小枝はつぶやくように言った。

「伊勢へは本街道だすか？　それとも・・・」

三次は物思いから覚めたようだ。どの道をとるのか知ろうとしている。はぐれた時の用心に聞き出しておく積もりかもしれないと、正三はまたいっそう嫌な気分になった。

伊勢への街道は奈良から幾つかある。伊勢本街道は奈良から上つ道を下り、初瀬川沿いに上り、初瀬から幾つもの峠を越えて宇陀の山中を抜け伊勢に入る。また、初瀬から一里半ほど上った萩原の辻から伊勢本街道と分かれ伊賀から阿保《あお》峠を越えて伊勢に入る伊勢表街道もある。表街道は遠回りになるが本街道に比べるとなだらかな坂道のため、次第に表街道が使われるようになっている。あるいはさらに遠回りになるが、柳生の里から月が瀬、伊賀神戸から阿保峠を越える道、さらには木津川沿いに笠置に回り伊賀越えして伊賀上野から阿保峠への道もある。

「へぇ、嬢様には少しきついかもしれまへんが本街道を取ることにしとります」

「そらよかった、わいらも一緒だす」三次はますます軽い口調になった。

「そんな・・・伊勢までご一緒なんて・・・ご迷惑でっしゃろ」お小枝は憮然とした。

「迷惑なんてことありますかいな。旅は道連れ、伊勢参りはちょっとでも賑やかな方が御利益もありまっしゃろ。神さんは賑やかなんがお好きじゃ」

「賑やかなんは三次さんだけだす」と言ってお志摩はくすっと笑った。三次にすっかり親近感を懐いているようだ。

「賑やかなんは嫌いだすか？　そんならわし、静かにしとります」

三次は口をつぐむ仕草をした。そのままいつまでたっても口を開けない。お志摩が三次の顔を覗きこんだ。その時、三次はこらえかねたように息を吹き出し、何度も大きく呼吸した。

「静かにするのんって、しんどいもんだすな・・・」となおも息を切らせながら言う。「もう死ぬかと思いましたわ」わざと目を白黒させた。

「三次さん、冗談きついわ」お志摩は笑い転げている。

「わてらみたいなもんでよろしましたら、ご一緒させてもらいます。嬢様は足を挫かはったんであんまり早う歩けませんけど」お小枝は仕方なさそうに言った。

「よろし、よろし、わいが負ぶって行きます」三次はおぶる仕草をした。

「うち、子ども違います。そんな恥ずかしいこと・・・」

「わたしらはもう少し一杯やっておりますから、一風呂浴びて汗をお流しなさい。後で捻挫に効く膏薬をさしあげましょう」

正三がすすめると、お小枝は財布を預かってくれと言って、二人で風呂に行った。すっかり信用されているのだろうか。

「若旦那の名前は大坂では知らんもんはおらんようだす。一遍に信用しとりますで」

「いやいや、三次さんに打ち解けたのじゃ」

「そうでっしゃろか・・・」

三次は手元の燗徳利を振ってみたが、手を叩いて大声を出した。

「姐さん、もう一本、たのむで」

「おぬし、下戸ではないのか？」

「へぇ、親分、あんまりいける口とちゃいまんな。何か気ぃすうっとしまんな。御神酒《おみき》ちゅうもんはえぇもんじゃ」

三次は初めて酒の味を知ったかのように上機嫌だ。徳利から数滴の酒を盃に注ぐと、舐めるように飲みほした。大酒飲みに豹変するのではないかと、正三には余計な危惧さえ生まれた。しかし、元々関係ない男だ。あまり気を使うのは疲れるばかりだと考え直した。明日は先に旅立とう。

三次は少し考えている様子だったが、ふと思いついたように、

「嵐に遭うたら、船は沈むんでっしゃろな？」と真面目な顔になった。

「たいていは沈むじゃろ」

「大海で沈んでも助かることもあるんでっしゃろか？」

「ないこともない。仲間の船に助けられることもあるが、遠い島に流されて助けられたということもあると聞いた。三次さんは船に乗りたいと思うていなさるのか？」

「めっそうもない。そんな危うげなことできますかいな。以前、葭島《よしじま》（大坂の木津川の河口付近にあり、刑場があった）まで船で渡ったことありましたけど、目の前に見えておる島に渡るだけでも怖いもんだす。大海に出るなんて、とんでもないこっちゃ。船の下は地面、違うんでっせ。

何がおるか、わかったもんじゃありゃせん。鱶《ふか》に食べられるかもしれんわい」

「そういうこともあるじゃろな」

「お志摩ちゃんの父御も、そないな目に遭うたのでっしゃろか」

「そうでなくとも、溺れたのじゃろ」

「やっぱり、死ぬんは十中八九、間違いないでっしゃろな」

「わしにはわからんが、嵐の海に投げ出されれば、まず命はなかろう。しかし船が持ちこたえたなら、どこぞの浜に辿り着くことは大いにあろう。まあそれも運がよければの話しじゃが。大海原には島に辿り着くには何十日もかかる所もあるそうじゃ。帆や櫂があればまだしも、潮に流されていては、たとえ人の住めぬほどの小島でも辿り着ければ、よほど運がよい」

「なら、お志摩ちゃんの父御も死なれたとは限らんわけだすか？」

「三次さん、おぬしはいやにお志摩の父親にこだわっているのう」

三次はしばらく思案していたが、思い切ったように正三を見つめた。

「実はわい、これ探してまんねん」

三次は懐から紙切れを取り出した。人相書のようだ。若々しい精悍そうな男の顔が描かれている。

「そなた、捕り物か？」

「いや、まだどうなるかわかりまへん」

「つまりお志摩とお小枝を追っているわけか？」

「へぇ・・・いや、別にあの二人が悪さした、ちゅうわけちゃいますで」

「なら、どうした？」

「お話ししまっさ。わて、垣外《かいと》の手下《てか》だす」

三次は千日前垣外の弟子（手下）だった。四箇所《しかしょ》とも呼ばれる垣外のもので大坂町奉行所の盗賊方の与力・同心の使いをしたり、捕り物に加わったりしている。大坂町奉行は大坂三郷だけでなく、案件によっては摂津・河内・和泉をも管轄としていたが、播磨や大和にも繰り出すこともある。しかし伊勢には山田奉行があり、三次が伊勢に行くというのはやはり眉唾かもしれない。だが時には使いに行くこともないではない。役人が役向きで立ち寄る先には、過剰な持て成しをして迎えるのを戒めるお触れも出ている。

「あのお二人は伊勢に娘の父親を捜しに行くらしぃんで・・・」

正三の疑念を晴らすかのように三次がぶつぶつとつぶやくように言った。先ほどまでの脳天気な口調とは変わっている。

「その父親がお尋ね者なのか？　死んだというのはまことではないというのか？」

正三は人相書の男が抜け荷にでも関わっていたのかと疑った。しかし、すでに水死している筈ではないか。

「へぇ、まあそうでんな。いや、まだはっきりしたことは分からぁしません」

「それで、そのものはどのような悪事を働いたのです？」正三は口調を少々改めた。

「唐か呂宋《るそん》か知りまへんけど、ともかく海の向こうのどっかから帰って来たちゅう話しだす」

「それだけなら別に問題はなかろう。今までも中国や安南から送り返されてきた難船の船乗りはいくらもいる。しかも・・・父親は死んだと申しておったのでは？」

「つまり、長崎の御奉行所の知らんところで帰ってきたんちゃうか、いうわけだす」

「なに、ふぅむ・・・どうしてまた、そないなことに？」

「わいも詳しいことは聞かされておらんのだすけど・・・二人は伝法《でんぽう》村に住んでおるのだす。ところが知り合いが伊勢で娘の父親らしい男を見かけたちゅう噂が御奉行様のお耳に入ったそうだす。それでわいらが探っていたら、どうやら二人で伊勢に出かけるらしい、そなら、お前が付けてって、ほんまに父親が帰って来たんかどうか、確かめて来いちゅうわけになりましてん」

「妙な話じゃ。まことの父なら何んで大坂にもどらん。もどれん訳でもあるというのか？」

「へぇ、それが共に難破した船に乗っておった者が先年、もどって来たそうだす。ところが船頭の徳蔵殿は切支丹に入信したため、もう日本にはもどれんと長崎の御奉行様に申し上げたそうだす」

「徳蔵というのがその男の名なのじゃな。ふぅん、しかし、もし切支丹に入信したのが本当なら、どうしてわざわざ戻ってきたのじゃ？　戻って来たということは入信はまことではないのではないのか。しかしそれなら、なぜ奉行所に罷り出でんのじゃろう？　伊勢辺りにたどり着いたとしても、役人に届ければ何とかなろう。身の上も明かさず伊勢をうろうろしているとは訳のわからん話じゃ」

「そうだっしゃろ。わてもそら、見間違いに違いない。二人を付けて行っても無駄ちゃいますかと申し上げたんだすけど・・・」

「それでも確かめろというわけか・・・」

「へぇ、厄介なことだす」

「万が一、その男が徳蔵殿なら、おぬし、どうするつもりか？」

「そら、伊勢の御奉行様の手ぇわずらわすことになりまんな」

「捕まれば死罪にもなるやもしれんぞ」

「御定法じゃから仕方ありまへん・・・」

あわてたように三次は真っ青になった。声を震わせ吃り出した。

「親分、あきまへんで、付けてること二人に漏らしたら。それこそわいの方がお仕置きになりますがな」

「ふうん、そういうことか・・・しかし、そないな捕り物に何でわしを巻き込むのです」

「そらぁ親分でっさかい。困ったことになったら助けてもらえまっしゃろ？　奴の正兵衛様の御子息じゃ」

「わしは父上とは違う。ただの物書きです。捕り物なんぞに関わっておることはできん。おぬしこそ、あないに可愛い娘を磔にする気ぃなのか？」

「何でお志摩ちゃんが磔になりまんねん？」

「そらぁ死罪の者を匿ったら同罪じゃろ。それでのうても娘なら同罪になる。切支丹なら、疑いだけでもえらい責め苦を受けるかもしれんぞ」

「そらぁえらいこってすな」三次は唸った。「逆さ吊り、石抱かせ、いやいや、そないなことにならんように、親分、助けてもらえまっしゃろ？」

「わたしにはどないすることも出来んじゃろな」

「そないな薄情なこと言わんといておくれやす」

「薄情なのはそなたじゃ。もう一遍、人相書、見せてくれ」

どう見ても三十歳を少々過ぎたとしか見えない若者が描かれている。

「えらい若いようじゃ」

「伊勢で見かけたという者はちらと見ただけだす。しゃあさかい、そないに確かな話しちゃいまんねん」

「つまり印象というわけじゃな。しかも十年も昔の姿しか知らんが、どこか面影が残っているということか。しかもこないにしっかりした顔立ちなら、そうそう変わりはせんということかな・・・しかし」

伊勢で見かけた男は人相書の助けにはならなかった。そのため人相書には昔の姿しか描けなかったのだ。当時、三十代半ばということだ。しかし嵐に遭って舵取りもままならないまま数か月も海に漂っていれば、人相は大いに変わっているかもしれない。ましてや、それから十数年、どのような生活であったにせよ、楽な生活であったわけはない。描かれた男をそのまま十数年、老けさせたとて、今の姿とどれほど似ているだろう。娘はまだほんの乳飲み子であったわけだし、乳母だけが頼りのようだ。それでも乳母なら見分けがつくかもしれない。

正三がさらに追求しようとした時、小女が燗徳利を持って入って来た。

「さすが奈良の酒はうまい、これなら、なんぼでも呑めるわい」

三次はほっとしたように小女の傍に寄り、徳利を手にした。まだ何か言おうとしたが、また別の部屋から呼び声がして、小女はそうそうに出て行った。

「愛想ありまへんな。奈良の女御衆《おなごし》はみんな、あんなんでっしゃろか？」

もうお志摩の父親の話しは打ち切りたいのか、三次は手酌でぐいぐいと酒をあおるばかりだ。

正三も明日は先立ちして、この厄介事から逃れる決意を改めて固めた。

いつしかすっかり日も沈み、暮六ツの鐘があちこちの寺から聞こえてくる。宿にはなおも次々と泊まり客がやって来ている。小女たちが廊下を駆け回り、せわしなく挨拶をしたり謝ったりする声が階下から聞こえている。先ほどの小女が行灯に灯を灯しに来た。

「お連れさん、まだお湯から上がらはらへんのだすか？」

「連れ？　ああ、ゆっくりしておいでのようです。風呂場は大きいのですか？」

「まあ五人さんくらいは入れまっしゃろ」

「いつ入ってもいいのですか？」

「へぇ、お好きな時にお入りなされませ」

「空《す》いておりますか？」

「いえ、空いてる時はありまへん」

それも仕方なかろうと正三は三次と顔を見合わせた。その時、ようやく二人がもどってきた。さっぱりとした単衣の着物に着替えている。

「えらい長風呂だしたな」三次が立ち上がりながら言った。「そないにえぇ湯ぅだしたか？」

「へぇ気持ちよろしました。親切な男さんがなんじゃかじゃと世話してくれはりましてな」

「もんでもろうて足の痛いのようなりました」お志摩が言う。

「なんじゃて、お志摩ちゃんの足、もみよったんか」三次は目をつり上げた。

「へぇ、按摩の心得があるとか申されて、なかなかお上手だした」

「まさか、ほかんとこも揉みよったんちゃうじゃろな」

「ほかのとこって、どこでんね」お小枝が意味ありげに三次の顔を覗き込む。

「お小枝はんも揉まれたんとちゃうんでっしゃろな」

「へぇ、しっかり揉んでもらいました。ほんま、あないに気持ちえぇ按摩してもらえるなんて思うてもみぃしまへんだした」

「えっ、お小枝さん、どこ揉まれたんだす？　まさか」

「まさか、へぇ、まさかだす。肩、しっかり揉んでもらいました」

「三次さん、えらい気ぃ回しはりますな」お志摩もおかしそうに笑う。「そないに心配せんかて、お爺いちゃんでっせ」

　宿の小女もつられて笑った。

「そうか、そらよろしましたな。じゃがお爺ちゃんいうたかて、近頃の年寄は用心せないかん。何しよるかわからん。若旦那、そなら、わしらも湯ぅ入りましょ」

「急いで入ってきなはれ。ちょうど別嬪の娘さんが入れ違いに入りにきはりましたで」お小枝がお志摩に片目をつぶった。

「嘘でっしゃろ」

「三次さん、赤なってはる」お志摩もお小枝と顔を見合わせ笑いを噛み殺している。

「そんならまあ、親分から入ってくだされ」三次の額には汗が流れている。

「親分？」お小枝とお志摩ははっと、顔を見合わせた。

「いやいや、若旦那いうことだす」三次は慌てて弁解した。

「おたくら、ほんまに和泉屋さんでっか？　そういうたら、あんさんも何か様子が変だしたな」

お小枝は小女に向かって言った。「相部屋にどんなお方か問うても、なんもはっきりしたこと言うてくれはりませんだした」

「知りまへん、あて、なんも、知りまへんで」小女も慌て出し、「ほな、すぐお膳、用意します」と逃げるように出ていった。

「うぅん、何と言うたらいいか・・・」

三次も畳に崩れ落ちるほど肩を落とし、正三に助けを求めるように上目遣いをした。正三は苦々しく思いながらも三次の肩を持つことになってしまった。

「伊勢に着けば、身の証しを立てるのは造作もないことですが・・・三次はわしを親分などと、言いおるのじゃ。どこで聞いたか、江戸の言葉を使うて面白がっておる」

「へぇ、お江戸では若旦那のこと、親分っていいますのか?」

「親方のことを親分と呼ぶようじゃ」

「若旦那は親方ですか」

「いや、わしは別に親方というわけではない。せめて若親分とでも言うてくれればよいのじゃが・・・」

「そうでんな。親分よか、若親分がよろしいな」三次がほっとしたように言った。「若旦那の御父上はまこと、気性のさっぱりしたお方で、わいらの世話もようして下さるのだす。奴の正兵衛と申せば、そら、お役人かて一目置く方だす」

「茶屋の御主人とは違うのですか?」お小枝はまた、不審そうな顔にもどった。

「父は名目上は茶屋の主ではありますが、御存知とは思いますが、芝居茶屋は男の出る幕はありません。」

「わい、役者になる気ぃはあらへんけど、お伊勢参りの時ぐらい、ちょっと気を変えよ思うて、てんごうしてんのだす」

「ほんま、てんごうなお人じゃ」

てんごう（転合）とは悪ふざけのことをいう。なんとか二人を言いくるめられたようだ。軽く笑みをもらしたお小枝にようやく空気がなごんだ時、小女が膳を運んできた。

三　ネノホシ

次の日、正三はまだ暗いうちに宿を発とうとした。しかし、起きて見るとすでに三人ともに起きており、不覚にも一番遅れて目を覚ましたのだ。宿を出ると三次は正三を掴まえて放さないとでもいうように、正三の行く手を遮って先を歩む。時折、振り返っては三人を待ちかまえる。

五間（約十メートル）ほどの上つ道も旅人であふれている。途中の丹波市や柳本などの小さな町々でも道の両端には旅人を当て込んだ茶店や食い物屋がならんでいる。その度に三次は口に入るものは何でもといわんばかりに、買い食いをする。

「よう食べはりますな」お小枝はあきれ顔でいう。

「近頃、腹減って腹へって」

「やっぱし、若いお方はちがいますな。うちの人なんかも若い頃は大丈夫じゃろか、って思う程よう食べはりました」

「そら船頭さんは体力つけななりませんしな」

「うちの人、船頭ちがいます。舵取りです」

「そいでも同んなじようなもんじゃ」

上つ道を南に三輪まで来ると初瀬川にさしかかる。初瀬川は大和川に合流して大坂に流れ込んでいる。大和の川はすべて大和川に注ぎ込む。柏原で北上して寝屋川に流れ込んでいた大和川が、度重なる洪水に悩まされつづけていた中河内の農民の願いにより、そのまま西に流れるように付け替えられたのは五十年ほど前のことである。大和川は今では住吉社と堺の間を流れて海に流れ込んでいる。初瀬川に沿って古代に栄えた海石榴市《つばいち》を過ぎ、脇本、出雲と二里ほど遡ると初瀬に至る。奈良からおよそ七里の道程である。伊勢本街道はここから幾つもの峠を越えて宇陀の山中を抜け伊勢に入る。

「わたしらは初瀬に泊まります。お急ぎのご様子、どうぞお先にお進み下さいまし」

初瀬の町に入った時、お小枝がお辞儀をした。

「いや、お急ぎなんて、そんなことありませんで。わいらもご一緒します」三次があわてて言った。「そうでっしゃろ、親分？」

「この先、山中になる。宿は取りにくい」正三も初瀬泊に異議はない。

初瀬は長谷寺の門前町である。参道の入口には両脇に大きな石灯籠があり、四町（約四百メートル）ほど先の山門まで土産物屋や料理屋に混じって何軒かの宿もある。参道入口から二町ほどのところが伊勢辻と呼ばれ、そこを右に折れる道が伊勢参宮街道である。

「いやあ、ここも仰山な人でんな」

「そらあ長谷寺詣の人も多い。お小枝さんらも長谷観音に参拝なされるのですか？」

「まだ日も高いし、それもよろしやすな。けど、明日は峠越えを幾つもせなりませんし、宿でゆっくりしよか、思うてます」

「そらよろしわ。わいらも宿でゆっくりしよって思うてましてん、な、若親分」三次は奈良以来、正三を若親分とも呼ぶが、正三はますますこそばゆい。

「その、若親分いうの、何とかならんか。親分の方がまだましじゃ」

「そんなことありまへん、なあお志摩ちゃん、若親分って、恰好よろしまっしゃろ？」

「ふふふ、どっちにしてもおかしいわ」

「ええと・・・ここいらの筈じゃが・・・」

伊勢辻で立ち止まり、お小枝が宿を探している。

「もう決めておられるのですか？」

「へぇ、伝法の講の元締にお頼みしております」

「それでは伊勢講で参られているのですか?」

「いいえ、講のお世話で参るわけではありません。けど、やっぱり宿は知らんとこより、人に伺うた方がいいんではと思いましてな」

「そらそれがよろし。飛び込みで行ったら、どない目ぇに会うかわかりまへん」三次が相槌を打った。

「ありました、ありました。あそこのようじゃ」

宇田屋という看板がある。やはり幾つもの講の看板がかかっている。

「おいでやす」元気のいい小女が飛び出してきた。

中にはいると番頭らしき男も愛想よく迎えた。

「四人さん?　この頃は混み合うてまして、男衆連れとは思うていませんでして・・・」

「かめへん、かめへん。な、よろしまっしゃろ相部屋で?」三次がお小枝の顔を見て言う。

「そら、知らん人と一緒になるより、若親分と一緒の方がえぇわ」お志摩はそう言って口をつぐみ笑い出した。「いやや、三次さんの口癖が移ってしもうた」

「そじゃろ。やっぱり若親分がよう似合うとるじゃろ」

初夏とはいえ山中の宿の日の暮れるのは心なしか早いようだ。まだ六ツには大分、間があるはずなのに晴れた青空も見る間に暗くなってゆく。宿の食事は山中らしく川魚の干物くらいできわめて質素なものだった。

「若親分、御酒に添えて、なんかもうちょっともらいませんか?」三次は食事が物足りなかったようだ。

「三次さんたら、道中、食べずくめじゃ」

「お志摩ちゃんもちょっと付き合うてくれへんか?」

「わたし、お酒なんか飲めません」

「酒じゃのうて、まだ食べられますじゃろ」

「そうじゃのう・・・」

お志摩はそう言いながら、宿から外をぼんやりと眺めている正三の側に立ってきた。

空には幾つかの星が瞬き始めている。この山中では十日余りの月はまだ見えない。

「この部屋は北向きですね」ぽつりとお志摩が言った。

「そのようじゃが・・・」正三は答えたが、ふとお志摩が何故、北向きと知ったのか不思議に思った。「どうしてわかる?」

「ほんまじゃ、わいら、宿の中、ぐるぐる回ったさかい、東も西も皆目わからしません」三次も怪訝な面もちになっている。

「あれ、妙見様でしょう・・・」

天中にひとつ離れてわずかに輝きの見分けられる星がある。

「ああ、北辰のことですね」正三はうなずいた。

「それなんだんね？」三次は初めて聞いたようだ。「妙見様って、神さん、ちゃいますんか？」

妙見とは北極星のことであり、日本では妙見菩薩として神格化され、大坂近郊には能勢や交野市の星田に社があり、近松門左衛門の墓のある尼崎の広済寺にも元は多田満仲が勧請したという妙見菩薩を祀る社があり近頃は参詣人も多い。北極星は北、すなわち子の方角にあることから、「ネノホシ」とも「子の方の星」が訛り、「ニノホノホシ」と呼ばれたりもする。元は中国で生まれた星宿信仰のひとつであるが、仏教だけでなく道教や陰陽道の信仰も混在しているといわれている。妙見という字義は善悪や真理をよく見通すということであるが、日本では武術の神ともなり、妙見菩薩は甲冑を身につけ剣を握っていることが多いという。

「妙見様は北の真ん中にいなはって、一年中、動かへんということになっとります」

「お志摩ちゃんって物知りなんだすな」三次はすっかり感心している。

「動かへんということになっとる？」正三はまた不思議に思った。北極星は一年中、決して動かないのではないか。それなのに「なっとる」とはまるで動くと言いたいようだ。

「実はほんの少しですけど動くこと、天竺徳兵衛という船乗りの御寮人様が見つけなされたそうです」

「天竺徳兵衛？　それどなたはんだっしゃろ？」という三次を遮るように正三が口を挟んだ。

「なに？　天竺徳兵衛・・・」

「若親分、知ってなさるんでっか？　大坂のお人でやすか？」

「いや確か播州の船乗りだったと思う。天竺に渡ったため、そう仇名されている」

「えっ、天竺に渡った？　そりゃ、一大事じゃ」

三次があわてて大声を出した。もう一人、禁制を破った船乗りがいると思ったようだ。

「まだ海の向こうに出かけることが御禁制ではない時分のことだす」お小枝の口調は沈んでいる。

「さいだすか、それなら関係ありまへんな。もうとうに死んでるじゃろし・・・」

「関係あらへんって、何がだす？」お小枝は不審気に眉を寄せ三次を見た。

「どうして徳兵衛の御内儀は、北辰を不動ではないと申されたのですか？」正三はあわてて話題を元に戻した。

「ええ、なんでも機織りしながら天井の隙間に映る妙見様を御覧なさって、少し動いていることがおわかりなされたそうです」お志摩が言う。

実際、北極星は北天からは現在でもまだ一度角（地上から天頂に向かって三百六十分の一度）弱隔たっており、その半径で円を描いているという。各地の漁師の間でも一夜に三寸五分とか、三尺とか、さまざまだが、北極星が完全に不動でないことは知られていた。天竺徳兵衛の妻が見つけたというわけではない。もっとも見つけたのは桑名屋徳蔵の妻という話しもある。お志摩の思い違いだろう。

「ほんまにお志摩ちゃんって物知りだんな」三次は敬服の至りだ。

「いいえ、お父っあんに教えてもろうただけです」

「えっ、お父っあん・・・死なはったんちゃうんでっか？」三次は本当に仰天している。徳蔵と再会しているなら、話は早い。

「いえいえ、うちの人のことです。もっともうちの人も嬢様の御父上に教わったさかい、嬢様のお父上に教わったのと同じことだすけどな」お小枝はもどかしそうに説明した。

「ああ、お小枝さんの御亭主でっか」三次はがっかりした風だ。そして、「ふうん・・・妙見様は動かへんのでっか」と窓の外に身を乗り出した。

空は刻一刻と暗くなり、北極星は次第に明るさを増してくる。

「ほれ妙見様の少し右上の方に柄杓の形をした星が見えますじゃろ」お志摩は指差した。

「えっ、柄杓・・・でっか・・・ふうん。大坂よりだいぶ、星の数、多いでんな」

山深いこの地では月の出はまだ先なのだろう、晴れた夜空には今や数え切れない星が瞬いている。三次にはなかなか探し当てられなかった。

「ほんま、ようけ星、みえますな。ちと、分かりづらいかな・・・分かりませんか？」

お志摩は三次の肩に並んで窓の外を見ている。「ほら、あそこ」とお志摩が指差すのに、三次は分からないのか、あるいは分からない振りをしているのか、「えっ、えっ」と言いながら、ほどんど頬が触れそうになっている。

「他よりちょっと明るい七つの星を繋げば柄杓の形にみえませんか？」

「はあ、あれかな・・・そういえば、見えんこともないな」

二人はすっかり肩まで触れ合っている。

「お志摩ちゃん、ええ匂いするな」三次はお志摩の髪に顔を埋めんばかりだ。

お志摩はぎょっとしたように三次の側から飛び退いた。

「三次さん・・・気疎《きょうと》い」

「すんまへん、別に悪気があるわけじゃありませんで」

「そじゃかて・・・」

お志摩はお小枝の膝に飛んで行き、顔を埋め泣きだした。

「嬢様にえらい気色悪いこと、してくれますな」お小枝は怒っている。

「いや、ほんに、わい、なんも変な考えがあってのこと、ちゃいます。なんか、ええ匂いするなぁって・・・」

三次も困り果て、お志摩の近くに寄ってはまた遠ざかりうろうろする。

「三次、あの七つの柄杓の形の星を北斗七星という」正三は三次を呼び寄せ、話題を元に戻した。

「柄杓の頭の端を七つ渡らせると、北極星に当たる」

「はあ、七度ですか」三次は夜空を指で計った。「なるほど、あれだすか。あの星は動かへんのだすか」

そうは言いながらもお志摩の様子が気になり、ちらちらと横目で幾度も見ている。お志摩もお小枝の膝から頭を上げて三次をうかがっている。

「漁師はあれらの星を的星《まとぼし》と言うて、船の進む方角の目印にしている」

「あの星が砂まいた川みたいなんは、天の川でっしゃろ。わいもそれくらいは知っとりますで。それからあれが彦星かな・・・」

「北の方角には彦星も織姫も見えません」お志摩がまた三次の側に戻ってきた。「天の川もずうっと東の方にかかっています」

お志摩は次々と星の話しを始めた。さすが廻船の船頭の娘、というより舵取りの家に育っただけはあると感心しながら正三は聞いていた。お志摩の機嫌もすっかり直っている。

お志摩は父と名の近いせいで、天竺徳兵衛にも惹き付けられているのかもしれない。

「徳兵衛に徳蔵さんだすか」

「えっ、徳蔵?」お小枝はまた驚いて三次を見た。「なんで親方の御名を知ってるんじゃ？」

「えっ、さっきそう聞きましたがな」今度は三次もあわてて言い繕う。

「徳蔵さんの屋号は何ともうされるのです？」正三も三次に助け舟のつもりで口出した。

「へぇ、鳥羽屋徳蔵とおっしゃります」

「ほう、鳥羽屋さんですか・・・お志摩さんといい・・・」

「その通りでございます。何でもご先祖様は九鬼様の海賊大将じゃったとか」

九鬼嘉隆は織田信長に仕え、石山本願寺との石山合戦に鉄板で覆った巨大な安宅船を木津川川口に並べ、本願寺と同盟を結び石山への食糧兵站の補給をしていた毛利方の水軍を寄せ付けなかったことは、はるか昔のことながら大坂ではよく知られていた。九鬼水軍は信長、秀吉、家康と時々の権力者に重宝にされながらも、鎖国体制の固まり始めた寛永十年（一六三三）、志摩三万六千石の九鬼久隆は海から遠く離れた摂津三田に移封された。幕府の水軍は若年寄支配下に五組あり、船手頭《ふなてがしら》は布衣《ほい》（元は無模様・裏地なしの質素な狩衣をそう呼んだが、江戸幕府では六位の旗本の式服としたため、旗本のこともそう呼ばれることもある。ちなみに従四位上～従五位下の旗本は諸大夫と呼ばれた）七百石だった。中で古くから徳川家康に仕えていた向井将監だけは代々、船手頭を勤めているが、もはや時折、御座船で巡検とも遊覧とも言えない海遊びに興じる程度でしかない。一方、老中支配下の大坂船手組は一組だが、頭は五千石で小豆島、塩飽島の代官を兼ね、安治川川口に屋敷を持ち、廻船の取り締まりには今も絶大な権力を持っている。

「殿様がお国替えになられた際、海賊衆の中には鳥羽に残られた方も大勢おられたとか。この度の伊勢参りでは、ご先祖様の土地を嬢様にお見せすることになるかもしれません。御奉行様の配下にも幾人かの鳥羽の海賊衆が残っておいでのようだすし」

「御奉行様とはどちらの？」三次があわてて尋ねた。

「伊勢山田の御奉行所には船蔵があるそうだす。何でも毎年、お正月には数隻の御座船が沖合に繰り出すそうだす。その船の水手《かこ》衆は同心扱いじゃそうで、昔の鳥羽の海賊衆も御奉行所の同心屋敷にお住まいです」

「へぇ、そんならお小枝はんも奉行所をたっねて行くんでやすか」

「とんでもない、わてらはそのようなお侍方にはもう縁もゆかりもございません」

お小枝はあわてて首を振った。三次もほっとした顔をした。

「では鳥羽には旧知の方がおいでなのですか？」正三が三次に代わってたずねた。

「いいえ、旧知というわけでは・・・」

お小枝はまた、あわてて口をつぐんだ。益体《やくたい》もないことを言ってしまったと悔いているようだ。

「ご先祖は鳥羽から大坂に出てこられ、代々船頭を務めて来られたという訳ですね」

「へぇ、かつては相当な数の船を持っておられたそうだす。じゃが、数代前にほとんどの船を失い、徳蔵様も残った一艘をやはり嵐で失われましてな・・・沖《おき》船頭になられたのでございます」

沖船頭とは自分の持ち船ではなく、他人の廻船に雇われた船頭のことを言う。これに対して、持ち船の船頭は直《じき》船頭、船に乗らない船主を居《い》船頭と言った。

「なるほど、それでお小枝さんのご亭主は徳蔵殿の遭難された船には乗っておられなかったのですね」

「さようだす。幸いなどと言うたら、嬢様には申し訳ないんだすけど」

「うちが今まで安穏にしておれたのは、婆やのおかげじゃ」

お小枝をさえぎっておお志摩は強い口調で言った。まだ十二、三歳の娘とは思えないしっかりした言葉に一同、はっと息をのんだ。長閑な伊勢参宮詣でをよそおいながら、お仕置きにならないとも限らない父親探しに行こうとしている張り詰めた心が時に張り裂けかねないことに三次も気づいたようだ。三次もそれからめっきりと口数も減った。もはやお志摩を子供とは扱われない。子供の格好をしていても心は、そしておそらく体もすっかり大人なのに違いない。

四　間《あい》の山

正三一行四人は初瀬を発つまでは日和に恵まれたが、宇陀の山中に入ると次第に曇り出し、街道沿いの幾つかの寺や神社の境内で雨宿りをしながら、ようやく菅野村（現：奈良県宇陀郡御杖村）の旅籠に宿を取ることが出来た。初瀬から伊勢の宮川までは本街道ならばおよそ二十二里（およそ八十五キロ）、表街道に比べて近道といっても平地でも健脚でようやく二日、普通なら三日はかかろうが、厳しい坂道がつづいている。菅野から宮川まではおよそ十三里ある。翌日も雨は降り止まないため、馬を借りてお志摩とお小枝を乗せ、蓑笠を手に入れて雨の中を飼坂《かいさか》峠を越え多気《たき》（三重県多気郡）までたどり着いた。難所に恐れを抱く伊勢参りの旅人は伊勢表街道をとるものが多く、初瀬までの賑やかさとは打って変わり、雨の中の寂しい旅路となった。それでも菅野宿ばかりでなく、途中の宿場には旅籠や茶店がある。その上、駕籠や馬の乗り継ぎにも不自由はしない。飼坂峠にも茶店が二軒もあり、旅人を見れば小女が飛んできて力餅と称する一個五文の小豆餅をしきりにすすめる。もちろん三次は「えらい高いな、こらしんどい」と言いながらも喜んで頬張った。

ちなみに明和九年（一七七二）三月、この伊勢本街道をとって大和から松坂に戻った本居宣長の『菅笠日記』の道中を参照しておこう。宣長は初瀬から一里（約四キロ）ばかり行った萩原（現：奈良県宇陀市、元榛原町）に泊まり、そこから通い慣れた伊勢表街道ではなく本街道をとることにした。それに対して供の男は「あな恐ろしや」と頭を振り、その道は険しい山道ばかりで、幾つもの坂を越えねばならない。中でも飼坂、櫃坂《ひっさか》などひどい坂が待っているばかりでなく、明日は雨模様、道も悪かろう。どうしてたやすく越えられようという。その反対を押し切って出立した。萩原から石割峠を越えて三里半の田口、さらに二里の桃俣、また二里の山越えをして菅野の里に着いた。宣長はさらに四里の山越えをして多気まで行くつもりだったが、「雨いみじう降り、風はげしくて、山の上行くほどなどは、蓑笠を吹き放ちつつ、ようせずば、谷の底にもまろび落ちぬべう、吹きまどわす」ため、途中の石名原（現：三重県津市美杉町）に泊まる。それでも菅野から牛峠、岩坂峠を越えての強行軍だった。その翌日、宣長は一人、「例のあやしき」駕籠に乗って飼坂峠を越える。自分は駕籠なのでさほどでもないが、徒歩で上る坂道は少し進めば一息つき、また少し上っては一息つくという様子から、その厳しさを思いやるが、中でも荷を担いだ供の男ははるかに遅れて上って来る。九十九折りの坂なので、上から徒歩で上る皆をすぐ下に見下ろすことができる。ようやく上り着いた峠の田向茶屋で休息して少し坂を下り多気の里に至る。宣長は多気から伊勢本街道を外れ、その日の暮れに松坂に到着した。

正三たちも多気からさらに櫃坂峠を越え、津留の渡しの手前、一里の大石宿（現：三重県松阪市大石町）にようやく日暮れにたどりついた。もっとも日暮れ前に着いていても津留の渡しは増水のため舟止めされており立往生せざるをえなかった。この宿は伊勢本街道と和歌山街道が交差する交通の要所のため、伝馬所や高札場もあり、数軒の旅籠が軒を連ねていた。翌日は嘘のように晴れあがり、早朝七ツ（午前五時頃）前に発ち、伊勢参りに飼坂、櫃坂などと並びこわい所の一つとされた津留の渡しに着いた。

「とても今日は無理じゃと思うておったが、ええ具合に水も引いた。少々流れはきつかろうが、お若い兄さんが二人もおられる。しっかり綱に捕まっておれば、渡れるじゃろ」

津留の渡しの接待所でしばらく待っていると、向こう岸から川渡しの男が現れて舟を出してくれた。この渡しは綱が張ってあり、小舟に乗ってその綱を手繰り対岸に向かう。川の中に測り石と呼ばれる石が置かれてあり、その石が水面に出ていれば渡し舟が出ることになっている。水流の低い時は舟渡しでなく、徒歩で渡る。正三はもし渡し舟が出ないようなら、遠回りになるが、この櫛田川沿いに射和《いざわ》村（現：松阪市射和町）に向かう道をとり、そこで対岸の相可《おうか》（現：三重県多気郡多気町）に舟渡しで渡り本街道に合流するつもりだった。津留の渡し舟は出たとはいえ、川の流れは速く、舟に乗っている者の手からもし綱が離れれば、小舟はたちまち下流に流されるだろう。途中の岩や浅瀬にぶつかり転覆することは間違いない。

「親分、この舟で行くんだすか」三次は乗る前から足がすくんでいる。「転覆せんじゃろな」

「そら、お前さん次第じゃ。お前さんがしっかり綱を掴んでおれば、まず大丈夫」船頭は三次を怪しみつつ励ますように言う。

「わい、そないに力ありません」

「あて、溺れたら助けてやっておくれ。頼みにしてまんで」

六十歳を過ぎているだろう、伊勢参りの女が三次の帯を掴んではなさない。小さな舟ながら十人近く詰め込まれる。ほとんどが伊勢参りの旅人だが、中に近隣の百姓も混じっている。渡し舟は対岸の津留村（多気郡多気町津留）の所有になり、津留の村人は無料だが、旅人は十文、渡し賃がかかった。津留の男のわずかながらの手間仕事である。

「あきまへん、わい、泳げません」

「ほなら、死なばもろとも、あの世で仲良うしなされ」お小枝が揶揄う。

「そないなこといわんと、お小枝さん、よろしゅう舵取りたのんます」

正三たちには思わぬ強行軍となった。途中、誰かが風邪でもひけば、さらに遅れるところだったが、幸いにも病に寝込むことなく、お志摩の足も治った。しかし、これだけ旅を共にすれば、普通なら大坂から出た時からの知り合いのように親しく隔てない一行になってもおかしくはなかったが、お志摩、お小枝も隠し事を持ち、三次もまたその探索という目的があったため、時に親子か兄妹に間違うような気持ちになっても、すぐにまた警戒心が沸き上がり、探る気持ちはなくなりはしなかった。

宮川の渡しに八ツ時（午後二時頃）に着き、まもなく渡し舟に乗ることができた。この舟渡しは延宝六年（一六七八）より御師《おんし》（伊勢神宮の下級神官で、参宮者の世話や地方への宣伝活動などを行い、各地の伊勢講のために宿も設けた）惣中が負担することにしたために無料となっている。渡し場では近隣の村々の子供たちが小遣い稼ぎに代垢離《だいごり》をしている。古くからの習慣であり、聖地とされる伊勢に入る前に身を清めることが求められるのだ。その伊勢参りの旅人に代わって子供らが夏ばかりか冬の寒い最中でもわずか一文の小遣い銭稼ぎのため代垢離をする。宮川の渡しを越えた少し先の中川原には幾人もの御師宿の出迎えが参宮者を待っている。通りの両側には御師の名、講の名、組頭の名を書き連ねた看板を立てた用立所という茶店に人があふれている。講による参宮者はここで接待を受けながら御師の迎えを待つのである。講の参宮者と御師の手代とが初対面の挨拶をする姿があちこちで見られる。御師の手代は紋付羽織袴の正装で客を迎える。講の参宮者ともども互いに扇子を手に持ち、低頭しながら果てしなく挨拶を交わしている。

「もし、あなたがたはいずれへお越しでござりますか」

御師の手代が正三らに近づいて来た。正三は座本の坂東豊三郎の宿に同宿することになっている。

「いえ、わしらは知人の宿に泊まります」正三が答えると、

「そうかいな。そじゃろな」と手代は三次をじろじろ見た。

「なんじゃ、わいの顔に何かついとる、ちゅうのか」

三次がにらみ返すと、手代はあわてて別の旅人の一行の方に逃げるように駆けだしていった。

「けたくその悪いやっちゃな。ところでお志摩ちゃんら、どこに泊まるのだす？」三次がたずねた。

「へぇ、この先の浄土宗の大林寺のお世話になることになってます」お小枝が答えた。

「大林寺でっか？」三次は伊勢は初めてなのだ。

「間《あい》の山の少し向こうですね。なら、わたしと同じ方向です」正三には見覚えがある。

「そらよかった。ほなら、その寺まで送りしやしょ」

三次はあくまで二人の宿を確かめておかねば探索の御用にならないだろう。三次はどこに泊まるつもりなのだろう。正三の宿は大林寺からさらに少し坂を下った中之地蔵の芝居小屋の付近にある。

　　ヤとこさアよいとさア、チチチチチンチン、
　すけんぞめきは阿波座の烏、ソリヤサ

大坂ものらしき一団が五、六人、賑やかに歌いながら通り過ぎていく。

「ほんま、大坂のもんは能天気だすな」三次が苦々しそうに言う。

「そらぁ、伊勢参りのもんはみんなそうでっしゃろ」お小枝がつっけんどんに答えた。

「お小枝さん、機嫌悪いんちゃいますか？　わい、またいらんこと、言うてもたんじゃろか」

三次は首をひねった。お小枝は伊勢に着いて明らかに緊張している。運がよければ、今にも徳

蔵に出会えるかもしれないのだ。いつまでも付きまとわれては迷惑する。しかし、それを口には出来ない。正三だけでなく、三次もまたそのことに気づいている様子だ。首をひねり、真に不思議そうな顔をするとは、三次は年にも似ず演技上手なのかもしれない。そのために今回の探索御用を命じられた可能性もある。

まだ日も高く、先に外宮参りをすることもできる。お小枝は外宮への参詣も省略し先を急いでいる。明らかに参宮が目的ではない。三次は深い新緑の森に覆われた外宮の鳥居を横目に見て足を緩めた。

「お参り、なさらんのですか」

「ひとまず宿で休もう思うてます」

伊勢参りの旅人の行き来する狭い街道はまもなくゆるやかな上り坂になる。この尾上坂を上りきると古市になる。坂の下の両側にも、すでに遊廓や旅籠が建ち並んでいるが、上りきった辺りになると、しきりに三味線を力一杯、掻き鳴らす音にまじって女の悲鳴のような歌い声が聞こえてきた。道端に人だかりがしている。

「なんかやっとりますで」

「三次、知らんのか？　あれが名高いお杉、お玉じゃ」

「へぇ、名高うござりやすか。さして巧いようにも見えんがのう・・・」

「声というより、ほら、あないに巧うに銭を受け取りますじゃろ」

お小枝も立ち止まって、人だかりの隙から覗いている。お杉、お玉は三味線の撥で投げられた銭を叩き落として銭入れに入れている。

「なぁるほど。よっしゃ、わいもやってこまそ」

三次は胴巻きから財布を取り出し、一文銭を投げつけた。銭は見事に女の一人に当たったかと思うと、女は撥でその銭を打ち返した。

「あいたたた」

三次は大声を上げた。打ち返された銭は三次の額に命中した。

「わっ、えらい血ぃじゃ。どないしてくれんねん」

額に血のついているのに気づいた三次は血相を変えて女に飛びかかる勢いだ。

「なに、するんじゃ。こんなとこで本気に怒ってどないする」

正三は慌てて三次の腕を捕まえた。

「あははは、兄さん、もういっぺんどうじゃ。今度こそお玉に当てたれや」

どこの誰とも知らぬ男がはやし立てる。周りの見物衆も「やれぇやれぇ、やてこませ」などと声を合わせてけしかける。「やるべえ、やるべえ」大坂言葉に江戸言葉も入り混じる。お杉、お玉も煽り立てるようにますます激しくかき鳴らした。「夕べあしたの鐘の声、寂滅為楽と響けども、聞いて驚く人もなし」と昔、哀れを誘う口調に沈んだ三味線の音を合わせていた面影は、この当時のお杉お玉にはかけらもない。

三次は掛け声とともにさらに強く投げつけた。それも見事に打ち返され、今度は三次の鼻先を打った。

「うわ、若親分、わいの鼻、取れてもた」

「なに言うとる、ちゃんとついておるわ」正三は三次の鼻をつまんだ。

「あかん、なんも感じひん。やっぱりなくなっとうのとちゃいますか」

「あはは、兄さんの鼻は前からそんなもんじゃ。あるのか、ないのか、わからんわい」

またしても野次が次々と飛ぶ。

「かくなるうちは、毒食わば皿までじゃ。兄さん、けちるなよ。百文、ぱっと投げるんじゃ」

「あんさん、うまいこと言いよる。毒食わば皿までか・・・」

三次は感心しながら、「毒食わば、毒食わば、どれどれ」などとぶつぶつつぶやき胴巻きを手探りした。「百文、百文、どこじゃ、どこじゃ」なおもつぶやきながら、

「親分、これ、どないな洒落だっしゃろ」

「わしもそんな言葉、聞いたことない。おおかた、お江戸の言葉じゃろ」

人だかりがますます二人を取り囲んだ。

「こないな、かなわんもんと付き合っとらんと、嬢様、さあ参りましょ」

お小枝はまだ心残りのありげなお志摩の手を引いて、人だかりの隙間を縫うように立ち去ろうとする。「嬢様、ちぼ（すり）に気ぃつけて下されや。ほんま、えらい人じゃ」

背の低い三次からは二人の姿はすっかり人ごみの陰に隠れて見えない。

「あ、ちょっと待ってぇな」三次はあわてて、二人の跡を追おうとした。

「なんじゃ、もう逃げよるんかい。あかんたれじゃのう」

「逃げるんちゃう、用あるさかい・・・」

「ほれ見るべぇ、見事なもんじゃ。おぬしなんぞ、百ぺんやってもあたるわけねぇ」

また、野次馬たちが三次をからかい始めた。

「うんだ、うんだ」

慌てふためきながらも三次は人を押し分けて立ち去ろうとした。その時、後ろから髷に銭が命中した。

「あいたた、何でわしばっかり狙いよるんじゃ」

三次ばかりでなく、何人かが面白がって女をめがけて銭をなげている。しかし、女は投げられた銭を跳ね返すことなく、撥で受け取り器用に傍の箱に滑り込ませている。

「なんじゃ、銭を返しよらんぞ」

「ははは、お前の投げる鐚《びた》銭なんぞは、いらんちゅうこっちゃ」

「鍋銭《なべぜに》もまじっとるぞ」

「どこぞの地蔵さんの賽銭箱から盗んできたんとちゃうけ」

「アホ言え、れっきとした御用の」と言いかけながら、三次はあわてて口をつぐんだ。

鐚銭とは悪鋳の銅銭や使い古されてすれ切った銅銭で昔からある。鍋銭とは元文四年（一七三九）から製造の始まった鉄銭で銅不足から作られた。主に江戸の銅座で作られ銅銭と同じ形をして、百年ほど前の「寛永通宝」と銘打っていた。まもなく京都の伏見でも作られるようになるが、これは輪をかけた悪銭で「茶碗の欠けを入れることは宝永から始まり、土を入れることはこの銭から始まり」、銭の音もしなかったという。この他にも宝永五年（一七〇八）に江戸で製造された四ツ宝銭など悪銭も多種に渡っている。

「親分、どないしまひょ」三次は正三に助けを求めた。

「宿は分かってるから、かまわんではないか。それより、おぬしはどこに泊まるのじゃ」と、正三がたずねた。

「いや、そうでんな・・・」三次はなおも二人の行方が気になる様子だったが、

「わいはひとまず御奉行様のとこに顔出して来ま。御奉行所はどっちだっしゃろ？」

「元来た道を戻って、宮川沿いを海に下ればよい」

「遠まっしゃろか？」

「さほどでもなかろう。おぬしの足なら、半時（約一時間）もあれば充分じゃ」

「親分、また会うてくれまっしゃろな」

「わしに会うてどうするのじゃ。もう用済みではないんか」

「用済みじゃなんてことありまっかいな。わい、ここら辺、何も知りよりまへん・・・宿が決

まったら、親分のとこ、お訪ねしますさかい、よろしゅうおたのみ申しま」

　三次は悪態のまだ続く人波の間を素潜りで泳ぐように元来た道をもどっていった。時折、不安げに正三の方を振り返り、その度に愛嬌のある笑顔を浮かべながらも、まだ痛いとでも言いたいのか、頭や鼻先を掻いた。

　正三は三次の後ろ姿を見送りながら、ほっとして一人ゆっくりと参宮街道の坂道を登っていった。久しぶりに一人になれた。そうなると町並みや人の行き来さえ楽しげに見えてくる。

　坂の頂上にかかる古市の口之芝居では旅芝居の一座が興行している。しかし幟も積み物も大芝居に引けを取っているとは見えない。幟や看板に書かれた役者はどれも聞いたこともないが、名古屋の下回りの役者や中には名を変えて旅芝居に出ている名題格の役者もいるかもしれない。見物の数も通りの人ごみに劣らず盛況のようだ。それなのに大坂の大芝居の一行が不振なのは見物料金の差のせいだろうか。昨年も正三は中之芝居一行の伊勢中之地蔵芝居に同行した。季節も同じ春の終わりから夏にかけてであった。役者とて坂東豊三郎、姉川大吉、佐野川花妻くらいで今年の方がむしろ充実しているだろう。それなのに今年、座本の坂東豊三郎が泣きついてくるとは、芝居の入りというよりやはり役者の間のもめ事がまだ収まっていないのだろうと、また足取りが重くなった。

　古市口之芝居には、名題看板にも負けず劣らぬ大きさで「来タル六月朔日ヨリ大坂角芝居一座興行」と書かれた看板が上げられている。昨年に引き続き一座を挙げて角之芝居も伊勢に乗り出すのだ。まだだいぶ先のことだが、すでに座組も決まっているようだ。とりわけ市川団蔵の名が大きく書かれている。他には嵐三五郎、三条浪江、芳沢崎之助と正三にも馴染みの名もある。大坂の歌舞伎が人形浄瑠璃に圧倒されて久しい。ようやく近頃盛り返してきたとはいえ、まだまだ興行は安定していない。主だった役者が夏、旅芝居に出るのは昔からの習わしだ。しかし、芝居の一座を挙げて地方に流れるのがこのところ習わしになっている。この年の中之芝居のように三月を待たず大坂を引き払い伊勢に流れるなどということも珍しくはない。角之芝居が六月から伊勢で興行するのは、むしろ道頓堀での興行が順調な証である。

「並木の師匠、今年もよろしくおたのみ申しま」

正三が看板を見るともなく見ていると、古市口之芝居の木戸番が声を掛けてきた。昨年、やはり今年と同じ中之芝居の一行に付き添って伊勢を訪れ、中之地蔵芝居だけでなく古市口之芝居の内衆とも少なからず知り合った。声を掛けてきた木戸番は勘助といい、もう五十歳を超しているだろう。江戸の中ゥ芝居《ちゅうしばい》の役者の弟子となった中村歌右衛門が北陸や中山道各地を長い間、流れ歩いた末、十年ほど前にようやく伊勢に辿り着いた時、親しくしていたという。

「加賀屋の親方が今年、伊勢に戻られていますが、もうお会いになりましたか？　たいそうなつかしんでおられました」加賀屋というのは歌右衛門の屋号である。

「へぇ、こちらに来るとすぐ、尋ねて来られました。すっかり偉い役者はんにおなりになったのに、そんな素振りはちぃとも見せたりしはりません。ようできたお方じゃと皆で言うております。

こっちの芝居じゃのうて残念だす」

「なかなかの盛況のようですね」

「そうでっしゃろ。実は芝居主の方でも並木の師匠が今年も来られたら、挨拶に出向かないかんと言うてはるんですわ」

「わたしにですか？」正三は古市口之芝居とは何も関わりがない。「こちらのお役に立つわけにはまいりませんが・・・」芝居を書いてくれとでもいうのだと思った。

「いえ、そうじゃありません。もうお役に立っていただいているわけで」勘助は謎めいた顔をした。

「はて、何のことか・・・」

「こちらの人気はむろん、あちらと違うて大芝居の役者はんなんて一人もいてはりませんさかい、木戸銭も安いってこともあります。けどそれだけじゃありません」

　勘助は少しためらったが、思い切って言うことにした。

「わしが師匠にこんなこと言うてはいかんのかもしれませんが、実はこちらの芝居には師匠が道頓堀で工夫なされた大仕掛けを真似させてもろうとります。それが見物の人気の元でっしゃろ」

「せり上げのことですか？」

「へぇそうだす」

「あれはもう三年も前のことです。今では大坂ではどこでもやっております。取り立て挨拶など不要だと申し上げておいてください」

「そうだすか・・・じゃが、中之地蔵芝居ではまだやっておりませんぞ」

「芝居の中身にもよりましょうが、作事に少しばかり手間がかかりましょう」

「そうだす。伊勢ではこの芝居にしか出来ませんじゃろな」勘助は自慢げに見えた。

正三もそれが本当に人気の原因ならと悪い気はしない。しかし、豊三郎はそんなことは一言も書いていない。中之地蔵の苦しいのは仕掛けが原因ではなかろうと思い直した。

「師匠にいっぺん見てもらいたいって主《あるじ》も言うておりました。よかったら入ってもらえんじゃろか。主は今はおりませんけど・・・」

「いや、まだ一座に顔も出しておりませんから、今はご遠慮申します」

「さいだすか・・・ほな、近いうちに来て下され。主に申しておきます」

舞台で柝が鳴っていた。幕切れなのだろう。一幕見の見物人が押し合うように木戸を出てくる。勘助は木戸口の番台で拍子木を鳴らしながら、声色を使って呼びこみを始めた。

「さあさあ、お目当ての忠臣蔵六段目、お軽・勘平道行の場、それに加えて祇園茶屋一力の場もお付けしとりま。それもちょぃと趣向を添えて、あっと驚く大仕掛け、女な子はんは腰抜かはりまっせ。旦那はん、きばって看取り手取り足取り、せいぜいいたわっておやりなされ。朝の喧嘩もいっぺんに収まりま、どうぞ今夜はしっぽりお楽しみ。なにせ伊勢芝居初めての大仕掛け、今日見て行かんと明日はどうなるかわかりまへん。もっとも大仕掛けを考えなされた並木正三師匠もここにおいでのこと、師匠の奇想をおたのみして、ますます面白くなることは請け合い。一幕だけでは話に遅れる。次の一幕こそ話の種に取って置き。廓に行くのもまだ早い。さあさ、早う入らんと札止めになりまっせ」

正三は見物人がきょろきょろと探し始めたのを見て、呼び込みの声を尻目に芝居小屋から立ち去った。街道の両側に広がる古市遊郭はまだ日暮れには遠いとはいえ参詣の人ごみでごったがえしている。男ばかりでなく、女もまたぞめき歩いている。とはいえ、人気のある美貌の傾城たちはあちらこちらの御師の宿に伊勢踊りに呼ばれて出払っている。それでも参詣か遊山か五分五分の人波は茶屋や揚屋の並んだ町を浮かれて歩いている。

「島原より賑やかやおへんか」

「新町に引けは取らんぞ」

あちこちから馴染みの廓と比べる声もする。

「じゃが揚屋はやっぱり新町じゃ」

「お前、揚屋に揚がったことあるのかえ」

「いやあ、台所からちょっと覗いた」

「太夫は島原じゃぞ」

「あんさん太夫、揚げるの幾らかかるか知ってなはるか」

「いや、道中を見物しただけじゃ。そいでも島原ほど綺麗な太夫は日本全国どこにもないぞ」

間の山を少し下り始めたところが中之地蔵と呼ばれる。廓は途切れ宿屋が並んでいる。その一角に芝居小屋があった。中之地蔵芝居もまだ芝居ははねていない。三桝大五郎、嵐三右衛門、中村歌右衛門、嵐小六、坂東豊三郎と一座の幟がはためき積み物が並んでいる。それでも表を通り過ぎただけでも、古市口之芝居にははるかに入りの劣っているのがわかった。この頃、伊勢の芝居は伊勢参宮のついでに芝居を見る参詣客が相手にしているため、長い通し狂言が興行されることはなく、義太夫狂言の有名な場を幾つか取り合わせた見取《みど》り興行ばかりとなっている。中之地蔵芝居もこの時、『ひらかな盛衰記』、『釜淵双級』と名高い義太夫狂言を並べていた。しかし伊勢参宮の旅人にとって大坂の役者はさして珍しくもなく、木戸銭の高さだけが目立つのかもしれない。

五　はまむぎ

芝居の脇の道を少し進み、芝居と背中合わせになっている宿屋を訪ねた。昨年と同じ宿である。今年もここに中之芝居の主だった役者が泊っているはずだ。正三が案内されたのは頭取の三名川弥平次の部屋だった。ここを相部屋にしてくれと宿の者が言い遣った。八畳の部屋で他の部屋と襖で仕切られている。

頭取の三名川弥平次は道頓堀の中之芝居でも頭取を勤めている役者であり、正三の馴染みの役者である。芝居の頭取は一座の中ではほとんど目立たない役、敵役《かたき》を勤める役者がなる場合が多い。この弥平次もそうだった。この年の役者評判記では敵役の末尾、上白上に位付けられ、「だいぶしっかりとしてよし」と簡単に評されている。しかし、楽屋の出入り口に頭取座という席が設けられ、楽屋への出入りの監視だけでなく、その日の花代の分配など一座の重要な経済を握っており、人柄、才覚がなければ出来ない役割を担っている。五十歳を過ぎ、温厚で目立たないが、時には厳しく我儘に対処するという一面も併せ持っている。この役目にぴったりの男だった。

　案内された部屋は広さはともかく眺望が宿一番のよさだ。窓の外には田畑の向こうに五十鈴川が流れ、その向こうには朝熊山《あさまやま》の山裾が見える。そしてその山の裾野に隠れて見えないが、二見の浦がある。この宿は険しい坂の上に建っている。それだけに眺めもよいのだ。宿の前の道はしばらくすると石畳の階段になっている。階段の両側にも宿が建ち並び、うねった階段はおそらく五十鈴川の扇状地であったのだろう広い平野へとつづいている。田植えを前にして田には綺麗に水が張られ、あちこちの苗代では稲の若い芽が三寸ばかりに成長している。

「見晴らし、よろしまっしゃろ」宿の小女が正三の後ろから声を掛けた。昨年はいなかった。見知らぬ小女だ。

「まこと素晴らしい景色です」

「今の季節なら寒うもなく暑うもなく、お伊勢さんに参られるなら最高だす。普段なら雨もめったに降りよりませんしね」

「今年もなかなかの人出ですね」

「例年に比べれば少々さみしいようだす」

「そうですね、去年ならお杉、お玉の小屋の前なんぞは黒山の人だかりで近づけませなんだ。今年は多いといっても後ろから見物できました」

「ちょっと寒いせい、それとも雨が多いせいだっしゃろか?」

『本居宣長在京日記』によれば、「今年は、参宮人、例とはいたう少なかりしよし、関東北国西国の、去年の不作ゆへなるへし、ましてこの比は、いと少なくなりて、道もさひしく成ぬ」(宝暦六年五月三日条)とあり、このところの不作が影響しているようだ。しかし、また「伊勢の国などは、去年も、さのみ田なつもの悪しくもなかりしとかや、今年の麦もいとよく出来ぬと、農人共喜びあへり」(同)とあり、伊勢では例年並みの作柄を宣長は喜んでいる。

「うちらはさほどお客さんが少ないとは思いませんがのう。それにしても、お芝居の方は」と言って言いよどんだ。

「そんなに不入りなのですか?」

「いやあ、いらんこと言うてしもうてすんまへん。役者はんらがそないなこと言うてはるの耳にしただけだす」

宿の者にまで分かるほど不入りなのだ。それならちょっと芝居に顔を出してこようかと正三が思っていると、小女は風呂に入らないかと尋ねた。一座の者もまもなく芝居もはねて、三々五々と宿に戻ってくるだろう。皆が戻る前にひと風呂浴びるのもよかろうと思い直し、正三は浴室に向かった。

宿の風呂場は宿の地上階より下にある。一階からにしても風呂場に行くには何十段と宿の階段を下りねばならない。階段を下りていくと、それぞれの階に座敷や部屋がある。従って入り口から見れば、普通の二階建てにしか見えないが、実は五、六階もある珍しい建て方になっている。ほかは申し分はなかったが、風呂場だけは何とかならんものかと去年も思った。冬なら風呂場に辿り着く頃には体は凍えているだろう。夏ならば風呂上りの火照った体で何十段と階段を昇らねば部屋に戻れない。

さほど広くもない据え風呂に武士が一人入っていた。正三が軽くお辞儀して湯船につかると、三十歳くらいの武士は何故か話しかけてきた。

「役者衆の御一行ですか?」武士の横柄さは感じられない口調だった。正三はほっとして湯船に腰深くつかりなおした。

「はい、さようでございます。あなた様はこの宿にお泊まりですか?」

「そうではありませんが、ここの湯船から外を見ると胸内の鬱憤が消えるように思えるので、近頃、時々使わせてもらっております」

正三の泊り部屋からは数階下になるが、泊り部屋とは方角が異なっており、板窓を開いた窓から伊勢の海が眺められた。隣の宿の屋根が少しかかっており、浜辺や松林も見えず、もちろん海まで広がる田畑や村は見ることができない。しかし、部屋から見た景色とは異なり、三河や遠州の遥か遠くの海辺や白い帆をはった船が行き交うのが霞んで見えた。

「今日は富士は見えぬの。じゃがくっきりと見える日もある」

「お江戸から来られたのですか?」

富士、いやあるいはその先の江戸を偲んでいるような口調に感じられた。

「うむ・・・」それ以上たずねるのは拒絶するように渋面を作ったが、「そなたは役者にも見えませぬが」と逆に問い直してきた。

「はっ作者をしております」

「あぁさようですか。まだ芝居がはねておらぬのに不思議じゃと思うておりました。この隣の芝居をお書きになったのですか?」

「いえ、先ほど大坂から着いたばかりで、旅の垢を落としておるところです」

「失礼ですが、お名は?」

「名乗るほどのものではありませんが、並木正三と申します」

「ああ、兼ねてより御高名はうかがっております。まだお若いのに大坂随一の作者だとお噂をお聞きしました」ますますへりくだってきた。「これは失礼、お名をうかがうばかりで・・・わたくし、奉行所に勤めている安田彦四郎と申します。いえいえ与力なんぞと違い、御奉行の祐筆を勤めております」

「そうでしたか・・・」

「やはり武士には見えませぬか？」正三が思っていたそのままに彦四郎は言った。

「いえ、そんなことはありませんが・・・少し他の御武家様方とは」あまりあからさまに言うことも憚られる。

「なあに・・・庄屋の小倅です。ひょんな御縁で甲斐守様に取りたてられました」

「伊勢は長いのですか？」

「足掛け六年になります。甲斐守様が山田奉行になられてからずっとです」

「その間、一度もお国には戻られていないのですか？」

「さようなことはありません。甲斐守様が江戸に出府される時はいつもお供をしてまいります。住めば都と申しますが、わたしにはどうも伊勢の国には馴染めぬようで・・・」口を濁した。

水野甲斐守忠福は寛延四年（一七五一）から宝暦十二年（一七六二）までの十年以上の長きにわたって山田奉行を勤めた。彦四郎はすぐにでも江戸に戻りたいようだが、それはまだ六年も先の話である。庄屋とはいえ百姓の子が奉行所の役人を勤めるとは、よほどの裕福な百姓かあるいは学問にでも秀でていたのだろう。正三は彦四郎と話してもどちらとも判断することができなかった。ただ物静かさだけが目に付いただけだ。

「伊勢の浜荻とは思うのですが」彦四郎はまたぽつりと口にした。

「浪花の葦は伊勢の浜荻、所違えば名も変わるに過ぎないというわけですね」

「ところがわたしには、むしろ伊勢のはまむぎ」

「はまむぎ？」

「棘のある雑草のようで、日本にはそのものはないらしいのです。仏蘭西という国の言葉ではシャン・ダンとか申すそうで、シャンは犬、ダンは歯という意味だそうです。犬と歯をくっつけて、はまむぎになる。犬歯のように鋭い棘のある植物なのでしょう。そのシャン・ダンはまた、厄介事という意味でも使われるようで・・・」

「厄介事ですか、わたしも」と言いかけて正三は口を閉ざした。

奉行所に行った三次はどうなっただろう。この彦四郎とは顔を合わすことも、おそらく共にはたらくこともないだろうが、こうして偶然にせよ山田奉行所の奉行直参の祐筆に出会ったのは何かの因縁があるのかもしれないと正三は漠然と考えていた。しかし真面目さが取り柄とも取れる彦四郎に何か、特にお志摩のことでたよるのは論外のように思えた。

「いずれゆっくりとお話ししませんか？」彦四郎が誘った。

「結構ですね。お住まいはこの辺りですか？」

「いえ、奉行所の長屋に住んでおります」彦四郎は照れくさそうに答えた。

「ではお一人なのですね」

「わたしのような給金では、なかなか思うようになれぬものです」

それは掛け値なしであったろう。少し後の時代になるが、大坂町奉行の注簿役を務めた静岡生まれの十返舎一九は年わずか十両の給金だったという。もっともわずかというのは一九のわがままだったかもしれない。一年、一家、五両ほどで暮らしていた庶民も少なくない。一年ほどで町奉行から暇をもらった二十歳の一九は浄瑠璃作家に弟子入りしたり、あるいは商家に婿入りしたり、大坂で十年余り、放埒な生活を送った。彦四郎も江戸に戻れば何とかなるのかもしれないが、いつまで滞在するかわからない土地で所帯を持つなど、この実直そうな侍にはむずかしかろうと正三も納得した。二人は背中を流し合い、それ以上はなすこともなく、夕暮れて行く海を飽きることなく眺めていた。

正三が風呂から上がり一服していると頭取の三名川弥平次が帰ってきた。

「親方、遅うなりまして・・・」正三が軽く頭を下げると、

「いやいや、急にお呼び立てして申しわけありません。今年はわしらだけでなんとかする積りじゃったのが、どうにも面目ない。早速、今夜は師匠の到着を祝うて芸子衆を揚げやしょう」

頭取はそういうといそいそと部屋を出て行った。

一時（約二時間）近く経ってようやく広間に用意が整った。正三を真ん中にはさみ、頭取と座本の坂東豊三郎が上座に並んだ。正三が先達てまで共に中之芝居で一座を組んでいた役者を含めて十人ほどの役者衆と数人の道具方である。大坂から伊勢に旅立ってもう二か月近く経っている。互いの気心も知れているはずだ。しかし、ぎこちない空気が広間に漂っている。大坂にいた時のわだかまりがそのまま融けずに残っているとしか思えない。

正三は一同を見回した。中村歌右衛門、坂東国太郎、嵐三右衛門、岩田染松等々が左右に並んでいる。しかし三桝大五郎や嵐小六が見当たらない。といって二人のために席が取ってある様子もない。二人は大坂では別の一座だったが、伊勢芝居に同行している筈だ。

「三桝の親方はいかがなされたのです」

「うむ、それじゃ。正さんに取り持ってもらわねばならん」豊三郎は苦渋の表情をした。

「と申しますと?」

「どうもわしを嫌っておいでのようじゃ」歌右衛門が横から口をはさんだ。

「はあ・・・しかし、こうした顔ぶれで伊勢に参ることは、とうよりご承知の筈ではございませんか。それとも伊勢に着いてから何かがあったのですか?」

「いや、わしには思い当たる節はない」歌右衛門が憮然として言った。

「宿も別じゃ」豊三郎が付け加える。

道頓堀の中之芝居は立役に中山新九郎・文七父子、実悪に中村歌右衛門、敵役に坂東国五郎、若女形に芳沢崎之助、岩田染松、嵐三右衛門というのが主な役者だった。伊勢には、この中で新九郎・文七父子、芳沢崎之助が抜け、その代わりになおも道頓堀での興行をつづけている角之芝居から立役の三桝大五郎、大西芝居から嵐小六が加わった。これだけの座組を揃えるとは、座本の坂東豊三郎は大盤振る舞いをしたのだろう。豊三郎は大風呂敷を広げて銀主から銀を集めたに違いない。

　三桝大五郎はこの年三十八歳、立役はかねてよりの願望であったが、大坂では長く敵役、実悪を勤めてきた。宝暦四年十二月の二の替り、正三作『道中千貫樋《どうちゅうせんかんどい》』の力士役が好評を得て、侠客役にようやく適所を得たかのように人気が出始めたばかりだった。大五郎は一回り下の正三に対して丁重な態度を崩したことはない。色が白く、背が高いところから本人は実悪より立役が望みであったが、二枚目としては険が強く、この頃は次第に肥えてきていた。中山父子の抜けた一座には喜んで立役として同行したはずだ。

「大五郎は何故か、わしと顔を合わすのも避けておる」歌右衛門はまた憤然とした。大五郎と歌右衛門が同座するのは宝暦二年以来のこと、五年振りになる。

　中村歌右衛門は大坂に来て足掛け十年になり、大五郎ともすでに何回も同座している。四歳年上の歌右衛門を旅回りの役者と見下しているのかもしれない。しかし大五郎とて女形の芳沢玉妻の門人となり若衆方から芝居に入ったにせよ、一時、商人になっていたこともあり、さほど役者としての大道を歩いてきたとはいえない。

「あるいは昔、そなたは実悪に向いているのではないかと、何かの折、ひょっと口にしたことがある。それを根に持っているのかもしれん」

「まあまあ親方、師匠もお出でなさったことじゃし、京桝屋の親方も気を直されるでしょう。これからはうまく行くはずです。そう気を回されますな」と嵐三右衛門が盃を勧めた。京桝屋は三桝大五郎の屋号である。

嵐三右衛門はこの年二十五歳、延享二年（一七四五）顔見世に四代目三右衛門を継いだ。わずか十四歳の若衆方だった。初代、二代目嵐三右衛門は元禄期の大立者であり、六方を得意とした。しかし、この四代目の養父三代目三右衛門は若女形であり、初代、二代目からの芸の継承はほとんどなく、嵐三右衛門はただ由緒ある名跡としてのみ続いていたにすぎない。この四代目嵐三右衛門は若衆方の頃からしばしば座本として京都の舞台に立っていた。養父三代目の引き立てによるものだろう。宝暦四年（一七五四）には大坂道頓堀の中之芝居で座本となったが、その年の七月に養父を亡くしていた。養父三代目は役者としては取り立てて実力はなく、しかもすでに長い間、舞台に立たず引退同様ではあったが、贔屓は多く、また弟子にも恵まれていたため、二十三歳の四代目嵐三右衛門としてはまだまだ頼りたい養父であった。宝暦四年の座本はこの頼りのない身を案じてか、養父の贔屓による引き立てを受けてのことだろう。「御当地にて角に小の字の櫓幕《やぐらまく》は、大黒柱と同じ事。なければならぬ物。四代目の初座本」（宝暦五年正月『役者刪家系』）と、大坂での初座本を引き立てようとする気持ちが示されている。

正三はこの宝暦四年の中之芝居の顔見世で初めて四代目嵐三右衛門と同座した。後ろ盾の養父を失ったばかりであったが、座本として気難しい役者たちを相手に控え目に振る舞い、かといって卑屈になることもない二歳年下の三右衛門を好ましく思っていた。顔見世『天照大神岩戸曙』は夜芝居のうちは大入りだったが、女や子どもの見物も増える昼芝居になると、趣向は変わっているが、余りに珍しすぎて訳が分からないと評判も悪く、次第に入りも悪くなっていった。それでも三右衛門はおぼこ娘の仕打ちがよいとまずまず好評だった。二の替り『道中千貫樋《どうちゅうせんがんどい》』では相撲取り役の三桝大五郎の妹役と駿河介の許嫁藤姫のふた役をもらい早替りや嫉妬に狂って海を泳ぐ場など大いに好評だった。

三代目嵐三右衛門には嵐小六という優れた女形の弟子がいた。四代目にとっては兄弟子に当たる。嵐小六もこの度の伊勢興行には大西芝居から別れて同座しているが、息子の嵐雛助とともに別の宿を取り、この席にも顔も見せないでいる。その小六を押しのけて四代目となっている三右衛門に対して遺恨とはいかないまでも不服があるのかもしれない。

「ところで正さん、新たな趣向は何か思い当たられましたか？」

場がおさまるのを待ちかねたとばかりに座本の坂東豊三郎がたずねた。

「え？　趣向？」

正三は戸惑った。やはり豊三郎は新作でなくとも、伊勢でも新たな趣向を期待して正三を呼び寄せたのか、しかし書状にはそのようなことは何も書かれていなかった。

「いやいや、書状をあわてて送りましたさかい、師匠にお頼みするの忘れておったようじゃ」豊三郎は頭を掻いた。「しかし、正さんのことじゃから」

「えぇ、まだお話しできるところまでは煮詰まってはおりませんが、天竺徳兵衛を仕組んでみようかと考えております」

正三はふと思いつきに天竺徳兵衛を口に出した。

「やはり考えて下すったのじゃな。しかし・・・天竺徳兵衛？　そりゃ何ですかの？　天竺生まれの男かいの？」豊三郎には初耳のようだ。

「船乗りです。天竺生まれという訳ではありませんが、船が嵐にあい天竺まで行ったそうです」

「呂宋《るそん》助左衛門のような男なんじゃな」歌右衛門も少しは機嫌も直ったようだ。

「助左衛門よりは少し後の時代の男です。随分の長寿で異国のことが珍しくなった頃に長崎奉行に見聞録を進呈されたようです」

「最近でも漁師や廻船の船乗りが嵐で異国に流れ着くことはたまにあるそうですね」三右衛門が口をはさんだ。

「異国に行けば、もう帰って来られぬのではないですか？」頭取は真顔になってたずねる。

「いいえ、長崎の奉行所で切支丹ではない証を立てれば許されるようです」

「つまり・・・絵踏みとか申すものか？」

　豊三郎はますます真剣な表情だ。座本が興行のすべての責任を持っている。銀主を探し出し、高利の利払いを約束して掻き集めた金も半端なものではない。もちろん、豊三郎は今までも座本を経験している。享保八年（一七二三）に大坂の角之芝居に名前が載るが、その後ははっきりとしない。中村歌右衛門と同じく若い頃、地方の旅回りをしていたようだ。元文三年（一七三八）にようやく京都に上り若女形を勤めた。その後、江戸にも下り、寛保二年（一七四二）大坂で立役として登場した。役者としては今ひとつ花もなく、芸達者というわけでもなかったが、温和な人柄と義理堅さのためか、しばしば座本を勤めるだけの贔屓も持っていた。

今までようやく明るくなっていた一座の空気はまた少し澱んだ。

「切支丹は御法度じゃしのう・・・」豊三郎はすっかり沈み込んでいる。「正さんの思い付きは目新しいのはよいが、少々奇を衒い過ぎる気配がある。それに・・・」

この度の二の替りもちょうどそんな言葉で立作者を実質的に並木永輔に譲ったことを思い出した。銀主の意向と思っていたが、案外、豊三郎の正直な気持ちなのかもしれない。

「いや別に切支丹をどうのという仕組みではありません。そうですね・・・たとえば唐と手を組み謀反に一味するとか・・・」

「なるほどお家騒動に乗ずるのじゃな」歌右衛門がうなずいた。

「しかし、伊勢で通しは通用せんわい」豊三郎はなおも躊躇している。「ちょっとした趣向で気を変えるならよいが、通し、しかも新作、その上、天竺徳兵衛なんじゃと、聞きなれぬ立役となると見物は痺れを切らすじゃろ」

「はい、そこは承知しております。今、『ひらかな盛衰記』がかかっておりますね」

「三段目の松右衛門内の段と逆櫓《さかろ》の段をやっておるが、今ひとつ評判がよくないので困っておる」豊三郎が苦虫を噛んだ。「大五郎は少し太りすぎじゃ。松右衛門は適役とは言えまい。いやいや、少し言い過ぎかもしれんがのう」

座本の坂東豊三郎はこの席にいないのをよいことに三桝大五郎を非難する。それならなおさら大五郎にふさわしい役柄を作らねばならない、正三は内心思った。

『ひらかな盛衰記』は元文四年（一七三九）竹本座で初演された。『平家物語』や『源平盛衰記』を題材として、木曽義仲とその遺児を物語とした浄瑠璃である。三段目、義仲の妻山吹御前や遺児駒若が遺臣鎌田隼人に導かれ木曽へ逃れる途中、大津で番場の忠太のために駒若と隼人が殺され、山吹御前は悲嘆のため死んでしまう。しかし、駒若は旅宿で船頭権四郎の孫槌松と取り違えられていた。権四郎は孫の敵と駒若を亡き者にしようとするが、権四郎の婿松右衛門は義仲の遺臣樋口次郎と名乗り、権四郎から逆櫓の秘伝を学んで主君義仲の仇、義経を討つつもりであると打ち明け、駒若の身替りとなった槌松は忠義であると諭す。松右衛門が三桝大五郎、権四郎が中村歌右衛門となっている。

「その三段目をお借りして天竺徳兵衛に出来ぬものかと・・・」

「つまり役名は松右衛門そのままに異国の逆徒とでもするのか？」歌右衛門はかなり乗り気なようだ。

「松右衛門かそれとも権四郎か・・・」と言いかけた正三を歌右衛門が遮った。

「今、わしは権四郎役じゃが、権四郎すなわち天竺徳兵衛ではどうじゃ」

「わたしもそう考えておりました。親方なら異国の妖術を用いる天下の謀反人を見事にお作りいただけるでしょう」

「うん、それじゃ、それじゃ。正さん、それで行こう」

歌右衛門はすっかり有頂天な様子になり、扇子で拍子を取り始めた。正三が「まだ、どんなものになるかもわかりません」と口の中でつぶやいたのが、聞こえたのか聞こえなかったのか、歌右衛門は、

「よいよい、これで伊勢芝居も安泰じゃ」と言いながら歌い出した。

枝垂れ柳の細道を、いつもざんざ、連れてざんざ、
女浪がよればどんどと寄せて、引きかぶったる禿矢は、
まだ若けれど張り強き、かくれ那須野のなまり声、
遅れじものと夕汐の、あわれ二八の初戦さ

芸妓も十人ほど現われ、歌右衛門の調子に合わせ、三味線、胡弓に鼓、太鼓と賑やかな伊勢音頭が始まった。

六　もうひとつの厄介事

初夜（午後八時頃）も過ぎ、すっかり酔いも回った頃、宿の仲居が正三を呼んだ。仲居が小声で言うには若い男が尋ねて来ているとのことである。

「師匠、お由さん、泣かしたらあきませんで」

頭取の冷やかしの声に振り返ることなく、正三は仲居の後をついて入口に出てみた。三次だった。

「親分、すんません」恐縮の体で、何度も頭を下げた。

「どうした？　奉行所には行かなかったのか？」正三は小声でたずねた。

「いえ、行ったことは行ったんだすけど・・・」言い出しにくそうにもじもじしていた。正三は不審な顔で三次を見るだけで口を出そうとしない。

「どこか、宿を紹介してもらえませんじゃろか？」

「今夜の泊りか？　奉行所では紹介を受けなかったのか？」

「へぇ、どないもこないもありまへん。まったく伊勢の御奉行はわてのこと、ぜんぜん相手にしてくれよりまへん。長いこと待たされたあげく、御奉行は所要のため、わしが聞くとか言うて、頼りなさそうな若い与力かなんかが、一通り聞いたあげく、しからばそなたの申し分、御奉行に伝え置く、でっせ・・・」三次は説明ももどかしげに舌を舐めた。喉が渇いているようだ。

「ああ暑つう、暑つうてかないまへん。湯ぅいっぱい、出しよりまへん。ここまで、あっち聞き、こっち聞きして、ようようたどり着いたという訳だす」

「うん、そうか・・・弱ったなあ」

時折、膳を持った宿の仲居が忙しそうに走っている。横目で二人を見ても話しかけようともしない。広い宿にはすでに幾組もの泊り客が入っており、空き部屋はなさそうだ。仕方なく、正三は三次を自分の部屋に上げることにした。

「わぁえぇ眺めの部屋だんな」部屋に入るなり三次は大声を上げた。

「おぬし、あれから何も食うていないんか？」

「そうでんね。ほんま、伊勢の御奉行所は、まこと伊勢乞食の親分だすな」

古くから「近江泥棒、伊勢乞食」という言葉が残されている。近江商人はがめつく、伊勢商人は金銭的に細かいという意味らしい。

正三は帳場で夕膳を一膳たのむとともに、広間に顔を出し、しばらく席をはずすことを役者たちに告げた。仲居から女ではなく男がたずねてきたことを聞いていたため、一同、怪訝な顔を並べたが、すぐに芸妓たちとの賑やかな歌や踊りが始まった。

「親分、伊勢の御奉行はあきまへん」

三次は目の前の御馳走に仰天しながらも、迷うことなく上等の料理から箸をつけている。

「そら魚は大坂にはかないません。じゃが、これ鮑たらちゅうもんでしょ、わい初めてだす。それにさすが伊勢海老は本場だすな、こない仰山、身ぃ食べたことありやせん。さぞかし高ぁいじゃろな」

そう言って三次ははっと箸を止めた。よく考えれば奢ってやるなどとはまだ言われていない。もし自分で払わねばならないとしたら、どのくらいかかるのか想像もつかない。

「親分、この払いどのくらいでっしゃろ？」恐る恐るたずねた。

「さあ、わしにもわからん。さぞかし高いじゃろ。伊勢の御奉行があかんとはどういうことか？」

正三は払いには関心なく、三次に奉行所での経緯を聞こうとした。

「それよりここの払い、どないしましょ。わい大坂では路銀もあんまり貰うとりませんねん。伊勢に行ったら、あちらがなんとかしてくれるじゃろって言われたんだす」三次は腹巻を探った。

「わしにもわからんが、頭取にたのんでおくさかい、心配せんとゆっくり食べればよい」

「そうでっか、そらありがたい。いやぁ、これ牡蠣ちゃいますじゃろか、牡蠣っちゅうもん、夏には当たるんちゃいますか？」

「岩牡蠣じゃろ。まだ少し早かろうが、これから美味うなる」

「ほんとでっか。大丈夫でっか？　腹下したりしませんじゃろな」三次はまたせわしなく箸を動かした。

「うわ、ごっつ美味いわ。腸《はらわた》がこってとして酢醤油によう合うとります」

いつの間にか酒豪とは言わないまでも、すっかり通になっていた好物の酒にも見向きもせずに食べているところを見ると、よほど空腹をこらえていたのだろう。正三は仕方なく三次の落ち着くのを待つことにした。宿では役者衆ばかりでなく、あちらこちらの広間でも宴たけなわなようだ。うす曇りの空に満月近い月が流れる雲にかかり、星も雲の切れ目に満天、輝いている。開け放たれた窓からは、あちこちの宿のざわめきの奥に、遠くの海鳴りの音が響いているようにさえ思われる。

「天竺徳兵衛か・・・」正三はふっと溜息をついた。「二人徳兵衛にするべきじゃろな。歌さんと大五郎さんを塩梅ようせねばならん」

　独り言のつもりだったが、三次に聞こえた。

「また天竺徳兵衛のこと考えてなはるんでっか？　それより徳蔵はんのことどないしましょ？」

「鳥羽屋徳蔵のことはそなたの掛りじゃ。わしは芝居に取りかからねばならん」

「お志摩ちゃんのこと放っとかはるんでっか？　助けてくれる言うていなはったじゃろ？」

「わしに何かできる？　おぬしを助けるのはお志摩を泣かすことになる」

「そういわれたら身も蓋もありゃしません。けど、わい、何とかお志摩ちゃんとお父っつあん、会わせてあげたい思うとりまんねんで」

「そうなれば徳蔵は磔じゃろ」

「徳蔵はんを見つけたくもあり、見つけたくもなし・・・弱ったなぁ。親分、なんとかなりませんか」

「それはともかく奉行所はどうだったんじゃ？」

「最前、申しました通り、話しするにもなにも、聞いてくれよりません」

「なら、徳蔵の探索はおぬし一人でやらねばならぬわけじゃな」

「へぇその通りだんね。わて一人で探す、いうてもあないな似顔絵一枚で見つける自信ありまへんよって、親分、手っ伝うてくんなはれな」

「そら時間あったら、そうしてやりたいのはやまやまじゃが、わしは芝居を書かんといかんのでな、そうそうおぬしに付き合う暇はないなあ」

「なら、やっぱしわい一人でやれっちゅうんでっか」正三が腹を立てたのがわかったのだろう。三次はあわてて、「すんません、すんません。親分いうても捕り物ンの親分、ちゃいますもんな、捕り物ンなんか関心ありまへんじゃろ」

そう言って正三の様子を覗った。

「そなたとて、お志摩を見張るくらいしか手はなかろう?」

「そうでんね、こうなったら、わいの顔、知らしてしもうたんはちとまずかったでっしゃろな。こっちに来たら、てっきり伊勢のお方に張り込んでもらえる思うとりました。跡付けてもすぐ見つかりまっしゃろし、お志摩ちゃんばっかりじゃのうて、お乳母ン婆にまで顔、さらしてもたよって、どもならんわ」

「ほんにまずいことになったな・・・ところで徳蔵を見つけても伊勢の奉行所に知らせんでもようなったのじゃな?」

「どうでっしゃろ? わて、もうどうしたらえぇか、わからんようになりましたわ。わて一人でそんな荒っぽい大男を大坂まで連れてよう帰りませんしな。このまま大坂に帰りとうなりました。けどそんなことしたら、わても切支丹をのがした一味じゃと、お仕置きになるんでっしゃろな?」

三次には悪い考えが次々と浮かんできたのだろう。今にも泣き出すのではないかと思われる顔付になっている。三次の様子に正三はふと、まだ子どもなのではないかと思った。

「おぬし、幾つなのじゃ？」

「へぇ、今年、十八歳じゃそうだす」

「自分の年もわからんのか？」

「わい、捨て子だす。三津寺の門前に捨てられておったそうだす。それで千日の親方に育てられましたんで、まことの親のことは何にも知りません」

正三は慰めてよいのか、言葉が見つからなかった。こうして一人で難しい探索を命じられるとはよほど見込まれていると思っていたが、逆に下手をすれば厄介払いになることになるかもしれないとも考えられた。正三は初めてこの三次をつくづくと見た。色も白く、もう少しで二枚目役者となるかもしれない顔立ちだが、目が垂れているせいだろうか、どこかひょうきんで悪人とはとても見えないが、かと言って善人とも見えない。身は軽そうだが、それが必ずしも機敏とも言えない。大きな瞳が綺麗に輝くようにも見えるが、どこか計算高いずる賢さとも受け取れる。さほど捨て子の境遇を悲しんでもおらず、また親を恨んでいるようにも見えず、飄々としている。

伊勢にいる間はしばらく相手にならねばならんだろうと正三は諦めた。

「この先どうなるかわからんが、この宿でよいなら、何とか頭取や座本にたのんでおこう」

「ここに居てよろしいんでっか・・・こんなええ部屋に泊らしてもらえるんでっか」

「おぬしには当てがないようじゃ、仕方なかろう。どの部屋になるかはわからんが・・・」

「どんな部屋でもわいらには極楽みたいなもんでやす。なんなら女中部屋でもかましまへんで」

「ははは、おぬし相当な女好きのようじゃ」

「そんなんちゃいます。布団部屋でも何でもかまへん、ちゅう意味だす。別に悪さしよ思うてんのとちゃいますで」三次は必死の形相で頭を振った。

「わしは明日から芝居にかからななならん。そなたはお志摩たちの様子を探りに大林寺に出かければよかろう。二人を始終、付け回しても別に役に立たんし、二人が父親を見つけてからどうすればよいか考えればよいじゃろう」

「そうだすな、お志摩ちゃんに挨拶がてら、明日、大林寺に行ってみます。やっぱり若親分のとこに来てよかったわ。もうわい、どうなるか、思うてましてん」

三次のことをたのみに広間に戻ってみると、もう広間には頭取と歌右衛門の他に役者は残っていなかった。二人は年増の芸妓を相手に広い部屋の隅に固まって、面白くもなさそうに酒を飲み続けていた。

「皆さんはもう部屋に戻られたのですか？」

「贔屓の座敷や遊びに行ったものもいるし、部屋に寝に戻ったものもいる」

頭取が答えたが、何かいらいらした様子だ。二人の間で何か面白くないことがあったようだ。

正三が三次のことを頼むのを躊躇する間もなく、歌右衛門が言った。

「正さん、少し話しがしたいんじゃが、わしの部屋に来てくれぬか？」

「結構ですが、頭取に少し御頼みしたいことがございまして・・・」

「芝居のことか？」頭取はほっとしたように言った。

「いえ、そうじゃなくて」頭取の表情はすぐに曇ったが、それには構わず正三はつづけた。「実は大坂から若い男が付いて来ているのですが」

「何？　先ほどたっねてきたという男か？」

「はい、その男をわたしの部屋に泊めるわけにはまいりませんでしょうか？」

「わしらの部屋にその男を泊めるのか？　それは何ものじゃ？」

「いえ、何ものというほどの知り合いではないのですが、伊勢に来る途中に一緒になりました。どうしても宿が見つからないと申しております」

「大坂の御仁か？」

「はい、道頓堀の三次と申します」正三はあえて道頓堀のと言っておいた。

「道頓堀の三次？　芝居のものか？」

「いえ、芝居のものというわけではないのですが、少々、かかわりがございまして・・・」

「厄介なことではなかろうな？」

「いえ、親方に面倒かけることはありません」

　正三にはすべてを打ち明ける必要はないし、そんなことをしても頭取は安心どころか心配の種を蒔くと思われた。

「仕方ないのう、今夜だけのことじゃぞ」

「わかりました。明日はどこぞに宿をとらせましょう」

歌右衛門が待ちかねたように正三を自分の部屋へと連れて行った。三次のことは頭取に任せておいた。

「実は頭取に最前、話したことじゃ」

歌右衛門は腰を下ろすとすぐに切り出した。しかし、そこで口を閉ざしたまま、しばらく天井を見上げている。

五人ばかりの荷が部屋の隅に置かれている。その一角を腰障子で囲ってあるのが、歌右衛門の宿所である。部屋には歌右衛門の身の周りの世話をする弟子が一人、残っていたが、歌右衛門が耳打ちするとすぐに出て行った。

「夏とはいえ、夜はまだ冷えるのう」歌右衛門は酔い醒めでもしたのか、寒そうに羽織を一枚、袷の上に羽織った。「炭火でも欲しいところじゃ。正さん、寒くないかの？」

「いえ、わたしは」

「若いのう、幾つにおなりじゃたかのう」

「二十七歳になりました」

「早いものじゃ。正さんと初めて顔を合わせて、もう十年にもなろう。なら、あの頃は正さんはまだ十七、八歳であったたのう」

「たしか十九歳の秋の大西芝居のことと思います」

「元服したばかりのお子のようなものに芝居が書けるかと危ぶんだが、なんのなんの、あっという間に押しも押されもせぬ道頓堀一の作者におなりになられた」

「すべて親方のお蔭でございます」

歌右衛門はなかなか本題に入ろうとしない。よほど言いにくいことがあるのだろうと正三はじっと歌右衛門がふたたび口を開くのを待った。

「わしは今年はもう四十歳じゃ。思えば大坂では望外の仕合せに会うたものじゃ。長い間、田舎で旅から旅の暮らしじゃった。これほどまでの役者にして貰えたのは、まことに正さん初め大勢の大坂の方々のお力添えがあったこそじゃと思うておる」

歌右衛門は盃を傾けた。部屋に戻る途中、帳場に寄って二人の膳に酒と徳利を載せ、手ずから運んできたのだ。正三には歌右衛門が言いだそうとしていることに見当はついていた。歌右衛門は大坂を出発する前から、しきりに江戸の話しをしていた。江戸に出ようと思っているのだろうとは薄々感づいていたのだ。

「江戸ですか？」正三は正面からたずねた。

「知っておったか？　その通りじゃ。伊勢からそのまま江戸に行こうと思っておる。いや、正直申して、すでに贔屓の方々には承知してもろうておるし、江戸の行き先も九分九厘決まっておる。今日まで打ち明けのうてすまぬとは思う。座本には言い出しにくいよって、先ほど頭取にお話ししたが、えろう怒られてしもうたわい」

「いえ、親方が江戸に行かれるのは遅いぐらいでしょう」

「その通りじゃ。四十歳にして初めて江戸の舞台を踏むのは、少々恐ろしくもある。しかし、今を過ぎれば、とても江戸に出ることなんぞは出来ぬであろう」

当時、上方の役者たちは続々と江戸に出て成功を収めている。尾上菊五郎、中村富十郎、瀬川菊之丞、数えればきりがない。もっとも成功したのはほとんどが若女形である。実悪で成功を収めた例はないだろう。しかし、歌右衛門は元来、江戸の下回り役者を師匠として役者稼業に足を踏み入れている。生まれは金沢とはいえ、上方に上ってまだ十年少しにしかならない。すっかり大坂言葉に馴染んではいるが、江戸言葉に戻るのもさして難しくはないだろう。歌右衛門には言葉通り江戸の見物にどれほど気に入られるか恐れもあるだろうが、内心、かなりの自信があるに違いない。正三としても大坂の実悪がどれほど江戸で通用するか知りたい気持ちもある。歌右衛門の成功も失敗も決して他人事とは思えない。とはいえ、現実に江戸の見物に身をさらすのは歌右衛門であって、正三は生まれ故郷でのうのうとしていると取られても仕方ない立場だ。励ましの言葉をかけたいとは思ったが、あまりに後押しするのも躊躇われた。しばらく無言のままだった。

「天竺徳兵衛、ぜひともやりたいが、正さん、大坂でじっくりと練り上げるのがよいのではないか。むろん、江戸に発つ前に出来ておれば、喜んでやらしてもらう」

先ほど皆の前であんなに熱心に見えたが、その場の成り行きだったようだ。正三とてまだ明確な筋も趣向も思い付いてはいない。

「まだ海のものとも山のものともわかりませんが、二人徳兵衛を何とか仕組んでみたいと思っています」

「そうじゃろ、そうじゃろ。海を渡って唐天竺にまで股を掛ける男なぞ、そうそういるものではない。今やそれは夢物語に過ぎぬ。せいぜい嵐で漂流でもせぬ限り、唐天竺どころか高砂（台湾）にも行けぬ世の中じゃ。芝居の中だけでも三千世界を飛び回る男があってもよいではないか。正さんがそういう男を仕組んでいると思うとわしも気強うなる。成功しようが失敗しようが、いずれわしも大坂に戻ってくるつもりじゃ。その時は正さんの仕組んだ天竺徳兵衛を是非ともやらしてもらいたい」

歌右衛門はそう言って、また思いに沈んだ。夜も更けている。宿の広間も外の街並みもようやく喧騒が静まってきている。海風が運ぶ遠くの松林の葉擦れの音さえ聞こえるようだ。歌右衛門はぐっと盃を傾けると、正三に向き直った。

「頭取には言うたことじゃが、実は五月早々にも江戸に出発したいのじゃ。まだ日取りが決まっているわけではないが・・・」

「五月早々？　それはお早い」これには正三も仰天した。当然、伊勢芝居を終えてからの出立だとばかり思っていた。「わけを聞いても仕方ありませんが・・・」

「いや、この度の江戸行きには、わしの帳場の者たちも江戸でしくじるんではないかと気に病んでいる。江戸に着く前に少しでも旅稼ぎをしてくれとのたっての頼みで仕様がない」

「そうですか・・・しかしそれでは座本には何とお詫びをするお積りですか？」

「まったく手前勝手なことでお詫びのしようもない。じゃが、大坂の歌舞伎をもっと大きなものにするために、敢えてわしは江戸に出て行くのじゃ。そこのところを正さんには、わかってもらいたい。決して大坂を見捨てて出て行くわけではない」

その時、廊下で賑やかな物音がすると、役者たちが部屋に戻ってきた。

「なんじゃいな、お二人はこんなとこで湿っぽうやってましたんか」座本の坂東豊三郎は顔をしかめながらも呂律が回っていない。

「師匠の御趣向は出来あがりましたか？」嵐三右衛門は二人が新しい趣向を相談しているものと思ったのだ。

「なに、わしはどういう役回りじゃ？」豊三郎は腰障子に手を掛けたが、酔いの回ったせいだろう、障子とともに崩れ落ちた。

間もなく部屋に戻ると、三次も頭取の傍の布団で鼾《いびき》をかいていた。

「鼾がうるそうて眠れんわい」頭取は正三が部屋に入ってくるのに気づいて起き上った。

「それは申し訳ありません」正三は自分のことのように謝った。

「みんな、もうお帰りなされましたか？」

「はい、すぐにお休みなさいました」

「加賀屋の話しはお聞きなされたじゃろ」

「おおよそのところはうかがいました」

「豊さんにどう話したらよいものかのう。もうちと早う言うてくれればよいものを、身勝手なお方じゃ。せっかく正さんに来てもらったというに、何の役にも立たんかもしれん。しかし、江戸に出てうまくやれるものかのう」

「さあ、どうでしょう。是が非でも成功していただきたいものですが・・・」

頭取はなおも愚痴をやめようとしなかったが、やがて眠りに落ちたようだ。歌右衛門が江戸に行く。年こそ大きく離れているが、正三が作者になってからずっと手を取り合ってきた間柄だ。単に作者と役者というだけでなく、いわば兄のような存在であり、正三には無縁だった苦労を重ねてきた男だ。何かにつけ助けられてきたという思いが次々とめぐり、その晩、なかなか寝付かれなかった。

七　奈落

翌日、朝飯を食べ終えると、三次の宿を探しに行くという口実で宿を出た。座本の豊三郎は

「天竺徳兵衛はどうするのじゃ」と仕組みにかからないのが不満だったようだが、それには何も答えなかった。歌右衛門が一座を離れる、しかも五月早々にも、そのことが正三の胸を暗くしていた。

「親分、どこに行きましょ？」

まだ薄暗い早朝の街道にはわずかに物売りや飛脚に交じり、参宮参拝から帰国する旅人が歩いているばかりだ。宿からも民家からも朝餉の火が焚かれる煙と匂いが満ちている。

どこに行くといって正三には決めている所はなかった。ただ、いずれ歌右衛門が五月には一座を離れるということが知れ渡る、どんな非難や騒動が持ち上がらないか分からない。そこから逃げたかったに過ぎない。しかし、それは今日とは限らず、明日かも明後日かもしれない。五月早々とはいっても一日や二日のことではなかろう。おそらく五、六日、それならまだ二十日ばかりの余裕はある。それにしても今日一日は一座から遠ざかっていたかった。それには三次は格好の相手だった。

「大林寺に寄ってみるか」

「それがよろし、そうしましょ」

二人はお志摩とお小枝の宿になっているはずの大林寺に向かうことにした。中之地蔵から街道を少し北に戻ると古市寒風《さむかぜ》と呼ばれる地区になる。街道の両側には宿屋や料理屋が建ち並んでいるが、遊郭はこの頃はまだ少ない。東には松尾山、西には虎尾山などの小高い山々が街道の甍越しに連なっている。寒風をはずれると遊郭の建ち並ぶ古市中の町になり、遊郭にまじり口之芝居と呼ばれた古市芝居の小屋がある。まだ芝居は始ってはいなかったが、すでに木戸番の勘助が木戸で見物を相手にしていた。

「これは師匠、朝早うからどちらにお出でだす?」

「今日も景気がいいようですね」正三は素通りしたいくらいだ。

「中之地蔵の方はどうでっしゃろ?」

「さあ、まだ幕開けには間がありますから・・・」

「何か新しい趣向は出来ましたか?」

「いえいえ、まだこれからです」

勘助はもっと聞きたそうだったが、客を放っておくわけにもいかず、客の相手をしているのを見計らって正三は小屋の前を通り過ぎた。

「この役者はんらはみんな、大坂の役者はんだっしゃろか?」正三が勘助と話している間、小屋の看板を見ながら三次は欠伸した。

「いや、わしも知らぬ役者ばかりじゃ。おそらく名古屋辺りの中芝居の役者じゃろ」

「こんなんにうちは負けませんじゃろ?」

「うち?」

「いや、親分の芝居、こんなん相手にもなりませんじゃろ?」

「どうもそうでもない。なかなか芝居を当てるのは難しい」

「へぇ、そうだすか・・・じゃが、親分が来なさったからには、こちらを片づけるのは容易いことだす」正三を励ますつもりかもしれない。三次が果たしてどれほど芝居に関心を持っているのかは疑わしい。

軽く下りになった街道をもう少し北に行くと、樋手淵《ひのてふち》から流れ出る谷川が南西から北東に走り、街道には橋がかかっている。その手前の谷川沿いの狭い道を正三は軽い足取りで下った。

「へぇ、お伊勢さんも一歩脇に入ると、えろう、さみしぃなりますな」

「地獄谷と呼ばれるから当然じゃろ」

「地獄谷、いうんでっか・・・えらいとこでんな。谷に落ちたらひとたまりもないでっしゃろな」

「昔は死罪の罪人はここに突き落として処刑したそうじゃ」

「そんならこの辺には骸骨もありまっしゃろな」

「あるかもしれんな。もっとも大半は犬か狼か烏なんぞに食われたであろうがな」

「わぁ、竹藪に烏がぎょうさん鳴いてますで。わてらを狙うとるんとちゃいますか」

「生きてるもんを襲いはせんじゃろ。もっとも老人や体力のないもんはわからんが」

「わて、旅疲れか、なんか昨日、よう寝られんで、しんどいんだす。あのおっきな烏、最前からわてを見てます。わての顔、死相が浮かんどるんちゃいますか」

「そんなことはあるまい。昨夜はよう寝ておったぞ」

「さよでっか、なんか、一晩中眠れんかったような気がしておるんじゃが・・・それにしてもお志摩ちゃん、なんでこんな寂しいとこに泊るんじゃろ？」

谷川の水はさほど多くはないが、急な下りになっており、その音だけでも不気味にも聞こえる。街道の人声や蹄の音も聞こえず、暗がりの中を流れる谷川の音はいっそう人気《ひとけ》のない寂しさを感じさせる。その上、時鳥や鵯に混じり鳥が大きな声で鳴いている。時折、葉ずれの音がして野鼠か蛇か何か動物が茂みを走っているようだ。しかし、さほど下ることなく、間もなく大林寺に着いた。

手入れの行き届いた庭を抜けて厨に回った。声を掛けると、しばらくして小僧が現われた。

「こちらにお志摩さんという方がお泊まりになっていませんか？」

正三が尋ねると、小僧は「しばらくお待ちを」と言って奥に走って入った。やがて六十歳くらいの血色のいい和尚が現われた。

「お志摩になんぞ御用かの？」ほとんど無愛想といってもよい口調だ。

「いえ、旅の途中で一緒になりまして、こちらにお泊まりと伺い、ほんの御挨拶に立ち寄ったまでです」

「さよか、二人が話していたのはそち達じゃな。じゃが二人は今朝早く発たれたわい」

「えっ、こんな早うにもう発たはったんでっか？」三次が素っ頓狂な声を上げた。

「そちには早いかもしれんが、寺では普通じゃ」和尚はあまり機嫌がよくないようだ。

「神宮にお参りに参られたのですね」正三は念を押した。

「まあ、そうじゃろ」

「なら、すぐ追いつけまっしゃろ。はよ行きましょ」正三の耳元で小声で言った。

三次はすぐにでも後を追うつもりのようだったが、正三にはその気はない。行く当てもなくこの寺に立ち寄ったが、特にお志摩やお小枝に会おうとは思っていない。鳥羽屋徳蔵という男に興味はあったが、そう容易く見つかるとも思ってもおらず、何よりも歌右衛門が天竺徳兵衛を演じることなく江戸に発つということに少なからず動揺していた。もちろん昨日、みんなの前で言った以上、天竺徳兵衛を主とした趣向を書かねばならないとは思っているが、その気勢が削がれたことは間違いない。それどころか、一座の者も間もなく歌右衛門の出立を知るだろう。天竺徳兵衛がよいかどうかはわからないが、何か皆を元気づける趣向をどうしても作らねばならないと考えている。

「三次、そなたもう奉行所には用はないのか？」

参宮街道に戻った時、正三はたずねた。少し寺に立ち寄っている間に、街道には先ほどとは比べ物にならない人が行き来している。駕籠や馬も人波を避けて通り過ぎる。見世先では売り声も高まっている。

「少し茶店で休んでゆこう」三次の返事も聞かず、正三は一軒の茶店の床几に腰を掛けた。

「お志摩ちゃんを見つけんでもいいんでっか？」三次は不満げだ。

「なに、二人が大林寺に泊っていることは確かめた。果たして神宮に参ったのかは確かではないが、いずれあの寺に戻ってくる。二人の行方を追っても無駄ではないか？　万が一、父親に会えたなら、その様子で知れるじゃろ。それともそなた、お志摩に会いたいのか？」

「めっそうもありません」三次は仕方なさそうに正三の横に座った。

日が高くなるにつれて伊勢詣での人波は増えて行く。通り向かいの古市芝居の呼び声は一段と大きくなり、次々と駕籠が木戸前につけられていく。正三は宿に戻り、少し趣向を仕組んでみようという気になった。

「三次さん、わしはやはり宿に戻り、芝居にかからんといかん。こんなところで油を売っていると座本に申しわけない」

「そうだすな・・・わてもこないしてる程、暇ありまへん。もう一遍、奉行所に顔出して来ます」

「それがいい。宿を世話してもらえんなんだら、わしの宿に戻ってくればよい」

「ほんまによろしいんだすか？」

「なんじゃ、涙なんぞ流してからに」

「わて、そんな風にやさしゅう言うてもろうたん、初めてだす」

三次は飛ぶように街道を駆けて行った。涙を見せたのが恥ずかしいようだった。正三はひとり宿に向かおうとすると、古市口之芝居の木戸番勘助にまた声を掛けられた。

「師匠、ちょっと寄って行かはりませんか？」

正三が答える間もなく、勘助は若い者に声を掛け、木戸横の呼び込み台から降りた。

「芝居にはまだ、ちと間があります。それまで奈落をご案内しましょう」

奈落というところに大層、力を入れて言った。舞台下を奈落と呼ぶようになったのはさほど古いことではない。正三がせり上げを工夫してから、舞台下に役者が出入りし、またせり上げを行う力者が待機するようになり、ほんの三尺か四尺の高さだった舞台下も倍ほどの高さに広がった。それでも暗くじめじめしており、地獄を思わせたため、誰からともなく奈落と呼ばれるようになった。

勘助は正三の袖を引いてずんずん芝居小屋の奥に進んでいった。桟敷にも土間にもすでに見物は四分どおり入っている。伊勢の芝居はほとんどが一幕見の客ばかりなので、道頓堀のようにいろは茶屋のお茶子のようなものがいるわけではない。それでも木戸の内では物売りが忙しく客席の間を小走りに走りまわっている。奈落へは楽屋から階段で下りる。もう少し後には花道の出入口にある揚げ幕の横にある鳥屋《とや》（花道の幕の上げ下ろしなどをする鳥屋番がおり、駕籠など花道に使われる道具も置いてある）からも下り口が出来、そこから花道の下を通り奈落に行けるようになった。しかし、この当時はようやく舞台下だけが人が立つことのできる高さになったばかりであり、花道には地下は掘られていない。

楽屋では数人の役者が出を待っている。正三には見知らぬ役者ばかりだった。地元の役者なら昨年、少しは顔見知りになっている。ほとんどは地方から伊勢にやって来た役者に違いない。

「親方、木戸はよろしんですか？」女形の役者の一人が声をかけた。

「こちらが大せり上げを工夫なされた並木正三先生じゃ」勘助は先生と強調した。

「ほう、こんなお若いお方とは思いませなんだ。わしは昔、松本で加賀屋の親方（歌右衛門）とご一緒したことがあります。なにとぞお見知りおき下され」

「そうですか・・・もう加賀屋の親方とお会いになりましたか？」

「はい、わたしがこちらに参ってすぐ、御馳走になりました。もう十年以上になるのに、よく覚えていて下さりました。まこと情のあるお方です」

「その通りです。わたしも親方がおればこそ、何とか作者の名目を保っておられるようなものです」

歌右衛門が上方を離れるということはこの女形は当然、まだ知らないだろう。あまり長話はしたくない。勘助も正三の気持ちは知るよしもなかったが、正三を促して奈落へ通じる階段を下りた。大坂の小屋に比べれば幾分、小ぶりではあるが、ほとんど遜色ない造りだった。奈落を支える柱の幾本かに据えられた蝋燭が奈落の唯一の明りである。薄暗いながらも充分、奈落全体を見渡すことができた。舞台上手の下辺りに大きな拵えがあった。それが正三には歌舞伎では画期的になるせり上げの道具であることは一目でわかった。すでにせり上げの準備として奈落には早替りの大道具がおさまっている。四人の褌一枚の男が奈落の床に寝そべっていた。

「じゃまじゃ、じゃまじゃ。どかんかい」

勘助が大声を上げると、男たちはしぶしぶ起き上り、奈落の隅に固まって座った。薄暗い中でも男たちがみな筋肉の隆起した屈強そうな体つきをしていることはすぐわかった。

「あの者たちは力者なのですね」

「さよで、せり上げ台に十人乗せても、あいつらだけで充分だす」

自分たちのことが二人の間で話されているのにも、男たちは興味なさげに、しきりに欠伸をしている。やがて一人が床に寝そべると、他の者たちも並んで寝そべった。

「寝ている場合か」勘助は男たちの態度が気に入らないのか、最前より一層、声を荒げた。

「まだ芝居には間があるじゃろ」一番若そうな男が呟いた。

「作者の先生にお見せするのじゃ」

勘助はその男のところまでつかつかと歩み寄ると、男の腕をつかみ引っ張り上げようとした。男はうるさそうに勘助の手を払った。何気ない動きだったが、小柄な勘助ははばねに弾かれるように地面に叩きつけられた。

「うっ」勘助は呻き声を上げた。

「すんません。そんな積りじゃ・・・」

勘助の手を取り助け上げようとするのを、勘助は激しく振り払った。

「何するんじゃ。お前のような乱暴な男はすぐ暇を出させてやる」

「お前こそ何者じゃ。たかが木戸番の分際で小屋主のような口をききおって」男は奈落中に響くような大声をあげた。

勘助と男はしばらく互いに睨みあっていた。

「たかが木戸番じゃと。わしはこれでもお上の御用を預かるものじゃ。どこの馬の骨とも分からぬ者を働かしてやっておるのは、わしの目こぼしがあってのことを知らぬか」

勘助は立ち上がると男の胸倉を掴んだ。はるかに背の高い男であったが、勘助の剣幕のなすがままにせり上げ台にまで押され、男はせり上げ台にもたれかかった。そのはずみで滑車を止めていた箍《たが》が外れ、滑車はゆっくりと回った。

「危ない」正三は大声を上げた。勘助の腕が滑車と滑車をつなぐ綱に絡まったのだ。

正三の声を上げると同時に、隅の暗がりに座っていた男の一人が素早く駆けより滑車を廻す梃子を抑えた。一瞬、滑車の動きが緩まった時、勘助と揉みあっていた男が、勘助の腕を綱から引き出した。滑車がまた不気味な音を立てて回り出した。

「おい、みんな、手伝わんか」勘助と揉み合った男は大声を上げた。

あわてて駆けよった男たちに混じって正三も梃子につかまり滑車の動きを止めた。一人の男が箍を差し込み、ようやく滑車は静止した。

「危ういところじゃった。勘助さん、怪我はないか?」

正三が声を掛けたのも気づかない風に勘助は土間に座りこんでいた。額からは脂汗がにじんでいる。

「勘助さん、気は確かか？」もう一度、正三はたずねた。

「えっ、ええ、大事おへん」勘助はまだ上の空の様子だった。

「外に出よう」

正三が勘助の腕を取って助け上げた。もはや勘助は男たちを咎める気は失せたように、何かぶつぶつ呟きながら、正三とともに階段に達した。

「よろしゅうお頼み申します」

男たちは口々に腰をかがめて頭を下げた。最初に滑車に飛びついた男も頭を下げている。四十代だろう。その男は片手が手首までしかないのに正三は初めて気づいた。その不自由な手で滑車の動きを一人で止めていたのだ。しかし、誰よりも筋骨は逞しい。その男は正三の視線に気付いたか、手首のない手を後ろ手に隠した。

「なあに、勘助さんは何事もない様子じゃ。気にすることはあるまい。そうじゃろ、勘助さん？」

正三は念を押した。

「いや、弾みというものは恐ろしいものじゃ」勘助は今度ははっきりとした声で答えた。

集まっていた男たちは一様に安堵のため息をもらした。

楽屋から外に出ると、見物の人ごみはさらに増えていた。今日も芝居は好景気なようだ。

「親方、どないしたのじゃ？　顔色が悪いぞ」勘助に代わって木戸番をしていた男がたずねた。

「何でもない。少し奈落の瘴気に当たっただけじゃ。すまんが、もう少し代わっていてくれんか。しばらく休んでいたいのでな」

「ようござります。ゆっくりしとくなはれ」男は木戸番を任されたのを喜んでいたようだ。

二人はまた小屋にもどり、鳥屋の椅子に腰を下ろした。

「あの男たちはこの小屋で雇っているのですか？」

正三には彼らが芝居の人間には見えなかった。大坂では力者ももはや欠かせない者として芝居小屋の常雇になっている。道具方の一部だった。しかし、この小屋の男ほど精悍で気のきいた者はいないと思われた。

「へえ、いる時だけだすけどな」勘助はしぶしぶ答えた。もう触れたくもないようだ。それでも正三はさらに詳しくたずねた。

勘助の言うには、男たちは垣外《かいと》の抱えの者で、必要な時だけ雇っていた。伊勢には各地から流れ込んだ身元の不明な人間も大勢いるとのことだ。ほとんどが乞食を稼業としており、お杉・お玉のように芸で身を立てている者も多い。街道筋にはこうした芸人が投げ銭を受けている。五十鈴川に架かる橋の下では網を手にして投げ銭を受ける者もいる。古くから伊勢に住んでいる者が大半ではあるが、抜け参りで帰る銭もその気もなくなった者や食いつめて伊勢に流れて来た者も少なくない。そうした者から力のある者を雇っているとのことだ。

正三はもし鳥羽屋徳蔵が伊勢にいるなら、そうした者の一人であるかもしれないと思った。先ほどの四人の中にも居てもおかしくはない。それらしき年格好の者が大半だった。しかし、ちらと見た人相書の記憶も確かではなく、たとえ徳蔵が居たとして、いきなり確かめても、おそらくは正直には答えてはくれないだろう。もしかすると推察通り記憶を失い、本当の名を本人さえ知らないかもしれないのだ。しかし、勘助の説明を聞き、正三はますます徳蔵のことが気になり出した。

「あの者たちのお名は御存知ですか?」正三は勘助にたずねた。

「何かあるんでっしゃろか?」勘助は不審顔だ。

「いえ、そういうわけではないんですが、人探しに大坂からやって来た者と道中で知り合いまして・・・」

「ほう、大坂のお方でっか・・・年の頃は幾つぐらいで?」

「四十四、五だと思います」

「なら、さっきの連中のほとんどはそれぐらいでっしゃろ・・・大坂ね・・・それもほぼみんなに当てはまりまっしゃろ。いや、やつらの身元は知りまへんけど、言葉遣いからすると上方もんばっかりだす」

「詳しいことは垣外に行けばわかるのですね?」

「師匠が垣外に一人で出かけても、ちと・・・」

勘助は言い淀んだ。それなら三次がいる。三次なら何の問題もなく探索に行ける。しかし、三次が徳蔵を見つけた場合、どうなるのか分からない。お志摩にとって最悪の結果をもたらすことも充分あり得る。いや、それが目的で三次はわざわざ大坂から遣わされているのだ。

「奉行所でも少しは分かるかもしれません」勘助がぽつっと口に出した。

「何？　奉行所？」

「へい、中には奉行所でお取り調べになった者も混じっております」少し間をおいて続けた。

「確か、あの最前、一番先に梃子に飛びつきよった奴もそうです」

「あの男ですか・・・名は何と申します」

「確か、浜蔵とか申しました。もっともそれは仮の名だす。本人は自分のこともなぁんにも覚えておらんそうだす」

四十四、五歳で筋骨たくましい男、正三が持った印象はまさに、廻船の船頭で弟子に舵取りを教えた徳蔵にふさわしい。しかも、どうやら記憶を失っているらしい。それが徳蔵その人かどうかは、お小枝に確かめさせれば済む。しかし、今、そうしてもお志摩やお小枝にとって安穏な結末を迎えられることは極めて難しい。大坂に連れ帰っても藪蛇になるだけだろう。大坂の捕り手につかまり、最悪の場合、長崎に送られ磔になるのが関の山だ。父子の再会が悲劇の始まりでなくすには、よくよく考えて策を練らねばならない。芝居を仕組むよりはるかに難しいことだ。徳蔵を見つけ出したとしても、焦って父娘の再会をさせるのはよくない。正三はますます思いに耽った。

「師匠、もうすぐ芝居が始まります。見て行かれませんか？」

「いや、それはまた別の機会にお願いします。宿に戻って芝居を書かねばなりません」正三は率直に答えた。

「ほう、中之地蔵では新作を出すんでっか？」

「いえ、新作というわけではありません。ちょっとした趣向を考えているだけです」

「そうだっしゃろ、そうだっしゃろ。中が師匠をお呼びになったからには、なんかあると思うとりましたのじゃ。こちらもうかうかできませんな、まさかせり上げはないでっしゃろな」

「今からでは作る時間がないでしょう。ほんの趣向だけのことです」

「それでも、お手柔らかにたのんます」

ようやく元気を取り戻した勘助が見送る中、正三は思案にくれながら、中之地蔵に向かった。

八　書き替え

すでに中之地蔵芝居も始っていた。小屋の前を通る人ばかりは多いが、中に入ろうとする人はまばらなようだ。

「見物の入りはどうです？」正三は木戸番に声を掛けた。

「まずまずだす。こないに早う幕開けんかってよいじゃろに・・・どうせ昼過ぎんとあきません」

「皆さん、もう楽屋に入ってられますか？」

「ええ、何人かはまだのようじゃが、ほとんど居られるじゃろ」

少し楽屋を覗いてこようかとも思ったが、とりあえず部屋に戻ることにした。

歌右衛門一人、部屋でぽつねんとしていた。弟子たちも傍にはいない。先に楽屋へ入っているのだろう。部屋の前を通り過ぎようとした正三の足音を耳にして顔を上げた。

「正さん、今朝、みんなに伝えた」苦い笑みを浮かべている。

「そうですか」としか正三には言えない。みんなの反応は思った通りであることは疑うまでもない。

「座本はひどい立腹じゃ」温和で人当たりのよい坂東豊三郎も堪忍できることではなかろう。

「給銀はやれんとの仰せじゃ」

「では、これぎりで伊勢では舞台に上がらんのですか？」

豊三郎がそこまで言うとは思いがけない。

「いやいや、みなへの義理もある。居る限りは勤めさせてもらうよ」とは言うものの言葉も弱々しい。「じゃが、名古屋へ飛脚をたのんだ。贔屓の方に助けてもらわねばならん。事と次第によっては二、三日うちにも発つかもしれん」

「それはまた性急すぎませんか。何ならわたしから座本の親方や頭取に話してみましょう」

「いや、無理じゃろ。たとえ多少の大目を見てもらえたとしても大勢は変わらんからな」「そうではありましょうが、このままでは大坂に戻りにくいのではないですか」

「わしも大坂を捨てるつもりはない、大坂の歌舞伎をもっと優れたものにしたいがために江戸に行くと申したのじゃが、それとこれとは話しが別じゃと言われたわい。そう言われると言葉もない。まこと豊三には言い訳も出来ぬ」

「では名古屋からの返事待ちということですか？　名古屋までの路銀ぐらいなら、持ち合わせからも融通できます。もう少し伊勢でお願い出来ませんでしょうか？」

「いや、わしとて今、金子に困って名古屋に飛脚を出したわけではない。あくまでも今後の身の振り方の相談じゃ。京桝屋（三桝大五郎）なんぞは尾花打ち枯らして江戸から戻っても、ともに同じ舞台には立たぬとまで申しておる。ますます性根を入れて江戸に行かねばならん」

覚悟を決めて江戸に出て行く歌右衛門の真剣な眼差しを見ると、もはや誰にも止めることはできまい。

「事実、二度と大坂にもどって来れぬかもしれん」と付け加えた。

これが歌右衛門との永久の決別になることもまんざらあり得ないことではない。正三はそれなら余計に最後にひと工夫してみたかった。

「早急に天竺徳兵衛の趣向を仕組むつもりです。どうか不出来なものでもやっていただきたいのですが・・・」

「正さんには世話になりっぱなしじゃし、もちろんそうしたいのは山々じゃが・・・」

歌右衛門は言い淀み言葉を濁した。どちらにしても早く仕上げなければならないと、正三は早速、天竺徳兵衛の仕組（脚本）に取りかかり、三次の関わる徳蔵のことはしばらく置いておくことにした。

二度と会えないかもしれないと思うと、正三には歌右衛門と初めて出会った頃のことがしきりと思い出されてくる。十九歳で歌舞伎作者として出発したばかりの正三にとって、十五歳も年上であり、兄弟分というより親子程に近い年の差だったが、京都から大坂に転じたばかりの中村歌右衛門と何故か気が合った。しばしば歌右衛門に思いつきを打ち明けたこともある。

歌右衛門は屋号を加賀屋という通り、加賀金沢の藩医の息子だった。けれども家業には興味を持たず、一度見ただけの芝居の真似ばかりをして両親の頭痛の種となった。そうした親から逃れるように家出したのは十五歳の時という。

「正三さん、お前様は仕合わせ者じゃ。わしなんぞ、役者になると口にしただけで、その顔でか、と両親ともに馬鹿にして笑うたものぞ」

わずかな銭を懐にして、北国各地を放浪した。たまたま江戸から旅芝居に来ていた中村源左衛門の舞台を見て、この人と思い定め宿をたずねたのが役者としての始まりだった。

源左衛門は歌右衛門の並々ならない決意を知り、仮に師弟の契りを結び、台詞廻しから立廻りと旅芝居の合間合間に手にとって教えてくれた。その容貌といい押し出しといい、源左衛門流の敵役に歌右衛門ははまっていた。師匠の教えを難なく身に付け、歌右衛門はめきめきと技量を上げていった。

中村歌之助と名乗り、間もなく端役で舞台にあがったところ、思いのほか声の調子もよく上出来だった。やがて見物衆にも「あれは何という役者だ」と聞かれるようにもなり、源左衛門も思いもかけずよい弟子を得たと喜んでいたように見えた。

ところが北国の寒さも一段と厳しくなった頃、江戸に帰る段になり、歌之助は当然ながら自分も連れていってもらえると疑わず、

「江戸には、団十郎、幸四郎、宗十郎、なんぞという名優が覇を競っているそうですね」と言ったのが、気に障ったのか、源左衛門は思いもかけずこう言った。

「江戸に行きたい気持ちもわからんではないが、今、江戸に行くのはかえって損になろう。しばらくは、このまま田舎芝居の修業を積み、上達したうえで出府なされば、出世も早かろう」と諭すように丁寧な言葉で答えた。

「江戸では今まで以上の修業を積みます。ぜひお連れして下さい」

歌之助の必死のたのみにも、源左衛門は首を縦には振らず、

「修業をして出府なされた折には、われらより数段上の役者衆のお世話もしようぞ。そなたはう

まく行けば大芝居の立者になれるやも知れぬ」

源左衛門が果たして歌之助の素質を見抜いてそう言ったのか、それとも置き去りにする慰めに言ったのかわからなかったが、木枯らしの吹く街道筋を見送る歌之助の方を振り返りもせずに、早足で江戸に向かっていった。それ以来、いまだ源左衛門からは音沙汰もなく、もちろん再会したこともないし消息も知らない。

源左衛門に置き去りにされた歌之助だったが、北国の田舎芝居ではすでに名も知られており、旅回りの一座にも次から次へと口をかけられた。そうした四、五年が過ぎた時、京都の旅芝居の一行とともに一座をつとめた。この一座の座本は、田舎で名もなく、師匠もなく過ごした下積みの役者の燃えるような激しい心と人並みはずれた押しの強さに引きつけられた。

「どうじゃ、京都に上れば、世話をしよう」

それは歌之助にとって待ちに待っていた言葉だった。

座本は抜け目のない男だったが、歌之助を売り出す決意を固めると、借り銀も厭わなかった。まず伊勢の芝居で大いに働かせ、その評判を都にも伝えた。そして京都に出ると、祇園町に大きな家を借り受けてここに住まわせ、男女五、六人も召し使わせ、絹布の夜具、蒲団、中に入れるものはなくとも箪笥、長持と飾り立て、奉公人には「親方、親方」と呼ばせて、三十歳前の歌之助を大立者に仕上げたのだ。

それだけで、「こんど、出勤する役者はどえらいものじゃ。早う見たい」と都中の評判になっていた。

中村歌之助では実悪にはやさしすぎると、名も中村歌右衛門と改め、寛保二年（一七四二）十一月の顔見世に四条北側西の早雲座にお目見えした。前評判が利いたのか、江戸風のめずらしい敵役じゃと、さいわい好評をもって迎えられた。

五年のあいだに京都で実悪役者としての地位を確立し、大坂に転じたのが寛延元年（一七四八）のことだった。

当時、道頓堀の大歌舞伎は「歌舞伎はなきに等しい」と言われるほどの瀕死の状態だった。京都で評判の実悪役者が呼び寄せられたのも、起死回生の策のひとつだったろう。

寛延元年の角之芝居の座本は坂東豊三郎だったが、そこには弱冠十九歳の正三が初めて大芝居に名を連ねていた。といっても、まだ作者の見習いのようなものであり、仕組から台詞まで、豊三郎ら役者の力に頼る、というより正三の書いた台詞に次々と朱を入れて書き直し、一幕ごと省いたり付け加えたりされたのだ。その上、座本の豊三郎は「作者もなき故、打ちより相談仕る」と口上を述べた。舞台袖から口上を見ていた正三が唇を震わせたのを歌右衛門は見逃さなかった。

「正三さん、気にすることはない。そなたの詞には、なかなか力がこもっている。思いつきも人のまねではない。書き続けなされ。わたしのために書いてくだされ」

それから十年近くが経っている。豊三郎とも何度も同座した。今も伊勢に同座している。豊三郎はそのような口上を言ったことさえ覚えていないのかもしれない。正三自身、もはや忘れかけている。この度、豊三郎の頼みで伊勢に行くことに同意したのも、中之芝居の面々の苦労を少しでもたすけることが出来ればと思ってのことだ。豊三郎に遺恨はない。

今、上演しているのは『ひらかな盛衰記』と『釜淵双級巴《かまがふちふたつどもえ》』、もちろんどれも通しではなく、見取《みど》りである。天竺徳兵衛を新作として書くのは難しい。見物は伊勢参りのついでに、旅の話にと古市の遊郭と芝居に立ち寄るだけだ。丸一日かかる通し狂言をかけても、見向きもされない。よく知られた狂言のそれも人気のある場面だけを一幕見れば充分なのだ。『釜が淵』は、元文二年（一七三七）、石川五右衛門を主人公とする並木宗輔の浄瑠璃を豊竹座で初演したものだ。『ひらかな盛衰記』は元文四年、三好松洛、竹田出雲、文耕堂らの合作により竹本座で初演されている。源平盛衰記を元にして、木曽義仲の嫡子の取り換えや義仲の忠臣樋口次郎の復讐などが描かれている。天竺徳兵衛を取り入れるにしても、酒肴の場で思い付き程度に『ひらかな』の樋口次郎の仮の姿、船頭松右衛門とその舅の船頭権四郎という船頭からの連想で、権四郎を天竺徳兵衛の仮の姿にしようと言ったが、筆を手にするとなかなか筋立てが思い浮かばなかった。天竺徳兵衛を権四郎にか、それとも松右衛門か、あるいは石川五右衛門にか、それさえも決められないまま時ばかりが過ぎて行く。

まさに今、隣の芝居小屋では『釜が淵』が行われている筈だ。石川五右衛門は三桝大五郎が演じている。天竺徳兵衛を歌右衛門への餞としたい気持ちはあるが、果たして出来あがるまで残っていてくれるかさえ確かではない。たとえ歌右衛門のために『ひらかな』の船頭権四郎に決めて出来あがっても歌右衛門に演じる時間があるだろうか。それなら大五郎に託すべきであろう。天笠徳兵衛を大五郎にやらせるならば、『釜が淵』の五右衛門にするか、それとも『ひらかな盛衰記』の松右衛門か、二役のどちらかを選ばなければならない。しかし、そもそも歌右衛門が抜けた後もそのまま『ひらかな』と『釜が淵』を続けられるかどうかも怪しいものだ。その時はまた、別の何か丸本物を舞台にすることになる可能性が強い。昨夜の酒肴の席での歌右衛門の陽気な調子も今となっては夢のようでもある。歌右衛門の手助けも真の気持ちから出たわけではなかったのだ。正三は次第に意欲が醒めて行くのを感じた。

もう日も傾きかけている。ひと風呂浴びることにした。昨日出会った、奉行所の祐筆を勤めているという安田彦四郎は今日も来ているだろうか？と思ったが、浴室にはまだ誰もいなかった。早々に入浴を済ませると、また、机に向かった。

「親分、いてはりまっか？」三次が戻ってきた。

「ゆっくりじゃったな。今度は奉行所も少しは話を聞いてくれたのか？」

「昨んのう（昨日）とは違うて、若いけど、しっかりしたお武家様が出てこられ、よう話し聞いてくれはりました。茶ぁは出えしませんだけど、街道筋の旅籠に宿取ってもらいましたよって、今夜からそこで寝泊まりだす」

「それはよかった」

「へぇ、しかもお志摩ちゃんの寺のほん、すぐ傍だす。出かけるのも、帰るのもようわかりま。

えらいお世話かけましたけど、荷物、引き取らせてもらいます」

「宿代はあるのか？」

「お武家様が心配せんでもえぇって言うてくれはりまして・・・どうやら奉行所に関わりのある宿のようだす」

「ほう、それなら探索も手伝うてもらえるわけか・・・」

「いや、それはどうだっしゃろ、うーん、それだしたら何よりだすけど・・・」三次は言い澱んだ。

「それにしても、おぬしの言が信じてもらえたわけじゃ」

「そうなりますわな」

「なら、安心して二人にかかれるわけじゃ」

「親分はこれから狂言をお作りなさるんで？」

「うん、そう行きたいところじゃが、まだもう一つ、よい案が浮かばんので困っている」

「親分でもあかんことあるんだすか？」

「そない簡単に人の目を驚かす工夫が作れたらな・・・」

　正三の気持ちとしては、最前から天竺徳兵衛より鳥羽屋徳蔵に傾きかけている。三次には確信がないようだが、山田奉行所としても密入国の船頭に興味を抱いたのは間違いない。それが伊勢山田という幕府の直轄地で起こったとなると、幕府の威厳にもかかわろう。山田奉行にとっても一大事にならないとも限らない。しかし、それは単に人違いであるかもしれない。確証もなく余計な騒ぎも引き起こしたくないに違いない。ここは大坂奉行所からやって来た三次にしばらく任せ、いざとなれば山田奉行が乗り出せばよいと目論んでいるのかもしれない。すでにお志摩、お小枝の居所は掴んでいよう。たとえ掴んでいなくとも、三次をしっかり確保しておけば、成り行き次第でどうにでもなろう。三次も少しは役に立つ男と認められたのかもしれない。

それにしても古市口之芝居の奈落で働いている男が徳蔵であるかどうかは、お小枝ならすぐにでも見分けられるだろう。しかし、その機会はまだまだ先でなければならい。お小枝がどのような料簡で徳蔵と会うのかさえも、今の正三には明らかではない。何かよい思案、どこか頼りになる伝手の所に匿うとかの思案があって、徳蔵探しに来たのかどうかも確かではない。こう考えると、やはり天竺徳兵衛にかかるのが先決のように思い直した。

三次が引き揚げてしばらくすると、次々と役者たちが宿に戻って来た。どの顔も不機嫌そうだ。

「師匠、知っておられたのですか？」嵐三右衛門がいきなり尋ねた。

「うむ」聞きたいことはわかっている。しかし、どう答えればよいかわからない。

「薄情ではないですか、かような大事を今になるまで隠しておるなんぞ・・・」

「いや、わしとてどう言えばよいかわからなんだ」三右衛門が薄情と呼ぶのは、正三に対してだと思った。

「いや、師匠を責めておるわけではありません。師匠もあきれられたでしょう？」

「ああ、加賀屋のことか・・・うーん、確かにそれはその通りじゃろうが、親方が上方ではこれ以上の出世を望めんと考えるのも無理なかろう」

「出世？　今年は実悪の筆頭に置かれたではありませぬか？」

「それはそうじゃが、相変わらず上上半白吉のままじゃし、筆頭というても藤川平九郎殿が立役に位替えされてのことじゃ」

宝暦六年正月の役者評判記『役者懸想文』の位付けの話しである。実悪の部では中村歌右衛門が筆頭ながら上上半白吉なのに対し、次位に付けられた藤川半三郎は上上吉である。その上、同年三月の『役者改算記』では藤川半三郎が筆頭、歌右衛門がその次となっている。しかし、三右衛門らはまだ三月の評判記は目にしていない。

藤川半三郎は延享四年（一七四七）に四代目の片岡仁左衛門を襲名したが、病のために役者をやめ藤川茶谷という名で狂言作者となっていた。それが実悪として前名で舞台に復帰したばかりの役者だった。上上吉という位付けはその年齢と前歴によるもので、必ずしも実力を表わしたものではない。しかし舞台に復帰したばかりの年寄りの役者よりも下に見られるということだけでも、歌右衛門には我慢できないことだったのかもしれない。

「それに逸風殿といい一光殿といい立役とはいえ、実悪にも長じられておられる。親方はむしろそのことの方が面白くないのかもしれん」

逸風は中山新九郎、一光は三桝大五郎の俳名である。正三の作でも二人は実悪めいた立役を演じており、立役であるため、いっそう実悪めいた人物が際立ち評判もよかった。その点、歌右衛門にはいかめしい顔立ちだけでなく、京坂の舞台に立ったのが三十歳になっていたため、立役は望むべくもなかった。中山新九郎や三桝大五郎が歌右衛門の役柄の可能性を奪っているとも言えた。

「確かに加賀屋の親方は江戸に出られた方が新天地を見つけられるのかもしれませぬな」

三右衛門は仕方ないという表情を見せた。今まで正三は三右衛門とは役作りを始め芝居の話しかしたことはなかった。上方では有数の名跡を継いだにもかかわらず、始祖の役柄とは大きく異なった若女形の役柄から脱するのは難しい。養父は若女形として押されもせぬ名跡にしようと、必死になって引きたてて来た。しかし、果たして名跡を汚さずに勤められるのか、三右衛門には自信はない。自分を主張することより、人の意向を尊重するという心構えは天性のものか、成長するに従って身に付いたものかはわからなかったが、正三はこのほとんど年の変わらぬ若女形の人柄に初めて触れた気がした。

「三右殿もそう思われるか?」

三右衛門は何も答えなかったが、にっこりと笑った。正三もつられたように微笑んだ。

「それでは天竺徳兵衛は取りやめですか?」三右衛門はしばらくして尋ねた。

「いや、あれこれと考えてはいるのですが、なかなかまとまりません」

「そうですね、そもそも加賀屋の親方が抜けられたら、『ひらかな』も別の芝居にしなければなりますまい」

「そうかもしれません。それはそれとして、わたしはもう少し考えてみようと思っています」

「ぜひ仕上げて下さい。大当たりになることは間違いありません」

「三右殿にそうおっしゃられると少し元気も出てきました。今夜にも粗筋だけでも仕上げたいものです」

　正三はようやく筆を取る気になって来た。一旦もどって来た役者たちも、ほとんどこの宿で夕飯を食べることなく、それぞれの贔屓の誘いに応じて、別々の料理屋や揚屋に出かけて行く。三右衛門もまた呼び出しに応じてまもなく出て行った。歌右衛門は楽屋から直行したのだろう、もどってくるのを見かけなかった。

　正三はがらんとした部屋で星明かりを眺めながらゆっくりと硯で墨をすった。流れ星が次々と現われては黒い山蔭に消えて行く。天竺徳兵衛はともかく、徳蔵も漂流している時、こうした星空を眺めたろうか、それとも嵐の中を無我夢中で泳いでいたのだろうか、徳兵衛と徳蔵の姿を重ね合わせることは容易だった。しかし、時代が違っている。徳兵衛の時代にはまだ海外でも活躍していた商人は大勢いた。鎖国されてから徳兵衛も取り調べを受けたというが、徳蔵はもし本当に日本に帰っているなら厳罰は免れまい。やはりお志摩らがこのまま父に会わずに大坂に引き返す方が無難なのだろう。物思いに耽りながら、正三は頭取から借りた『ひらかな盛衰記』の浄瑠璃の床本を繰った。ともかく少しでも書かなければ、せっかく伊勢まで出て来た意味もない。

『ひらかな』は木曽義仲の臣、樋口次郎による主君の仇討を主筋とする。三段目松右衛門内の段では、次郎は松右衛門と名を変え、難波福島の船頭権四郎の婿となっている。権四郎から逆櫓の秘伝を学び、義経に近づいて仇を討とうとしている。しかし、権四郎の孫槌松は順礼の途中、大津の宿で義仲の遺児駒若と取り違えられ殺されていた。その時、取り違えられた駒若を権四郎は家に連れ帰り、駒若を育てておれば、孫がすでに殺されたとも知らず、いつかは取り返すこともあろうと思っている。そこへ義仲の奥方山吹御前の腰元お筆が、大津での騒動の最中、摂州福島、松右衛門子槌松と書かれた笈摺《おいずり》（巡礼などが笈を背負う時、衣服の背が擦れるのを防ぐため着る単衣の袖なし）を拾い、それを頼りに松右衛門方を尋ねてくる。そして槌松が殺されたことを知った権四郎は、「思えば、思い廻らすほど、身も世もあられぬ、よう大それた目に逢わせたなあ。それになんじゃ、思い諦めて若君（駒若）を戻して下され。エエ、町人でこそあれ孫が敵、首にして戻そうぞ」と恨みを述べる。それを聞いた松右衛門は義父を諫め、本名を明かす。

逆櫓の秘伝の代りに天竺で妖術を伝授されたことにしよう。正三はそう考えながら筆を取った。松右衛門は梶原景時に逆櫓の事書《ことがき》（箇条を立てて書かれた文書）を提出したが、徳兵衛は天竺について口書《くちがき》（被疑者の供述書、武士の場合は、口上書という）を書き残している。長崎奉行所で申し開きをしたものだ。その口書を提出する場を設けて、徳兵衛に天竺についての風聞を語らせれば、それだけでも一興になるだろう。

徳兵衛（髭ぼうぼう、鉄砲袖の衣装、茶木綿にて、其上に船の帆木綿の一重ものを引っ張り、細き綱を帯にして、其上に小紋の麻裃）「友達ども六人乗り合いまして、遠州灘に気丈にまかせ、さっと帆を掛けてやりまするると、どうっと風が変わりまして、それから手毬つくように船がなりまする。柱が折れるやら、舳が砕けるやら、八万地獄へ落ちた心で、行き当たりばったりに三十日ばかりで船が陸に着き、やれ嬉しやと陸に上がったれば、唐人が寝言で呼びまする」

景時の臣、番場忠太（徳兵衛を制し）「恐れながら口書をもって申し上げ奉り候。我ら此度、北国廻船乗、吹き流され天竺へ渡り申し候御事、先ず、へれんすの浜より、御代官てれめんていこう様の所に留まり申し候所、結構なる御料理仰せつけられ、即ち珊瑚樹の箸、瑠璃ようの切焼き物、朴の天麩羅、葱の代りに蘭の葉を遣い申し候。伽羅の丸盆にて給仕する小女郎は、水晶にて拵えたる発条《ぜんまい》人形でござりまする」

正三は書き出すと興が乗ってきた。口書の中身についてはまだまだ浮かんでくる。

忠太「それより五天竺、おらんかいへ渡り申し候。竹の大きさ一抱えもござり候。茄子大木にて香の時分には、梯子を掛けて取り申し候。四日市へは珊瑚樹の筏に乗せて出し申し候。広東へ立ち寄り逗留致し候に、昔と違い南蛮時計、漏刻、発条のからくり、近年すたり、芥子坊主ども追い出しの浜芝居、殊のほか流行申し候とうけたまわり候。それより南京へ入り、ぼぼらの都を拝見致し申し候。漸く高麗国に渡り、あの方にて逗留いたし、日本へ渡り申し候」

さて、高麗で徳兵衛が誰に妖術を伝授されたことにしようかと考えると、やはり松右衛門しか思い当たらない。日本に戻った徳兵衛は大津で松右衛門に再会し、その娘婿になることにした。

すっかり夜も更けている。役者たちも三々五々と宿に戻って来た。正三と同室の頭取、三名川弥平次も深酒の様子で帰って来た。

「正さん、筆が進んでおるようじゃの」

「まだまだこれからです」

弥平次は仕組みを聞かせてくれとしつこく言う。仕方なく正三がそれまで書いたものを読んでいる内に、弥平次はいつの間にか、畳の上で寝入っていた。街道のざわめきもすっかり消え、木々を渡る風の音だけが聞こえている。

旅芝居は普段に比べると朝が遅い。それだけで気持ちにゆとりも生まれる。もちろん見物の入りが悪ければ逃げるように立ち去らねばならないこともあるし、地元の親方連中とのいざこざもあるだろう。しかし、伊勢は旅とはいえ、名古屋だけでなく京大坂の役者にとっても気晴らしのような気持ちで行ける。食べ物も酒も美味しく、気候も申し分なく温暖である。夜通し遊んでいても、翌日の芝居にはすっきりした顔で現われる役者も多い。しかも伊勢詣の参詣は年を追って増えている。他の地方の旅先でのように見物の入りが悪く、途中で一座が潰れたなどということは近頃は聞いたこともない。中之地蔵芝居も古市口之芝居に比べると入りは悪いが、さほど心配するほどではない。もっと入る筈だという期待に応えられていないにすぎない。

正三は取り立て仕組みを急かされているわけではない。やはり座中の揉め事を何とか収めてほしいというのが、座本の坂東豊三郎の意向なのだろう。しかし、歌右衛門が早々に江戸に発つという気持ちは変えることは出来そうもない。

「厄介な事じゃ」

正三が呟くと弥平次が大きな唸り声を立てた。いい夢を見ているわけではないようだ。頭取としても万策尽きているのだろう。仕組みはまた、明日にしようと正三も休むことにした。

九　三桝大五郎

「あの鼾《いびき》のうるさい男はもう出て行ったのか？」

翌朝、三名川弥平次は初めて三次がいないことに気づいて正三にたずねた。

「三次は昨日、宿が見つかったようです」

「それはよかった。それで正さんの筆もすすんだのじゃな？」

昨夜、正三が仕組みを書き出したことは覚えているようだ。

「お聞かせしたところまでですが・・・」

「なんじゃ？　読み聞かせてくれたと言うのか？」弥平次はやはり聞いていなかったのだ。

「酔いが回っておられたのでしょう。また、今夜、お聞きください」

「それはよいが、歌七（中村歌右衛門の俳号）殿はどうするつもりじゃ？」

「まだ迷っております」新狂言の話のつづきだと思った。

「さよか、なら、まだ見込みがあるのじゃな？」

「は？」弥平次の言う意味がわからない。

「江戸に下るのは秋でも遅くはあるまい」

歌右衛門の江戸下りを秋、旧暦七月まで遅らせるように説得してもらいたいというのが、頭取の弥平次の偽らざる願望である。

「では、皆さま方は秋までこの地におられるのですか？」

「いや、それはまだ決められてはおらぬようじゃ。しかし、加賀屋（歌右衛門）も六月までは伊勢に残るものだと思っておった。大坂では給銀もまともに払えず、伊勢で不払い分を稼ごうというのが座本の腹じゃ。それを途中で抜けたりすれば、これまでの分とて、わしとしては保障しかねるわい」

「歌七殿は座本にそう言い渡されたようです」

しかし、狂言の中身の話ならともかく、歌右衛門の身の処し方にまで口出しし、考え直させることなど不可能だと言いたい。

前年の場合、三月に伊勢に下った中之芝居の一行は五月に伊勢を打ち上げ、京都を回って七月に大坂にもどった。伊勢、京都ともに大当たりの旅芝居だった。前年とは異なり、今年は二の替りを新年早々に打ち切り伊勢にやって来ている。座中の揉め事も歌右衛門だけのことではないように思える。伊勢興行を打ち上げ、京都に回ったとしても、果たして昨年のように成功できるかどうか疑わしい。かといって大坂に早々に戻ったとしても興行の当てがあるわけではない。

　ようやく正三が急に伊勢に呼ばれた理由が分かり始めた。伊勢で新作を乗せる筈もなく、一座を取りまとめて名古屋か京都で新作を打つのが座本坂東豊三郎や頭取三名川弥平次の腹なのだ。新作などと言いながら、確かに伊勢での新作はあり得ないが、名古屋か京都の盆興行辺りで大々的に新作、そこまでいかなくてもちょっとした目先の変わった作を打ち出し、うまく行けばそのまま来年度まで引き続いて一座することも考え始めているのかもしれない。しかし、それもどのくらい一座がまとまって付いてきているかにかかっていよう。もちろん、この伊勢の一座がそのまま残っていなくとも、名古屋なり京都なりで不足の役者を補える。興行者からすれば役者は顔が揃えばそれで事足りよう。しかし、作者は特に新作ともなれば、一つの役でさえ役者の顔を思い浮かべながら書くこともあるし、また思い浮かべなければ書けないことさえある。

　嵐三右衛門は新作を書き上げてくれと言っていた。三右衛門は一座そろって無事に伊勢芝居を終えることが可能なのだとまだ思っている。しかし、歌右衛門が五月早々、それどころか下手をすれば二、三日内にも一座を抜けるという気持ちを知った正三にとって、新作に歌右衛門を入れることなど論外であり、今はほんの趣向として天竺徳兵衛を使おうと考えている過ぎない。歌右衛門抜きで五月、六月の伊勢芝居を乗り切る、こうなると天竺徳兵衛はむしろ邪魔な考えかもしれない。ただの助《スケ》の積もりで伊勢までやって来た正三にとって思いもよらない事態だ。

「加賀屋の親方が伊勢を発たれたら、一座の皆さまがどうするかはまだ決まっておらぬわけですね？」

「うむ・・・それは座本の意向もあろうが、果たして役者衆がみんな付き合うてくれるかどうか、どうする積りか今のところ、わしにもわからんわい。歌七の我儘を見逃して、他の者にああせよ、こうせよ、などと言って通じるわけなかろう」弥平次はなお苦虫を噛み潰したような表情を見せたが、気を取り直してつづけた。「正さん、加賀屋をせめて五月中、伊勢に引き留めておいてはくれぬか？　他の者がばらばらになることにだけは、ならんようにせんと、大坂の二の舞じゃ。後ひと月、伊勢で稼がせてもらえれば、先の展望も見えるじゃろ」

「けれど、作者に出来るのは、役者方の力量を思う存分、発揮していただくことだけでしょう」

「もちろん、それは座本やわしの役目で、正さんには何の責任もないことは重々、承知の上じゃ。じゃが正さんなら京枡屋（三枡大五郎）の働き場を拵えることも出来るじゃろ？　そうすれば京枡屋ももう少し気持ちように一座出来よう」

　正三は座本の豊三郎の「大五郎は太りすぎじゃ」という言葉を思い出した。豊三郎は大五郎を余り買っていない。そこにも大五郎の気を悪くさせている原因があるのだろう。それとも大五郎はそれ以外にも一座の誰かと確執があるのだろうか。

「その点、京枡屋も正さんを頼っておるようじゃし、正さんが来てくれたので百人力じゃが、それも一座に残っておればのことじゃ。未払いの給銀もいらんと言うて、出て行かれたら、わしらはお手上げじゃ」

「まことに」

芝居のことだけに骨を折り、頭を使っていればいい正三は、役者の揉め事から金銭事にまで奮闘しなければならない頭取が気の毒に思えた。

「厄介なことで」

まもなく三名川弥平次は楽屋に入らねばならぬと部屋を出た。歌右衛門は昨夜は宿には戻らず、直接、楽屋におもむいたようだ。伊勢に来てから、まだ一度も大五郎と話していない。歌右衛門と大五郎の仲を取り持つのは無駄にしても、大五郎とはこれからもずっと一緒になる。少しでも話をしていた方がよいだろうと、正三は大五郎の宿をたずねることにした。座本の弟子の一人が大五郎の宿を丁寧に教えてくれた。

小雨混じりのこの日は伊勢街道には行き交う人も思いがけずも少なく、宿や茶店の前で空駕籠に寄りかかり馬子と無駄話に時を過ごす駕籠舁さえ見かける。まことに今年は参宮者が少ないようだと正三も初めて実感した。内宮へ向かう下り坂を少し行くと寂照寺への脇道がある。中之地蔵の辺りにはこの頃はまだ妓楼はなく、宿屋や商家が並んでいる。その角にある小綺麗な宿に三桝大五郎は一人で宿をとっているという。

暇そうに往来に顔を出している出女にたずねると、さいわいにもまだ部屋にいるとのことで案内を乞うた。しばらく待っていると大五郎みずからが上り口にやって来た。

「これは師匠、伊勢にお出でになっていると聞きながら、御挨拶にも伺わず失礼申しました」丁重にお辞儀しながら言う。

「いや、もう楽屋にお出かけなのではと思いましたが、夜は夜でお忙しい御様子でもあり、少しでもお話しをしたいと、こちらこそ失礼を省みず押しかけてまいりました」

「なに、あんまり早う楽屋入りしても、話し相手がいるわけでもなし、一人でいる方が気も楽なので朝はゆっくりしとります。まあ部屋に上がって下さい」

色白の顔にほんのりと赤味がさしている。朝、舞台前に酒を呑んでいたとも思えない。足取りもしっかりしている。部屋に入ると芸妓が三つ指をついて出迎えた。といっても盛装しているわけではない。普段着というより寝着に単衣を羽織っているだけだ。

「これは」正三は後ずさった。「それならそうと、おっしゃって下されば、お邪魔する気はありませんのに・・・」

「いや、この女な子は気にせんでもええんじゃ。女房みたいなものじゃ」

「ほんまどすか？　うち、女房にしてもらえますんか？」

女は嬉しそうに襖で仕切られた奥の間に入っていくと、しばらくして芸妓らしい着物に着替えてあらわれた。どの程度本気にしたものかは判らなかったが女は丁寧にお辞儀をして家に戻る暇乞いをした。

「ゆっくりとお話ししたいところじゃが、そうもならんので朝餉を摂りながら失礼させてもらいます」

　大五郎は芸妓を見送りがてら部屋を出て行った。正三もまだ朝食を摂っていない。しばらくして大五郎は戻って来た。

「正さんもまだなんじゃろ？　ついでに頼んでおいたぞ」

「それは恐れ入ります」大五郎は外見に反して、細かな事に気が利くことを改めて知った。

「正さんまで巻き込むなんざ、わしには不本意じゃと座本にはさんざん言うたのじゃが、座本の内証はよほど苦しいのじゃろう」

「金銭的な事だけなら何とかなるんではないですか？」

「もちろんじゃ、もちろん正さんが心配するようなことはない。あんまり中之芝居が入らなんで、みな嫌気がさしておったただけじゃろ」

　大五郎は道頓堀中之芝居には加わっていない。一座するのは伊勢からである。

「ちと早いが伊勢で小遣い稼ぎをしてこまそ、とまあ、みんな軽い気持ちで伊勢に来たのじゃが・・・まさか加賀屋が途中で抜けよるとは思わなんだ。そらあ加賀屋は贔屓も少けない。こう不払いがつづくと大坂を抜けたくなる気持ちも分からんではない。じゃが、何も途中で芝居を潰さんでもよいではないか。後足で砂を掛けるようなもんじゃ。座本なんぞ、このまま潰れたら首括らんならんと青ざめておったぞ」

　歌右衛門と大五郎の確執は歌右衛門が江戸に行くと公言する以前からあったと正三は伊勢に着

いたばかりの宴の席で初めて承知したが、歌右衛門は金銭的な不満だけで江戸に行く気だと大五郎は考えているのかもしれない。

「やはり実悪では贔屓は少ないのですか・・・」歌右衛門がそのようなことで大坂を去る気になっているのではないことは重々知りながら、正三は敢えて金銭的な話題から始めようと考えた。

「うん？　そりゃぁ若女形が一番人気じゃ、立役は江戸はともかく、上方では半分以下じゃろ。正さんのように立役を引き立ててくれる芝居がもっとほしいものじゃ」大五郎はしばらく何か考える様子で瞑目していた。「もしかすると正さんは実悪を立役にするような芝居を目指しておるのか？」

「えっ」

　正三はそこまではっきり意識して来たわけではない。まだ正三が少年といってもよい年頃に作者の仲間入りをした時、一番、親身に相手をしてくれたのが十六歳年上の歌右衛門だった。兄とも父とも思える心遣いで励ましてくれた。遊び事も教えてくれた。各地を巡り歩いて来た旅役者も三十歳半ばになって、落ち着きたいという気持ちもようやく生まれていたようだが、まだまだ精力旺盛であり、少年にはたのもしい頭分とも見えた。その役者が実悪役者だった。勢い実悪を描くに力を入れざるを得ない。天竺徳兵衛はこの点、歌右衛門は申し分ない適役となるという予感もあった。しかし、おそらく天竺徳兵衛を演じることなく江戸に去るだろう。歌右衛門に比べ大五郎が悪いというわけではない。大五郎にふさわしい役も幾つか書いた。しかし、この肥満の大兵と漂流した船乗りとは余りにもかけ離れている。目が大きく、骨ばり、顎や頬骨の目立つ歌右衛門こそ天竺徳兵衛には適役だ。

「わしは誤解していたようじゃ」大五郎はぽつりと言った。「以前、加賀屋がわしは実悪に向いておると言ったことがある」

やはりそうなのだ。大五郎が歌右衛門を疎ましく思ったのは、そのことが原因なのだと正三は改めて知った。

「わしは立役なんぞの勤まる柄ではない。せいぜい加賀屋同様の流れ者んにすぎん、敵役か実悪がいいところじゃ、と言われたように思うた。立役を少し勤めてもまたすぐ敵役に逆戻り、どうせ役者稼業さえ腰を落ち着けて出来《け》ん外れ者じゃとのう」

三桝大五郎は芳沢蔵之助という名で若衆方として舞台に立った。その年、すでに十八歳になっており、役者としては極めて遅い出発になる。しかも一時、舞台を離れ商人の道を選んだこともある。二十二歳で三桝大五郎の名で舞台に戻って以来、少しずつ重い役を果たすようになった。正三の実質的に処女作といえる『恋淵血汐絞染《こいのふちちしおのしぼりぞめ》』で遊妓かしくの兄に扮し好評を得たのが出世のきっかけになった。

「加賀屋に言われた頃はまさに的中じゃった。わしには応えた。わしは実悪しか出来ん加賀屋とは違う。いずれは誰にも文句のつけられん立役になって見せると密かに誓いさえしたものじゃ。じゃが、わしは間違うていたかもしれん。若衆歌舞伎の頃ならいざ知らず、若女形ばっかりで芝居が出来る筈もない。立役ばっかりでもそうじゃ。実悪もおり、敵役もおれば老け役もおる、道外役もおらねばならん。綺麗な若女形や頼もしい立役ばかりじゃぁ辛し味噌のない田楽を食うようなものではないか。豆腐は美味いものじゃが、辛し味噌をつけりゃぁ、そりゃ絶品ぞ」

「辛し味噌はございませんが、よろしゅうございますか?」

その時、仲居が四足膳を運んで来た。膳には刻み葱をのせた豆腐が載っている。

「ははは、えらい時宜よう朝飯が来たわい。田楽豆腐は例え話じゃ。正さん、時宜もよし、桔梗の旗上げといこう」

「えっ、帰京じゃと。これからすぐに京にお戻りなさるのか?」仲居は素っ頓狂な声を上げた。

「そじゃない、そじゃない。今から朝飯を食うぞ」大五郎は箸を持った。「目指すは信長ただ一人」

「それは昆布巻きじゃ。目指しはないがの」

「目指しはないのう。じゃが家老がおるわい」

「目板鰈《めいたかれい》じゃ」

「こいつはちと辛《か》れいわい」

「ははは、さすがは役者さんじゃ。朝飯にまで振りをつけなさる」

仲居と大五郎のやり取りに噴き出しながら正三は朝飯を相伴した。まもなく仲居は「ごゆっくり」と引き上げた。

「真面目な話じゃが、加賀屋のような実悪がお伽噺じゃのうて、この世の実相を写す芝居を作るのかもしれんと今、気付いた。ご存じの通り、加賀騒動にしろ伊達騒動、黒田騒動、みな家老が悪役じゃ。そりゃあ、家老らがみな善人じゃったかどうかは知らん。古くは会津の加藤家の家老が諫言《かんげん》容れられず、一族郎党率いて会津から落ち延びようとしたことがあった。結局、家老は捕縛され、土埋めの刑に処せられた。寛永の昔じゃったと思う。芝居ではともかく、実はみな主君の愚挙を諌めようとして叶わず、悪家老の汚名を蒙っておるのじゃ。凡庸な者んには分からん、もっと大きな悪に立ち向こうた悪人もおるんじゃないかのう。実悪は悪でもってこの世の不正を明らかにする、とてつもない役割を果たせるのかもしれん。いや、これは長口舌を失礼した。わしにはさような実悪はとても演じられそうもない。加賀屋が江戸からどんな実悪を持ち帰るか楽しみになってきたわい」

「悪人正機《あくにんしょうき》ということですか？」正三はもう少し、大五郎の思う所を聞いてみたかった。

「わしの信心は鰯の頭じゃ。難しいことは分からん」大五郎は途切れ途切れ、また話し出した。

「ただ、実悪は己の救済とか、悪人正機とか、そうした信心には関わらぬものじゃと思うのじゃが・・・あるいは欲心、これはなくもないかもしれんが・・・そうしたものを目指しておるんじゃなしに・・・一見形よく収まっておるように見えて、実は不当な安寧やら暴利やら支配やら、そうしたものだけを都合よく動かし、その下で苦しむ多くの人のことなんざ、気にも留めない・・・弱い者は喰われればよいというこの世に一撃を与える・・・きっかけはただの欲心のこともあろうが、そうしたことを芝居で明るみに出す。そうした役割を果たしておるのではないか。といっても勧善懲悪ということとは違う。悪が善で善が実は悪なのだ、などというのではない。悪は悪のままであり、善心などに決して戻ろうともせぬ。しかし、世の中の悪に思わず知らず立ち向かっている、それが実悪というものではないか」大五郎は普段、考えてもみなかったことが言葉になるのに驚いている。「別に難しいことを考えんでもよいんじゃが・・・芝居は面白ければ、それでえぇ。じゃが、役者が台詞に出さんでも、腹の底で思うておることは、もしかすると自然、身の外に現われるかもしれんのう。もちろん、それだけの仕組みが書けておればのことじゃ」

その時、弟子が「親方、出番じゃ」と飛び込んできた。楽屋入りの時間を過ぎていたのだ。

「正さん、近松はんに負けぬ芝居を期待しておるぞ」

大五郎はあわてて飯に汁をかけて掻き込んだ。食べ終えると、急ぎ足で部屋を出た。正三は一人、ゆっくりと食事しながら、天竺徳兵衛のことを考えた。

天竺徳兵衛は別に悪人ではない。ただの貿易商人だった。しかし、今や異国に行くことは死を意味する。これほど不条理なことがあるだろうか。もちろん、漂流者なら長崎で切支丹審問を受ければ罰せられることはない。しかし切支丹そのものが今の幕政には悪なのだろう。だが、切支丹を捨てずに死を選んだ人は大勢いたと聞く。今でも秘かに切支丹を信仰している人もいるという噂もある。一向宗とてかつては非道な弾圧の下にあった。加賀の一向衆徒は前田利家によって釜茹での刑に処せられた。信長の比叡山や長島の一向一揆の皆殺しは言うに及ばない。時の為政者によって悪とされるものが何時の世でも悪であったわけでない。もちろん芝居で真っ向からそう言い切ってしまっても客は呼べないだろう。何も時勢への批判を恐れてのことだけではない。もっと心の奥底へ響くものがなければ、批判も上っ面だけのことになる。それはそれで意味のあることもあろうが、芝居が時勢を上滑りしたとて、結局は誰にも何も訴えることは出来ないのではないだろうか。

「ごゆっくりじゃな、出番はないのか?」仲居が膳を下げに来た。

「すまん、すまん。美味かったので遅うなりました。なあに、わたしは下っ端じゃよって、出番などどうでもよいのです」

「ほとんど手ぇ付けて、いはりませんがな」

「いやいや、ゆっくり味わって食べました」

「なら、下げるんは後にしましょかいなぁ」

「いや、もう行かなならん。御馳走でした」

十　安田彦四郎

宿にもどった正三は机に向かった。もう天竺徳兵衛は伊勢では無理だとは分かっていたが、それでもそれに代わる仕組も思いつかないため、少しずつ天竺徳兵衛の筋立てを仕組むことにした。伊勢では無理でも役に立つ機会があるかもしれないという漠然とした気持ちになっている。書き始めれば不思議なことに意外に興が乗る。

徳兵衛「エエ、嬉しや嬉しや、われ蝦蟇《がまがえる》の妙術をもって、日本を覆し、わが念願を晴らさん。なれどもわが妙術、日本の威勢に恐れ、この身は禁庭に入り込むこと叶わず。これを防ぐには、辰の年、辰の刻に出生の男子、また子の年、子の刻に誕生の男、この両人の眼をほじくり、生贄に供すれば治する法あり。これまで無念の年月を送りおったに、今、汝父子が臍《へそ》の緒を見て、定めの年に合いしは、わが大望を成就すべき前触れ、エエ忝《かたじけな》い、これより大内に入り込み、月卿《げっけい》雲客《うんかく》、悉くぼっ降《くだ》し、わが本意を遂げん。アアラ嬉しやなあ」

さて徳兵衛の反逆の意思はどこから生まれたことにすべきかと考えていたが、切支丹の子孫ということに辿り着いた。

徳兵衛「いらざる将軍職を望もうより、大国のために命を捨てるを有難いと、くたばってしまいおろう」

○「ムム、そういう汝は」
徳兵衛「天草にて討ち死にしたる○○が倅、世こぞって天草四郎というは身が事じゃわい」

徳兵衛、○の首を討ち、眼をくりぬく。同じく○の子の首を討ち、眼をくりぬき、香炉に入れてくゆらす。

徳兵衛「アラ嬉しや、これ年月の大願成就、忝い」

興が乗って来た。さて○を誰にすべきかと考えているところで、

「若親分、いてはりまっか」三次に邪魔された。

「今、忙しい。後にしてくれんか」

「そは行きまへん。お志摩ちゃん、どっかに行きよりまんねん」

「そらぁ、あないな寺に一日中、閉じこもってるわけ、ないじゃろ」

「いや、どうも素振りがおかしい。あら、きっと父御、見つけよったに違いありまへん。一緒に来たっておくれやす」

「わしは仕事の最中じゃ。お前はお前の仕事をやりゃよい」

「そないなこと言うて、わてが御法を破った父御、見つけてお縄にしてもよろしいんだすか？　そないなことになったら、お志摩ちゃん、一緒に磔になるかもしれまへんで」

「おかしな事、言うのう。お前は父御を見つけるため、お志摩の跡を付けよ、言うとるんではないのか？」

「そらそうだす。けど、わて、父御、見つけてもお縄にせん手立てはないか、考えとるんだす。どうもおかしい。わて、誰かに見張られてる気ぃしとりまんねん」

「誰かに見張られておるとな？　誰にじゃ？」

「よう分かりまへんけど、御奉行所の方じゃなかろうか・・・」

三次にも気づかれるとは下手な付け様に違いない。しかし、案外、この三次という若者は気の回る者なのかもしれない。

「わてが父御を見つけた途端、さっと横取りする気ぃなんじゃなかろうかと、ふと思うたんだす。そんなことないじゃろな？」

「そらぁわしには分からん。じゃが、それではまずいのか？」

「まずいどころじゃありませんがな。わては手柄を横取りされる、お志摩ちゃんは磔られる。そんな、すかたん（しくじり、当て外れ）、あほらしゅうてやってられまへん」

「お前の気持ちは少しばかり分かったが、ぐずぐずしてると、お志摩の跡を付けられのうなるぞ」

「まっ、寺の者んに問い合わせしたら、別に今日、宿をたたむという訳でもなさそうだす。どこぞに父御を探しに出かけたんだっしゃろ。寺を張ってたら様子も分かりまっしゃろ」

「なら、わしは仕事をせんならん。お前一人で跡付けるなり、何なりすればよい」

「そうでっか・・・やっぱし、わて、お志摩ちゃん、磔台に送る定めを背負っとるんでっしゃろか・・・」

三次はことさら無念がっている。どうしても正三を引っ張り出す気なのだ。もしもお志摩が本当に磔などになれば寝覚めが悪いどころではない。正三にすべての責任があるとでも言いたげに見える。とすると、三次も成り行き上、お志摩の父親が不法に日本に戻って来たかどうかを確かめる役目を受けたが、どうやら今は、何とか穏便に事を収める手立てはないかと苦慮しているようだ。しかし、それは新作を仕組むよりも難しい。下手をすれば、お志摩ばかりか、自分、いや家族まで巻き添えとなり、磔になる。これは難題だ。一番、簡単な解決は伊勢で見かけたという情報が間違いだと分かることだ。

しかし、もし間違いでなく、本当にお志摩の父親が伊勢に住んでいるとしよう。やはりすべての記憶を失っておれば、さほどの非道な処罰はないかもしれない。記憶を失いながらも、娘や乳母とともに大坂に戻れるかもしれない。大坂でどのような生活を送れるかは分からないが、娘や乳母は喜んで介抱するだろう。

もし、記憶を失ったわけでなく、何らかの事情で伊勢に漂着したものとしよう。事情によっては奉行所に自首すれば、穏便に扱われる道はあるだろうか。しかし、そもそもどのような事情が有り得るだろう。死んだと思われた男が生きて日本の地に着いたのに、名乗ることが出来ないとは、これは本人に確かめるしかない事情があるのだろう。

三次の話しでは、すでに日本に戻って来た仲間が、徳蔵は切支丹に入信したと証言している。

仲間の言うことが本当だとすれば、たとえ記憶を失っていたにしても、極刑は免れないかもしれない。逆に仲間が嘘をついていたとすれば、そこには何らかの難しい理由があるに違いない。絵踏みを行った上で仲間との対決の場が設けられたにしても、結局は水掛け論で終わり、極刑を免れたにしても海外追放ということになるかもしれない。

このような難題に立ち向かうにはあまりにも情報が少ない。三次はもう少し知っていることがあるかもしれない。それとも山田奉行の祐筆に探りを入れれば何か分かることもあるだろうか。

古市口之芝居の奈落で働いていた浜蔵という男が、お志摩の父徳蔵であったなら、記憶を失くしているかどうかは確かめることが出来るだろう。記憶喪失を装っていた場合でも、うまく話を持って行けば、娘の話を聞けば、心が揺らぐに違いない。

そもそも切支丹に入信したのはまことだろうか。清国とても切支丹を寛容に扱っているわけではないようだ。外国貿易を広州一港に限り、伴天連を国外に追放していると聞く。そのような地で切支丹に入信するのは日本と同じぐらい危険なことではないだろうか。

とすると、記憶を失って自分が何者かが分からないか、名乗りを上げられない余程の事情があるかのどちらかだ。余程の事情によっては、非道なようでも娘との再会はない方がよいことになるかもしれない。正三は徳蔵のことを真剣に考え始めた。

「親分、えらい難《むつか》し顔してまんな」

「お前こそ、難し顔している」

「親分でも、ささささっと解けまへんか」

「当り前じゃ。お前を磔にするわけに行かんじゃろ」

「えっ、わても磔になりまっか」

「何にせよ、お前には見張りがついている。あまりお志摩の周りをうろうろせん方がよいじゃろ」

「そないな事、言われたかて、そらあきまへん。わて、それが仕事でっさかいな。今日のところは見逃しまっけど、夕方にでも帰って来たら、ぴったりくっついときま」

「そうするか・・・それなら、そうすればよい。わしも思案しておく。じゃがわしの周りをあまりうろうろせん方がよい。わしまで見張られたら、それこそお手上げじゃ」

「そうだすなぁ・・・ここは二手に分かれておきましょかいなぁ。わてはお志摩ちゃん、親分は誰に付きまんねん？」

「よい思案が浮かんだら、お前に会いに行く。それまで、わしのことはかまわんでいてくれ」

「ほんまでんな、そないなこと言うて、お芝居のことばっかり思案するんじゃないでっしゃろな」

　何とか三次を追い返すことは出来た。さて、先ほどの続きでもと思ったが、徳蔵のことが気になり、狂言の筋立ての方に頭は回って来ない。浜蔵は今も古市口之芝居の奈落で働いているだろうか。芝居が終わる時刻にはまだだいぶ間がある。今、行っても話は出来ないだろう。しばらく街道筋をぶらぶらしてみようと思った。

　宿の前に出ると、山田奉行の祐筆、安田彦四郎に出会った。

「これは安田様、またお会いしましたね」

「正三殿か、御出掛けですか？」

「はあ、少し頭を冷やしに参ろうかと思っているのですが・・・安田様は？」

「ははは、雨が小やみになったので、湯に入れてもらいに来たのです。かような昼前に何を気楽なとお思いでしょうが、武士なんてものは暇なものです。特にわたしなんざ、旦那があれと言えば、ははっ、これと言えば、ははっ。何もなければすることもない。退屈しのぎに見廻りと称して役所をとんずらするまでのことです。まあ、気楽な旦那じゃから、こちらも気楽に出来るのでしょうが」

　旦那というのは山田奉行の水野甲斐守のことである。山田奉行は千石高の遠国奉行で、役料千五百俵であるから、奈良奉行、佐渡奉行並みであろうが、あまり出世の糸口にはなっていない。伊勢神宮の遷宮祭祀を掌《つかさど》り、伊勢・志摩両国の訴訟を裁く。山田奉行から普請奉行を経て、江戸町奉行、寺社奉行になった大岡越前守などは例外的な出世といえよう。

「どうです、そなた様も湯に付き合いませんか？」

　少しは奉行所の動きも分かるかもしれないと思い、正三は一も二もなく承諾した。昼前の湯にはやはり誰も入っていない。二人は広い湯船に体を伸ばした。戸板の開け放された窓からは雨模様の涼しい風が吹き込んでくる。間の山の喧騒も遠く、幾羽かの燕も滑るように曇った空を飛んでいる。

「伊勢には確か、もう五年になられるとか」正三は湯船に体を伸ばした。

「まったく長いというか、短いというか、ぼちぼちお暇でも願おうかと思わんでもありません」

「江戸にお戻りになられるのですか？」

「二十五歳からの五年もの間、かような所で暮らすことになるとは思わなんだ。江戸に戻っても浦島太郎じゃ。こんなことなら江戸に残り、学問なり遊芸なり、あるいは庄屋の跡取りなり、他に手立てもあったでありましょう。今となっては、暇を取ったとて、さしたる当てがあるわけではありません。我ながら不甲斐ない次第です」穏やかというより沈んだ表情だ。

「伊勢では不如意ですか」

「同輩たちは古市なり芝居なり、あるいは参宮、海行きと楽しみも多いようです。いつまでも離れたくないと申しておる者もいる。じゃが、わたしにはどうも・・・こうして湯に浸かっているだけが唯一の楽しみとはのう、老人のようとお思いでしょう」

　彦四郎は三十歳とは見えない。意外と若々しい顔立ちをしながら、老人のように額に皺を寄せた。

「御奉行様の御祐筆であられましたな。なら御裁きの場にも同席なさるのですか？」

「わたしから芝居の種《ねた》を探そうとなすっても無駄ですぞ。わたしは公の役人ではありません。甲斐守様に内々に仕えておるだけです。しかし、時折、裁きのことも自然、目に入ったり、耳にすることもあります。そうした事柄には果たして、さほどの重罪であろうか、と思うような場合もあります・・・いやいや、いらんことを」

「近頃、御百姓の強訴《ごうそ》や一揆も増えているそうです。そうしたことを仰っているのですか？」

「ううむ」

彦四郎は我知らず、正三に思いのたけを口にしたことを悔いているようだった。それも裁きに反対するとも取られかねない言い方で、なぜこの芝居の作者などに話してしまったのだろう。正三もそれは同じだった。一揆などという重大事にまるで精通しているかに見なされ、それどころか一揆を煽ると処断されかねないことを何気なく言った。二人は思わず顔を見合わせた。彦四郎は手で首を切られる素振りをした。すると、どちらからともなく笑みがもれた。

「まことに窮屈な世の中です」正三は湯で顔を洗った。

「ほんとうに、どうしてなのか、皆が楽しそうなのが不思議でなりません」彦四郎はまた真顔に戻っている。「わたしはこの世で善意というものがどれほどのものか、疑問に思えてなりません。そりゃあ、掟にしろ、御裁きにしろ、この世の悪を懲らしめ抑えるためになくてはならないでしょう。そうした掟が誰にも何処ででも通用するからこそ、戦乱を免れているに違いありません。しかし、厳しすぎる掟の底には人は皆、悪心に染まっているという猜疑があるように思えます。伊勢の御宮もそこだけが穢れを免れており、その周辺は汚穢《おわい》にまみれている、そうした思いがあるのではないでしょうか。われわれは悪心に充ち、人を羨み、盗み、殺生する、そうした世の中にしか生きられないのではないかと思うのです。わたしは近頃、出家を考えています。致仕《ちし》くらいではわたしの悪心は収まりそうもない。死ぬまで苦しまねばならんのではないかと恐れています」

「悪心なんて・・・そりゃあ、誰にでもありましょうが」

「もちろん、わたしとて、誰かを殺したり、傷つけたり、そんな大それた悪事が出来るなんて考えたこともありません。しかし、憎んだり、そねんだり、よからぬ恋慕を抱いたり・・・そのくらいの事ですが、やはり悪心には違いないでしょう。何時いかなる時に大事を仕出かさないとも限りません。近松門左衛門の『大経師昔暦《だいきょうじむかしごよみ》』でしたか、少しも思っていない男と成り行きで心中行をする羽目になり、やがて本物の愛情に目覚めて刑場に消えて行く話がありましたね。それは逆に言えば、この世には本物の愛情、人情は通じないというようにも考えられませんか？」

「もしかすると安田様はどなたか、手の届かない方を慕っておいでなのですか？」

「いやあ、さすが芝居の作者じゃ。すっかり見抜かれてしまいました。お手前に話すべきではなかった。油断じゃった」そうは言いながらも、彦四郎は却ってさっぱりとした表情になった。

「わたしは『大経師』の茂兵衛のごとき色男ではない。たとえわたしが内心を打ち明けたとて、笑われるだけで済むじゃろう。それが気休めにもなり、悲しくもあり・・・可笑しいことじゃ。わたしにこのような気があろうとは、自分でも気づかなんだ」

彦四郎はそれ以上、話す気もないようだ。口をつぐんだまま、湯に体を沈めた。『大経師』を持ちだしたからには、相手は上司か、どこの誰であり内儀なのであろうか。

「それで出家などとお考えなのですか?」

「それればかりではないが、わたしのような人間は生きていても恥多いばかりのような気がする。次から次へと悪心が起こって来る。真宗の御上人に『善人なおもて往生す、いわんや悪人をや』という言葉がある。わたしのような人間こそ真の悪人であり、それゆえ往生出来るに違いない」

先ほど大五郎との話の中で「悪人正機」という言葉を持ちだしたが、ここでは彦四郎の方の口から出て来た。正三は思わず苦笑いした。

「可笑しいでしょう。わたしのような人間が往生できるなんて」

「いやいや、そうではありません。つい人との話を思い出してしまい、申しわけありませんでした。わたしは真宗ではなく浄土宗法善寺の門徒ですが、親鸞上人の御言葉には常々、強い力というか意思を感じております。先ほど安田様の仰られたこの世は穢土だという考えは浄土系の宗派に共通する思いだと思います。権現様も浄土宗の住職から『厭離穢土欣求浄土《おんりえどごんぐじょうど》』という言葉を与えられ自害を思いとどまり、それ以来、その言葉を旗印になされたとお聞きしております。この世が穢土という自覚が遁世には向かわず、この世を浄土となそうと思われたのでしょう」

「ははは、そうであれば嬉しいが、果たしてこの世に浄土が生まれるものかのう。わたしには御上人はこの世はどうあがいても穢土でしかない、浄土というものは死後にしか存在しないものだと仰せのように思われます。別の言い方をすれば、この世は地獄であり、われらの心も地獄である。その地獄であがき苦しんだものこそ、浄土への門が大きく開かれている。もちろん、地獄を地獄とも思わずこの世を極楽としたものにも開かれているのでしょうが、悪人正機とはこの世を地獄だと知る、まさにその時を正機とお考えだったのではないかと思います。悪人こそが正機を得られやすい、それが『善人なおもて往生す、いわんや悪人をや』の意味ではないでしょうか?」

「確かにこの世を地獄とする見方には一理あるでしょう」悪に理があるというわけではなく、悪人ほど悪に関わるからこそ、救いを求める心も生まれやすいということだろうか。正三はおぼろげながら、彦四郎の言うことを理解できる。「そうであるからこそ、一向衆は地獄も恐れず信長公に立ち向かったのでしょう。しかし、一向宗徒を厳しく処断されたのは信長公だけではありません。権現様もまたそうでしたし、前田様の御先祖様などは一向宗徒を釜茹の刑にされました。釜茹の刑は豊太閤だけではありません」

天正三年（一五七五）、越前一向一揆を鎮圧した前田利家について、「前田又左衛門どのが捕えた一向宗千人ばかりをはりつけ、釜茹でに処した」と刻まれた瓦が小丸城から発見されている。

「うむう、悪人正機とはいえ、厳しいものじゃのう。この世を極楽にしようとすることが、逆に地獄を作ることもあるということか・・・」彦四郎は唸った。

「今はさほどの厳しい世の中ではないとは思いますが・・・」

「いやいや、今の世の中にも地獄はいくらもあります。わしの悪心なんぞは取るに足りんもんかのう」

「御出家の妨げを申す気はなかったのですが・・・ただ、わたしは善人も悪人も往生できたとして、浄土で釜茹になったものと釜茹にしたものが出会っても、互いに何のわだかまりもなく、笑って話し合えるものかと、ふと思いました」

「ははは、まことに釜茹になった仏と釜茹にした仏の出会いか・・・それはこういうことではないか、浄土では娑婆のことはすべて忘れ去られている。仏は娑婆の記憶はすべて失っておる。すべての恩愛からも憎悪からも無縁の世界というのではないか。要するに人間ではなくなっているということではないのか」

「御出家もそうなのでしょうか?」

「そうした高僧もいるかもしれんが、おらぬのかもしれん。人のまま神なり仏なりになることなんぞ、所詮は叶わぬことでしょう。だが、少なくとも俗心からは免れる。悪心を抱いておっても心の中だけの問題にしておける。まさに遁世というわけじゃ」彦四郎はまた苦い顔をした。

「では今、生きている人が記憶を失くしておれば、それは」

正三が今こそ、少し徳蔵か、あるいは記憶を失くして古市口之芝居の奈落の力者、浜蔵のことに触れられると思った時、浴室の外の脱衣場で数人の賑やかな男たちの声がした。どうやら古市からの朝帰りのようだ。昨夜の敵娼《あいかた》の話を声高にしている。彦四郎は出ようとした。開き戸が開けられ男たちはわやわやと入って来たが、先客が侍だと気づき、皆はっと立ち止った。男たちは頭を下げ、脇に寄った。「いい湯であった」彦四郎は男たちに軽く会釈をして悠然と風呂場を出た。正三も彦四郎の後に続いた。

「これから屋敷に戻らねばなりませんので、話の続きはまた、後日にしましょう。なんなら、屋敷に訪ねて来て下すっても一向に構いません」

「はい、是非ともお伺い致したいと思います」

そうは言ったものの、奉行屋敷の長屋に住むという彦四郎を訪ねても、この風呂場ほど気楽に話せることはなかろうと思われた。昼時だろう。宿屋から出て行く客ややって来る客が入り乱れ、あわただしく仲居たちは立ち働いていた。帳場に預けていた両刀を受け取り帰って行く彦四郎を見送り、正三は部屋にもどった。仕組みの続きに取りかかることにした。

十一　漂流者

正三は書き物にひと段落をつけると、浜蔵と面と向かって話をしようと決心し、七ツ前（午後四時前）、古市口之芝居に出かけた。なおも小雨は降り続いていたが、傘がなくともさほど濡れるほどでもない。窓の外の桟《さん》に掛けて旅に用いていた菅笠を被って出た。今日の芝居もはねる頃だと見当をつけていた。芝居の見晴らせる表の街道筋の茶店で一服する躰で浜蔵が現われるのを待った。芝居の中に入って行ったり、奈落にまで出かけて行くのには口実も作らなければならず面倒だったからだ。しばらくすると浜蔵が力者の仲間とともに現われた。力者たちは木戸番に丁寧に挨拶をすると散らばって行った。浜蔵は数人の力者と街道を外宮に向かう方角にとったが、すぐに一人、地獄谷に通じる狭い尾根道に向かった。「これはいかん」と正三は急いで浜蔵の跡を追った。

「もし、浜蔵さん、浜蔵さんではございませんか」

街道筋に並んだ旅籠や遊郭の間を抜け尾根道にかかった時、正三は前を跛行する浜蔵に後ろから声を掛けた。浜蔵は驚いたように立ち止り、ゆっくりと振り返った。立ち止まったまま首を傾げている。正三に見覚えがないのだろう。浜蔵は擦り切れ襤褸《らんる》のようになった短い裾の着物一枚に荒縄を帯にしている。月代は剃っておらず、乱れた髪を糸か藁ででも括っている。髪は今にもほつけて解かれそうに見える。

「昨日、芝居の舞台下でお見受けしました」

正三が説明してもなお思い出せないのか、むっつりと突っ立ったままだ。

「思い出していただけませんか?　せり上げの仕掛けで御仲間が危うく大怪我をなさるところを・・・」

浜蔵の表情がようやく少し和らいだ。そして軽く会釈した。

「どうです、どこぞで一杯いかがです」

また浜蔵の表情は硬くなった。警戒しているのだろう。しかし、相変わらずひと言も口にする気配がない。記憶だけでなく、言葉も失っているのだろうか。

「別に他意はありません。仕掛けの具合を聞かせてもらえればと思いお誘いしました。御都合が悪ければ、どうぞお引き取り下さい」

余り得意ではない作り話にしどろもどろしながら、浜蔵の様子を伺った。やはり表情は変わらなかった。また足を回すと先に進み始めた。どうやら正三の誘いを受ける気はないようだ。正三は仕方なくもと来た方に戻ろうかと思いながら浜蔵の背中を見送った。浜蔵は立ち止った。古市の喧騒に地獄谷の流れの音が混じる。小雨の滴が若葉の茂る木々の枝から滴り落ちる。

左手の小高い丘は元々、古墳だったが、今は常明寺が丘の斜面に建てられている。かつてはこの寺の前には米野《こもの》刑場があった。刑場が廃された後は竹藪に覆われている。常明寺へ至る道にはわずかに数軒の土産物屋や茶店があるだけである。十年ほど後になるとこの常明寺門前には遊郭が建ち並ぶが、この当時はまだ古刹の寂れた門前に過ぎない。街道から常明寺へ至る道の入り口には不浄を清めるためとして神宮が鳥居を建てた。寛永六年（一六二九）のことである。浜蔵のたどったのはこの常明寺への道よりもさらに寂しい谷沿いの道である。

正三は小走りで浜蔵に近づいた。湿った枯葉を踏みしだく音が響く。浜蔵は正三に向かい合った。何か思い出そうとする顔付きに見える。

「浜蔵さん、言葉を失っておられるのですか？」

浜蔵はなおひと言も発する気配はない。不思議そうな顔付きで正三をじっと見ている。やはりまるで分かっていないようだ。

「どこかで夕餉を頂きませんか？」

浜蔵はまた正三に背を向けて谷川沿いの狭い道を下り始めた。谷川の水音や風が梢を揺らす音が腐った葉を踏みしだく音をかき消している。浜蔵は大柄ながら左足に障害があるらしく跛行している。それでも正三が急ぎ足にしても付いて行くのがやっとだ。正三の頭一つ分くらい背丈の高い浜蔵の体は歪んでおり、さほどの威圧感は今はないが、かつて船頭だったとすれば、その時分にはさぞかし水手たちに怖れられただろうと思われた。

鬱蒼とした木々に覆われた地獄谷の脇道からまもなく平地に出た。この辺りには見渡す限り水田が広がっている。一瞬、瞼を閉じるほど苗代の若苗と一面の水田が眩しく光った。雨の滴に打たれた田では蛙の声がかまびすしい。畦の水路にはオタマジャクシもまだ泳いでいる。地獄谷の様相は一変した。浜蔵は谷川に掛った古い木の橋を渡り、縄手道をわき目も振らず急いでいる。振り返れば、地獄谷を包む深い森を砦のようにして、背後に神宮の森が穏やかに横たわっている。さらに彼方には大和や紀州を隔てる山々が幾重にも連なる。雨雲の隙間から差す西日が目の前の水田を茜色に染め、背後の森は一刻一刻と暗くなって行く。

何故あのように暗闇を守るように神宮は造られているのか？　あの暗闇の世界に人々は毎年、何万人いや何十万人という人々が詣でようとするのか？　おそらくそんなことを思う人は誰もいないのだ。深い森に包まれた白木と白砂利の清浄な社に穢れた心が洗われると思っているのだろうか。この世は穢土だという安田彦四郎の言葉がまた脳裏によぎった。

浜蔵は突然、立ち止まった。いつの間にか目の前には松林の中に砂浜が広がり、その向こうには海が見えている。波の音にも気づかなかった。勢田川と五十鈴川の河口の砂州には港もあり、暗い夕日に赤黒く染まった白帆が幾つも波に浮かぶ海鳥のようにゆっくりと動いている。帆を下ろした帆柱もわずかに揺れている。穏やかな港の夕暮れだ。浜蔵が指差したのは、松林の片隅にある傾いた藁小屋だ。浜蔵の棲み処だった。

浜蔵は小屋の入口に掛けた藁筵《わらむしろ》を手で揚げた。小屋には灯り一つあるわけでない。それでも二人が座るには充分な広さであることが見て取れた。正三は浜蔵の指差す藁束の上に腰を下ろした。浜蔵は小屋の隅からひびの入った茶碗を探り出し、正三に差し出した。その茶碗に徳利の酒を注いだ。港の音も波音にかき消されている。薄暗がりに身元不詳の男と二人で酒を呑んではいるが、少しも酔いが回らないのは酒のせいではないだろう。

「浜蔵さんは何時からここにお住まいです？」

やはり返事はない。しかし、住まいに連れて来て、その上、酒まで振る舞うことなど、いつものことである筈がない。何か言いたいことか、気になることがあるに違いない。刻々と暗くなって行き、その表情は何一つうかがうことは出来ない。時折、酒を呑みこむ時に「うっ」と奇妙な音を出す。苦痛をこらえて呑みこんでいるように聞こえる。

「浜蔵さん、どこかお悪いのではないですか？」

小屋の中はますます暗くなっていく。浜蔵はこのまま酒だけで夕飯を済ませる積りなのだろう。無言で差し出された鰯の干物を正三も噛んだ。

「実は伊勢に来る途中、女連れのお二人と伴になりました」

浜蔵の気持ちも、間違いなく徳蔵であるのか、その表情からは少しも読み取れない。しかし、ただ夕飯を馳走になるために来たのではない。思い切って当たり障りのないところを正三は話すことにした。すると浜蔵はまた喉に笛でも付けているような奇妙な声音を立てた。その様子は暗い小屋では伺えない。

「娘と乳母様の二人連れで、何でも行方の知れない父親らしき人物を伊勢で見たと噂が立ち、確かめに参ったようです」

浜蔵の喉が詰まった。干物を噛む音が途切れた。「やはり、間違いない。この男は徳蔵なのだ」そう思って正三は浜蔵を横目で見た。しかし、浜蔵は物思いに沈んだ様子ではあったが、首を振った。

浜蔵はまたうめき声を上げた。間違いなく耳は生きている。ただ言葉を喋れるのかどうかは分からない。また、喋れるにもかかわらず、事実を述べるのを隠そうとする意図があってのことかどうかも分からなかった。真実、思い出そうと苦しんでいるようにも見える。これ以上、探りを入れても、まだ今は浜蔵から何も答えはないだろう。それどころか、浜蔵は今夜にでも姿をくらますかもしれない。もし、浜蔵が徳蔵であれば、それはそれで一つの解決法になろう。少なくともお志摩や乳母とともに捕縛されるよりはましかもしれない。しかし、それではわざわざ大坂から父親を確かめにやって来た二人の来甲斐はない。

それにしても、どうやら幾分かなりとも記憶を失っているように見える。

「もっとも、その父親というお方は船乗りだったそうですが、嵐で漂流し唐に流されたということです。数年前、唐から戻って来たらしいのですが、いわば密入国に当るとかで、大坂の奉行所も関心を持ち、伊勢にも使いを走らせ、伊勢の山田奉行所ともあれこれ、やり取りをしているようです。お二人が父親を見つけ出したとて、果たして無事にすむかどうか・・・」

浜蔵は口を閉じたままだ。うなだれている。少しは話しの内容が分かっているのだろうか。暗がりの中でも浜蔵の目は焦点もなく、虚ろに見開いていることだけは分かった。あまり脅すようなことを並べたてると、今夜にでもこの男は逐電してしまう恐れもある。

「もっとも大坂から参っている奉行所の使いは垣外《かいと》の弟子（手下）一人だけです。伊勢の奉行所もさほど真剣に噂を受け取ってはおらぬ様子です」

安心した様子も見られない。話の内容が分かってないのかもしれない。浜蔵の返事はなさそうだ。もしかすると本当に喋れないのかもしれない。しかし、ここでは筆談もできそうにない。小屋には行灯ひとつない。

「どこかへ夕飯を摂りに行きませんか？」

しばらくすると、浜蔵は筵を持ち上げて外に出た。すっかり日は沈んでいたが、いつの間にか雨は上がっている。明日は晴れるようだ。松林の向こうでは松明をかざした船がゆっくりと湊に出入りする。湊の松明の炎が煙とともに星空を覆いつくほどだ。正三も外に出た。浜辺に打ち寄せる波の音が先ほどより一層、大きくなっている。浜蔵は小屋の裏手に回った。どうするつもりか正三には見当もつかない。浜蔵の後を追うように正三も小屋を出た。

浜蔵は籠に入った枯れた松の葉を砂地に積み上げると火を付けた。燻した松の葉は蚊よけになる。そしてその側に小屋の中から持ってきた乾いた丸太を置いて座るように顎で示した。片足を引き摺りながら、浜蔵は幾度も現れては消え現れては消え、まもなく丸太に座った正三の前に、鍋が焚き火に掛けられている。

「いつの間にこんな魚を手に入れたのです」

正三から思わず感嘆の言葉が漏れた。やはり船乗りだけのことはある。数度、浜辺に行き来して釣って来たのだろう。漁師でなくとも船乗りなら釣りはお手の物にちがいない。正三には浜蔵はもう間違いなく船頭徳蔵であるとの確信が強まるばかりだ。

正三は焚き火から立ち昇る煙を見やった。懐から煙管を取り出し付け木に火を付け煙草をくゆらした。松原の向こうが浜になっており、その左手が湊になっている。湊町の家々からも煙が立ち昇る。どこも夕飯の支度をしているのだろう。

旧暦四月の中旬、夏とはいえ日が落ちるとたちまち肌寒くなってきた。貝や海藻とともに魚を丸のまま煮た鍋、漁師鍋と言うのだろうか、それもまた季節外れとは思えない。正三は勧められるがままに箸をつつき、たちまち平らげてしまった。浜蔵はにっこりとした。初めて浜蔵の笑顔に接した正三も笑みを返した。今や正三はこの遭難から生還した海の男に惹かれ始めていた。

「天竺徳兵衛か」正三は独り言ちた。たとえ言葉や記憶を失っておったにしても、この男の船で働く姿は思い浮かべることが出来た。

江戸時代には難破船は珍しいものではない。漂流した船もまた数多い。記録に残された漂流船だけでも江戸時代を通じて百件を超える。記録に残されない漂流はその何倍にも当ると考えられる。記録に残されたのは漂流の故ではなく、生還者がいたからに他ならない。一旦、日本国外の地を踏んだ日本人が日本に戻った時、奉行所等の取り調べを受けなければならない。生還者は元禄期以降は長崎奉行所の取り調べを受けた後、国元の領主に預けられた。多くはこの取り調べの口書という形で記録として残っている。長崎奉行所での取り調べは苛烈というより融通の利かない役所仕事であったという。同じことを別人が聞き、また別人が同じことを聞くという取り調べが繰り返された。海外での精神的肉体的疲労に加え、いつ果てるとも知れぬ取り調べのために発狂したり、病いや自殺により奉行所で命を落としたものも少なくないという。

十九世紀になると太平洋にアメリカやロシヤの艦隊や捕鯨船が出没したため、太平洋で異国船に救われた例も珍しくなくなる。しかし、それ以前は太平洋に流された場合、たとえ島に辿り着けてもそこが無人島であったり、現地人との争いで殺されるといったことも普通であり、生還したのはおそらく十中一、二に過ぎないだろう。

江戸幕府の鎖国政策により倭寇船から朱印船に到るまで培われて来た外洋航海の知識も技術も失われた。その上、鎖国政策が破られるのを恐れた幕府は五百石以上の造船を禁じた。この禁令はまもなく商船については撤廃されたが、国内海運もまた鎖国とともに緊縮していたのだろう。あるいは国内航行は外洋航行以上に難しかったのだろうか、東廻り航路につづいて西廻り航路が開かれたのは鎖国から五十年近くが経過した寛文十二年（一六七二）のことである。

両航路の展開とともに諸国から大坂・江戸に到る物資の海運輸送が飛躍的に増え、五百石どころか千石、千数百石という大型船も珍しくなくなった。しかしその頃の航行技術としては、わずかに磁石がある程度であり、星などの天体観測による位置や航路の確定さえも外洋航行に耐えるものではなくなっていたという。すなわち陸見による航行であり、昼間、天候のよい時を選んでの航海であった。しかし、船の大型化がすすみ、大量の物資の輸送を期待されるようになると、安全よりも時間の短縮を競う気持ちも生まれてくる。その結果、嵐による難破が次第に増えて来た。

三次の話しでは、徳蔵は異国に流れ着いた末、切支丹に改宗したと仲間の船乗りたちに証言されているそうだ。この目の前にいる男が切支丹だということは信じられないが、船乗りであったことは間違いない。それにしても、この浜蔵からそうした事情を聞き出すことは至難の業だろう。

浜蔵は燻した松葉の火を煙草につけ一息ついた。遠くに帆を下ろした船の帆柱がかすかに揺らいでいるのが見える。わずかに波があるようだが穏やかな海だ。もう船積みや船下ろしの喧騒も一息ついている。東の空に昇っている筈の十四夜の月もこの曇り空には光暈もない。あまり遅くなって谷川沿いの道を戻るのは何が起こるか分からない。少々遠回りだが、勢田川を遡り間の山にもどるにこしたことはない。正三は浜蔵に丁寧に礼を言って、また近々お目にかかりたいと付け加えた。しかし、浜蔵には何の反応もなく、ただ軽く頭を下げただけだった。

湊から半里（約二キロ）ほどの奉行所の屋敷に先ほど会ったばかりの彦四郎を訪ねようかとも思ったが、奉行所の同心や与力も長屋にはおろう。変に勘ぐられるかもしれないと、奉行所の方には向かわず勢田川沿いを遡った。川沿いには河崎町・船江町など山田の町の自治の中心的役割を果たす山田三方を支える町々がつづく。夕暮れ時にも拘わらず川も町も人波があふれ、篝火や軒行灯に照らし出されている。参宮街道に掛かる小田橋のところから間の山に向かった。

すっかり雨の上がった間の山は提灯や篝火で昼以上に明るく感じられた。夜の街の賑やかさは昼の敵うところではない。街道の両側ばかりか、脇に入った路地の奥深くからも、三味線や小太鼓、笛の音が競い合い、それに輪をかけて歌声が太く、時にか細く響きあう。伊勢参りの旅人はもうすでにいずこかに宿を取っており、古市の遊所をめざした夜遊びを求める男たちばかりが目立っている。それでも時折、遅れて伊勢入りした旅人を乗せた駕籠や三宝荒神の馬が通り過ぎる。三宝荒神というのは、馬の背中の両側に人を乗せる駕籠をつけたもので、真ん中の鞍には普通、荷物を載せている。間の山程度の上り坂でも、馬は息を切らし、今にも崩れ落ちるのではないかと思われる程、疲れ果てている。その時、一梃の駕籠が正三の横に止まった。

「正さん、えらい早うから遊んでおるんじゃの」

中村歌右衛門だった。さほど皮肉にも聞こえない、真顔で呼びかけた。

「杉本屋に参るんじゃが、正さんも付き合わんか？」

正三は半時（約一時間）以上、歩いた上に坂道を上ってきたので疲れている。それに浜蔵が料理してくれた鍋物をたっぷり食べた。これ以上、腹には入らないと躊躇した。

「すぐそこじゃが、まあ、駕籠に乗ってくれ」

歌右衛門は正三の躊躇を構うことなく、さっと駕籠を降りて、正三に乗るように勧めた。

「いや、わしは・・・」

「なに遠慮しとるんじゃ。立作者を歩かせて、三文役者が駕籠に乗るわけにはいかん」

無理に駕籠に押し込められたが、杉本屋はほんの数歩のところだった。

「ははは、まあえぇから、上がろ」

歌右衛門は先に立って店の門口を入った。二重に掛けられた暖簾を潜ると奥行一間ほどの土間になっており、上り口にはまた長暖簾が掛かっている。土間の隅には小さな竈《かまど》があり、そこに空の茶釜が掛けてある。これは昔の茶店の名残りとして形ばかり残している。

後には古市を代表する大籬《おおまがき》（大楼）となった杉本屋であるが、この頃はまだ中籬であり、名古屋にも店を出していたことのある備前屋、中村屋、千歳屋、宇佐美屋の四大楼に比べれば少し格が落ちる。この四大楼は尾張藩主宗春が贅沢を咎められて蟄居させられた元文四年（一七三九）に名古屋の店を閉め古市だけになっていたが、それでも名古屋の宗春の奢侈の余韻を残していた。昨年、正三がしばしば付き合った大籬には、大坂の新町を見慣れた正三の目にも驚きを隠せなかった。この中籬の杉本屋とても四大楼にさして劣ってはいない。しかし、間口の狭さだけは大坂の新町の揚屋の贅沢感とは程遠い。新町の一段格下の茶屋の中でも中位に位置するだろう。こうした狭い間口の大楼が古市には並んでいる。

店番の手代の大声とともに奥から畳を裸足で歩む大勢の足音とともに長暖簾が揚げられた。たちまち五、六人の遊妓が並んで座る。奥から歌右衛門の弟子二人が遊妓たちの前にかしこまった。先に店に出かけて手筈を整えていたのだろう。

間口は狭いが奥にまで廊下が続いており、大きな石や蹲《つくばい》、植木が竜安寺の石庭にも劣らぬ風情で設えられた中庭に沿って、幾つもの座敷が並んでいる。石灯籠には蝋燭の火が灯され、かすかな風に火影も揺れ、庭の木々の影も揺れて見える。表は提灯や篝火で昼のような明るさだ。しかし、日が落ちると一刻ごとに寒さも増し、急速に空も暗くなっている。座敷はどこも明かり障子を閉じていたが、中からは三味線や小太鼓の音に合わせ、大勢の遊妓や客の歌い声や笑い声が響いている。

「早うから賑やかじゃな」歌右衛門は誰にともなく言った。

うまいこっちゃ、うまいこっちゃ、

砂糖の山に甘草の杖、
よーいやさ、やれさあ、やれこーい
別の座敷の明かり障子には人影が映っている。しっとりとした歌声に三味線を合わせ、遊妓が舞っている。遊妓の姿は一般に鬢《びん》も髱《たぼ》も短く四方丸みがかっている。着物は絞り縮緬の単物や絽《ろ》縮《ちぢみ》の帷子《かたびら》、帯は蒲色の繻子や鼠色の繻子、京大坂に比べると田舎っぽかった。
通された座敷では、歌右衛門の贔屓という老人数人が遊妓を相手にすでに酒宴を始めていた。客の一人が皺がれた声を上げ、小唄らしき歌を歌っている。芸妓もいるが、三味線を当惑気味に一撥、二撥と当てている。知らない歌なのだろう。あるいはこの客の即席の歌かもしれない。
伊勢の山田のひと踊り、二見ヶ浦に住みながら、
なぜにそなたは潮がない
「よう来てくだすったわ。まあ、一杯、取って下され」
歌右衛門が勧められた席に座ると、床の間を背にした一座の長らしき老人が、後ろに控えている芸者（太鼓持ち）に干した盃を回すように仕草で命じた。
客の老人たちはみな、浅黒いというより真っ赤な顔をしていたが、それは酔いのせいではないことは明らかだった。ひと目で商人ではなく、野天で働く者、あるいはせいぜいその親方であることは見て取れた。
「その前に、われらの芝居の立作者をご紹介いたしましょう」

歌右衛門はそう言って、弟子二人とともに座敷の端にかしこまっている正三を手招きした。正三は仕方なく膝を主賓の老人の席へと進めた。

「そなたが立作者？　ふうん、若いのう」

「正三殿は大坂一、いや日本一の作者でござります」歌右衛門は誇らしげにじっと老人をみつめた。

「ほう、じゃったら忠臣蔵の作者かいのう？」

「いや、それはわたしの師匠のもので」

「なら、千本桜の作者かい？」

「それもわたしの師匠のものです」

「ははん、なら、お初忠兵衛？」

「それは近松様のもので」

「ほなら、おぬしは何んの作者なんじゃ」

「はあ、いまだ、さほど名のある作はございません」

「正さん、そないに謙遜せんでも」と歌右衛門が言いかけると、

「わし、存じておます。口之芝居の工夫をなさっておいでじゃ」横から一人の遊妓が口をはさんだ。

「それそれ、あのどえらい大ゼリのことじゃな」客の老人の一人が膝を叩いた。

「そうか、あの大ゼリはおまさんの工夫か」主賓の老人は相好を崩した。「ほな、姉さん方、もちっとこの・・・何ちゅう名ぁじゃったかいな」

「正三はんでっしゃろ」

「そうそう、この正三殿、もてなさんといかん」

「まこと、近い将来、ぐっと名も上がりましょう。今のうちに色紙の一枚も手に入れておきなされ。やがて自慢の種になりましょうぞ」

「歌さん、そんなに褒めると後々、大恥をかきますぞ」

「いやいや、若いに似合わず謙遜家じゃ。わしもあの口之芝居には驚いたわい」

老人たちは口々に古市口之芝居の大ゼリを褒めそやし始めた。歌右衛門の正面の席に付いていた正三は次第に気も悪くなって来た。歌右衛門はさして気にもとめずに隣り座って酌をする若い仲居にすっかり打ち解けている。

「わたしは口之芝居には関わってはおりません。二年以前、道頓堀で行った工夫を口之芝居が取り入れてわたしの名を広めて下されただけです」

老人たちは正三を褒めているのか無視しているのか分からない。正三が真顔で実のところを話すのを気にもせずに、ますます陽気に酒を酌み交わしている。

「ところで親方様方は歌右衛門のご贔屓なのではありませんのか?」

と正三は言い放って退席するつもりで腰を浮かせた。

「そじゃった、そじゃった。歌右衛門殿を放っておいてはいかん。今夜の主賓じゃ」

「まこと、まこと、そうじゃった。歌右衛門殿、お顔をよう見せて下され」

「顔？　わたしの顔ですか？」

「いやいや、すまんこってす。実はこやつがそなたの芝居を見て、そなたの顔は誰かによう似ておると言いおってのう。まことにわしら漁師と変わらん顔じゃ、誰か思い出せんが、わしらの仲間かに誰かおったように思えるとか申してのう」

一座の一人を指差した。その老人は頭をかいて恐縮している。

「それは芝居の化粧じゃ、地ぃの顔とは違うぞ、と申したのじゃが、どうしても言うことを聞きよらん。で、なら揃って確かめんと中之地蔵の芝居に参ったわけじゃ」

「なるほど、よう似ておるとわれらも納得した。芝居の権四郎はわれら漁師に生き写しじゃ。じゃが、地ぃの顔はどんなもんかいのうとご足労願いましたわい」

歌右衛門は今度こそ苦虫を噛み潰したような顔になった。

「わしのような実悪一人を呼び寄せるなんぞと、どないな変わり者かと思うておったが、やはりそんなことか」

「さように悪うに思わんでくだされ。そなたはまことに本物の海の男のようじゃとみな、感心しておるのじゃ。まあもう一杯、空けてくだされ」

歌右衛門は相変わらず渋い顔をしたまま盃を受けた。幾度か盃のやり取りが続いたが、一向に座は盛り上がらない。正三が口をはさんだ。

「それでどなたに似ておいでか、判明しましたか？」

まさかと思うが、浜蔵に似ているなどということがあろうか？　いかつい顔立ちや大きな目鼻立ち、何よりも年相応に刻まれた深い皺、背丈も同じぐらいだろう。しかし、二人並べれば浜蔵の方がはるかに男前と言える。もし、浜蔵が歌右衛門に似ていると言われれば、浜蔵の素性も問いただされることになろう。たとえ問いただされたところで、浜蔵自身に記憶が失われていたなら、誰も確証は持てないかもしれない。しかし、今は山田奉行の耳にも切支丹に改宗した船頭が日本の地に戻っているかもしれないと入っていよう。いよいよ、不審が糾されないとも限らない。すでに同じ船で難破した船乗りたちが顔実検に立ち会うことになれば、たとえ浜蔵の記憶が失われているとしても処罰は免れないかもしれない。正三は胸の動悸が激しくなるのを感じた。

「残念ながら思いつかなんだ」その老人はまた頭を掻いた。

「それは・・・」ほっとしながらも正三には後の言葉が見つからない。いらんことを言って、勘ぐられれば藪蛇になろう。

「じゃがまあ、歌右衛門殿は地もさして我らと変わらんことが分って喜んでおりますわい。ほんに気ぃ悪うせんといて下され」

それからは芸妓や遊妓たちの賑やかな舞や踊りが遅くまでつづいた。歌右衛門が泊まるように勧めるのも振り切って正三が宿に戻ったのは丑の刻（午前一時頃）になっていた。

十二　ひと騒動

「いやはや、どないなることかと思うたぞ」

「まことに、伊勢から夜逃げせならんとこじゃった」

「どうにかこうにか収まって、まあよかったわい」

「そうは言うても、この一座はもう長ないんと違うかのう」

「おぬしもそう思うか、わしもぼちぼち、名古屋か美濃にでも戻って当りを付けとこうかと思うとるんじゃ」

「うまい口があったら、わしも一枚噛みたいわい」

「えぇともえぇとも女形はどこでも、よう売れるわい。羨ましいこった」

　翌日の午後、芝居の中入が終わったらしく、数人の役者が口々にやや興奮した口調で喋りながら部屋に帰っていく様子が正三の耳に入ってきた。上方の歌舞伎では小詰《こづめ》と呼ばれる大部屋役者たちのようだ。普段は芝居小屋で寝泊まりしている筈だが、頭取か座本に話でもあってこの宿にやって来たのだろう。話の内容といい口調といい、また、普段めったにこの宿に顔を出すこともないというのに異例ともいえ、一座はますます深刻な崩壊に一気に走り出すのではないかと、正三も胸つぶれる思いだ。折角、伊勢まで出て来たのに何一つ役にも立っていない。

昨夜は遅く宿に帰ったが、明かりも付けないまましばらくぼんやり窓の外の景色を見ていた。夜更けともなるとまた一段と肌寒かった。それでも街の灯りの反射した雲間に月が赤く光り田の水面を照らすのを飽きずに見つめていた。杉本屋の客の漁師たちが疑いを払拭したことにほっとするとともに、逆に徳蔵のことがますます気にかかり始めた。そのうち三々五々と役者たちが宿に戻ってくる気配がしたが、夜更けのため誰もが足音をひそめ、ひそひそ声でしか言葉も交わさず、それぞれの部屋に入っていった。正三はもう寝ているると思ったのだろう、誰も正三の部屋には挨拶にも来なかった。

初め徳蔵についてさほど関心を持たなかったため、どこに漂着したとか、どこで嵐に遭ったとか、詳しいことは何も三次に確かめていない。もとより三次自身もそうしたことを知らされていないのかもしれない。それにしてももうちょっと確かめようという気になって、眠りについてしまった。

今朝、まだ床についたままの正三の部屋に座本の坂東豊三郎がやってきて、早々に歌右衛門が伊勢を離れるらしいと告げた。

「昨夜、ご一緒でしたじゃろ、そんな話しが出たんとちゃいますか？」

「まさか、早々いうても、まだ先のことではないのですか」

「そないな悠長な話し、ちゃうようだす。早いとこ、見物を集めるような奇抜なもんでも出来ませんじゃろか。このまんまじゃ、折角、大坂から来てもろうたのに、甲斐ありませんわい」

「申し訳ありません。少しは仕組（脚本）にかかっておるのですが」

豊三郎は苛立ちを抑え切らないように、正三の弁解を遮った。

「こないな田舎で新作なんか考えてもろうても、舞台も衣装も揃うわけありません。稽古じゃとてする間もないいじゃろ」

「分かっております」

「せめて加賀屋（歌右衛門）をもうちょいと、引き止めて下さらんか」

「ええ、一度、お頼みしてみましょう」正三はしぶしぶそう答えざるを得ない。

「ほんに、頼りにしてますぞ」

豊三郎は楽屋入りをすると言って渋い顔のまま部屋を出て行った。

徳蔵や三次のことも気になったが、こうまではっきりと座本に頼まれると当てもないのに宿を離れるわけにはいかず、机に向かった。しかし、新作なんかと言われると、天竺徳兵衛なるものの話を進める訳にもいかず、かと言って、奇抜な思い付きが浮かぶ訳もなく、ただぼんやりと窓の外を眺めるうちに、芝居の方では中入りの時刻になっていた。

話していたのは、名古屋辺りから加わっている中通りの役者だろう。声に聞き覚えはない。それにしても何かあったようだ。まもなく戻ってきた頭取の三名川弥平次に尋ねた。

「うむぅ、さほど特別なことではない。逆櫓の場でのう」

弥平次の言う逆櫓の場は今、中之地蔵芝居で行われている狂言の一つ『ひらかな盛衰記』の一場のことである。正三はこの『ひらかな盛衰記』の人物を天竺徳兵衛に書き替えられないかと想を練っているところだ。

この場のおもな役割は三桝大五郎の船頭松右衛門、中村歌右衛門の船頭権四郎である。松右衛門は義父権四郎から逆櫓の秘伝を学び、亡君木曽義仲の仇義経を討とうとする。しかし、権四郎は孫が義仲の子と取り違えられて殺されたことを恨み、義仲の子を討手に差し出そうとする。

役割上、敵同士である二人がまさか舞台で本気になって口論でも始めたなどということはあるまいが、二人の仲が険悪なまま歌右衛門を引き止めるのは難しい。

「何事ものう済んだのですね」

「まあ、そうじゃが、今さら尾を引くもどうもないじゃろ。加賀屋は近々、江戸に発つようじゃしのう」

と、弥平次は渋い顔を崩さず次のように詳しく経緯を述べた。

浄瑠璃「若君をお筆に渡し」と語るうち、松右衛門、実は義仲の家臣樋口次郎の三桝大五郎は二重舞台の真ん中に進んだ。ところが下座にいるはずの権四郎の中村歌右衛門は上手障子家体の前に腕を組んだままつっ立っている。大五郎は不審顔で「もし、親方、そこでござりますか」と問うと、歌右衛門は平然と「おお、ここじゃ、ここじゃ」と言う。大五郎がなおも「いつもはそこじゃござりませぬか」と言うと、「人はどこでも、おのれはここじゃ」と歌右衛門は動こうとしない。大五郎、「そこでは、ちと具合が悪うござります」、しかし歌右衛門は「おお具合が悪いなら魂胆してみなされ」と言い放った。

「それでどうなったのです？」

「どうもこうもないわい。京枡屋の親方（大五郎）は唇をかみしめて、ともかくも舞台を勤め終えられたぞ。まこと加賀屋（歌右衛門）には困ったもんじゃ」

「歌七（歌右衛門の俳名）殿が大五郎殿を苛めておると？」

「師匠は加賀屋と仲が良いから二人の腹はご存知あるまいがのう・・・やはりこの一座はもう長うはないかもしれん」

　弥平次も大部屋役者と同じようなことを言った。大部屋ではそういう雰囲気になっているのかもしれない。

　芝居で頭取というのは普通は大部屋役者から選ばれる。この弥平次も五十歳を過ぎていたが敵役《かたきやく》という陽の当たることはまずない役者を長年、勤めている。位付けはこの年、宝暦六年でようやく上白上で、人気とも贔屓とも縁の薄い役者である。しかし、頭取は役者の日払い、化粧料の配分や病気休演、突発事故の処理、楽屋の監視など楽屋の進行、取締り一切を任されている。座本や名代だけでなく役者の信頼も厚くなければ勤まらない。実直で落ち着きがあり、算用にも長けている。たとえ一座が途中で潰れることがあっても最後まで一座に殉じる気持ちは人一倍強いはずだ。

「いやいや、心にもないことを言うてしもうたわい。師匠の前で気ぃが緩んでしもうたのじゃ。

じゃが座本は師匠を頼りに思うておられるぞ。何とかならんもんかいのう」

「今朝も豊三殿から頼まれたところです。今日の芝居がはねたら、大五郎殿の様子を伺ってみましょう」

　昨日、大五郎と初めてゆっくり話をした時のことを思い出してみた。少なくとも大五郎は歌右衛門への遺恨は払拭されたと安心していた。ところが今日、今度は歌右衛門の方から何やら意趣返しのようなことを仕向けたようだ。歌右衛門はわざと喧嘩をふっかけようとしているのだろうか？　一座を出てゆくためみんなに嫌われようとでもしているのだろうか？　十年近く傍で付き合ってきた歌右衛門がそのような馬鹿げたことをするはずはないとは思いながらも、江戸か名古屋の贔屓筋の誘いを断りきれないところまで話が進んでいる可能性もなくはないと思われた。

　大五郎の弟子にその晩、宴席の前に軽い料理を正三の部屋で摂るように計らってもらった。この宿は古市では有数の料理自慢である。芸妓の方は宴席が待っているから不要と弟子から伝えられている。それまでやはり天竺徳兵衛の仕組から頭が離れなかったが筆は進まず、かといって奇抜な構想も浮かぶはずもなく、いたずらに時を過ごしていた。

「遅うなってすまん、すまん。どうしても打ち合わせから抜けられなんだ」

　大五郎がやって来た時、すっかり日も暮れ行灯の火が灯されていた。宿の仲居がすでに二人分の料理の用意も整い、いつでも夕食を始められると告げに来ていた。正三はひとまず軽く晩酌を始めていた。

「なんじゃい、手酌で始めておったのか。そらぁ悪い」

大五郎の様子からは歌右衛門との確執があったなどとは信じられない。『ひらかな盛衰記』のことは二人の間ですっかり方がついたのだろうか。

「それで話って何かいのう?」

「今日、歌七殿と」正三が言いかけると、大五郎はそれを遮るように、

「ああ、そのことかいな・・・まっ、こんなことはようあるこっちゃ。一々気にしとってもしゃあない」

「それでは根に持っているわけではないのですね」

「うぅむ・・・加賀屋が伊勢を見限るなら、わしも」

「えっ、大五郎さんも抜けると?」

正三は思わず盃を落としそうになった。初めの印象とは正反対に大五郎は完全に見放している。打ち合わせというのも、早々に伊勢を離れる算段を付けたのかもしれない。

「まあ、わしは明日、明後日なんてことはない。そないに沈んでもろうたら、わしも気ぃ滅入る。どれだけ続くか分らんが、せめて元気だして勤めよじゃないか」

大五郎は正三に酒を勧めたが、正三はあわてて徳利をとり、大五郎に酌をした。

「もう気を変えることはないのですか?」

廊下では仲居や客の足音が絶えない。下の階の座敷では三味線や歌も始まった。もうすっかり

日も暮れて一刻一刻と夜が深まってゆく。正三の部屋だけが喧騒から取り残されたように沈みかえっている。

「やっぱり、わしは加賀屋とは馬が合わんらしい。努めて合わそうとしたつもりじゃが、却って加賀屋の機嫌を損ねたのかもしれぬわい」

「そんなこと・・・」

正三にも訳がわからない。大五郎とは伊勢に来て初めてじっくり話しが出来、大五郎の気質や考えも少し分かった。それに引き換え、歌右衛門とはもう十年近い付き合いであり、まだ少年だった正三の、いわば兄貴分のように感じていた。理解しようなどとは思ったこともないだろう。事実、茶屋遊びから何から何まで歌右衛門に仕込まれたと言ってもよいだろう。もちろん歌右衛門の忠実な弟子であったわけではない。反発することもなく、敬して遠ざけた事も多々ある。だが敢えて人を罵ったり、悪口を言ったことなどは一度もなかったといえる。それだけに今回の出来は不思議だった。

「すすんで人を陥れるなんてことをなさるとは思えんのですが・・・」

「もうえぇ、もうえぇ。加賀屋は江戸に居着くつもりなんじゃろ。元はと言えば江戸の芝居の出、故郷に錦を飾る気持ちなんじゃ」

「そうでしょうか。歌七殿の師匠は江戸の役者とはいえ、宮芝居の役者と聞いておりますし、歌七殿自身、江戸の芝居の舞台には一度も立たれたことはないのでは・・・歌七殿の人気は京、大坂が生んだのではないですか」

「そらぁ、正さんのお蔭じゃ。もし京、大坂に出てこずにいたならば、せいぜい大部屋役者、あるいは旅役者で終わったかもしれん。それだけに江戸で一花咲かせたいんじゃなかろうか」

「私の力などないに等しいものです。すべて歌七殿の工夫と切磋琢磨の賜物でしょう。逆に私が教えられ育てられた方です」

　こうした歌右衛門の評価、大部屋役者か旅芝居の役者で終わるかもしれないという評価は口にした大五郎も本気で言っているわけではないことは正三にも察せられた。しかし、変に反論して大五郎を頑なにするのを畏れ、あえて口にはださなかった。歌右衛門が伊勢から京都に出てきた時に、年齢こそ三十歳を過ぎ、若手とはとても言えなかったが、実悪役者として貴重な天分を備えていたことは衆目の一致するところだった。大五郎もまたそのことはよく承知していたはずだ。しかし、腹立ちのあまり事実に反することがむしろ事実であるかのように歪んだ目に曇らされることはよくあることだ。

「加賀屋はこないだ（この間）の評判記でも実（役）の部に入れられなんだのが、よっぽどこたえておるんではないかのう」

「歌七殿は実でありながら悪、悪でありながら実の役作りを目指されております。大五郎殿もその点は認められたではありませんか」

「うぅぬ、じゃがな」

大五郎はそのまま口をつぐんで渋い顔をしたまま、天井を睨んだ。膳の料理には手をつけないまま、席を立ってしまうのではないかと正三は懸念した。しかし、引き止める手立てはあるのか、もはやどんな説得もなくなったとしか思えなかった。

「そうじゃの・・・あまりにわざとらしい、いけず（意地悪）じゃ。まるで腹を立てるのを楽しんで」

突然、大五郎は口をつぐんだ。外はすっかり暗くなり、谷間の棚田に面した正三の部屋にも街のざわめきが聞こえてくる。

大五郎はこのまま立ち上がり贔屓の座敷に出かける積もりかと正三は思った。それならそれでもはや、中之地蔵の芝居もこれまでだろう。歌右衛門も大五郎も抜けたら、やっていけるわけもない。若女形ばかりの芝居になる。それでも伊勢でつづけるにしても、もはや正三には何も期待されはしまい。後は浜蔵が徳蔵と同一人物かどうかを確かめ・・・それも正三にはどうすることもできまい。今夜にでも大坂に戻ろうかとさえ考えた。

「満座の中でつけつけ言われ、悔しゅうてならなんだ。いっそ、あいつを刺し殺しておのれも死ねば済むことじゃと考えておった」

「そのような短気」

「そうじゃ、短気じゃ」大五郎は正三の言葉を遮った。「まことに短気、いや、そればかりじゃない、少々頭の働きも悪いようじゃ。おぬしはまことの阿呆じゃ」

「そんな・・・」正三には大五郎の考えがわからなくなった。

「いやいや、おぬしとはわしのことぞ。わしはまことの阿呆じゃ。あいつはわしに、よう魂胆しやれと言いおったが、今、あいつを殺さば、魂胆できなんだゆえ殺したと思われよう。ならばわしが死んだとて、わしには死後までの恥辱じゃ。わしは名家でもなんでもないが、さような恥辱は碌でもない師匠に忠義立てしよってと弟子たちも言われよう。さらば弟子たちにも申し訳ないことじゃ。ここはひとつ、今夜は寝ずにでも魂胆せねばならん。加賀屋の抜けた舞台を考えななちん。正さんもたのむぞ」

　大五郎はそう言うと、盃に残った冷酒をぐっとひと息に飲み、あっけにとられた正三への挨拶もそこそこに部屋を出て行った。

「師匠、京枡屋がえらい苦虫噛み潰した顔して出て行きよりましたけど、いよいよ伊勢を去る気ぃだすか？」

　頭取の三名川弥平次が顔を覗かせた。正三は大五郎の言葉を伝えた。

「ほう、ひと晩工夫なさるとな。京桝屋はああ見えても神経の細かいお方だす。芝居にも気ぃ使ってもらえましょう。そんなことなら、もう何も懸念はないんじゃ。後は歌右衛門の」

　心底、嬉しそうな顔をする弥平次に冷水を浴びせるのも心苦しかったが、やはり正直に言わねばならない。弥平次の言葉を正三は遮った。

「そうは言っても、歌右衛門殿が伊勢を近く発たれるのを翻心できておりません」

「いやいや、師匠なら出来る、うん、間違いのう出来ますじゃろ」

弥平次と二人、その夜は遅くまで盃を交わした。たとえ歌右衛門を翻心出来なくても、一座は何とかまとまるのではないかと、かすかな望みが生まれたと、正三には感じられた。陽気に一人、歌う弥平次の相手をつとめながら、正三は歌右衛門の動向がままならないまま天竺徳兵衛の工夫を続けるよりも、徳蔵のことに少し気を入れてかかろうとする気持ちになっていた。

十三　十数年前

翌日、曇り空から細かい雨が降っていた。しかし、さほどの大降りになる雲行きではない。黒い雲の切れ目には茜色の日もさしている。正三は宿から番傘を借り、昼前に三次が泊まっているという宿を訪ねた。一昨日の浜蔵との話から浜蔵はおそらく記憶を失っており、たとえ再会したとてどうなるものでもないことをお小枝とお志摩に伝えようと思ったが、まず、二人を見張っている筈の三次の様子も確かめようとした。

三次が土産物屋を宿にし始めてからもう三日が経つ。三次やお小枝らの徳蔵探索がうまくいっているとは思えない。もしかすると、知人が見たというのは間違い、もう大坂へ戻ろうという気持ちになっているかもしれない。父親との再会、というより、父親の記憶などはまったくないお志摩にとっては、父親に一目だけでも会いたいという願いが叶えられないのは遺憾ではあろうが、会えばどのような悲劇が待っていないとは限らない以上、あきらめて大坂へ戻る方がよいと正三にはますます思える。

三次は土産物屋の二階に一部屋を借りて、往来を見張っているということだったが、土産物屋に尋ねると、昨日から帰っていないという話だ。ということは三次はお志摩たちの跡を付けて、古市を離れているに違いない。お志摩たちはまた、志摩に訊ねる当てでも出来たのかもしれない。二人が少しずつ父親に近づいているのは喜ぶことかもしれないが、正三には逆に不安が募ってくる。

片手の不自由な浜蔵、その原因も覚えておらず、自らの名さえも思い出せない男、それでもその端々からはかつて大海原を行き来した精悍な船乗りの面影が失われていない。一目見れば、お小枝は気づくに違いない。もし、浜蔵が徳蔵なら。

正三はしばらく土産物屋の店先で当てもなく佇んでいた。雨が止んだので傘は畳んで片手に持っている。四半時（約三十分）も経たないうちに往来にお小枝の姿が見えた。お小枝もいち早く正三の姿を見つけ軽く会釈をした。見るからに戸惑った様子だ。お小枝の陰に隠れていたお志摩が正三を見つけて駆け寄ろうとした。お小枝はその手を取って引き止めた。周囲を伺っている。三次が跡をつけているのに気づいているのだろうかと、人ごみに三次の姿を探したが見つからない。それなら三次を撒《ま》いたのかもしれない。しかし、ここまで来て正三と会うのを避けようとする意図は分からない。もしかすると三次とは別に奉行所の手下が二人を付けているのかもしれない。どちらにしても、正三は二人と関わりがあることを今さら恐れる気持ちはない。

つかつかと人ごみの間を抜けるようにして二人に近づいた。

「お久しぶりです」

正三の挨拶にもお小枝は気もそぞろな様子だ。それならとお志摩に向かって尋ねた。

「お父上の消息はつかめましたか？」

お志摩は何か、答えようとした。それでも言いよどんでいるのはお小枝にすでに言い含められていることがあるに違いない。怪訝な顔をして参宮人が通り過ぎる。中に二人の女性が男に言い寄られているのかとでも推測したのか、お小枝に声を掛けてきた。

「御新造さん、お困りのようじゃ。こんな木葉めなんぞ、わしの手にかかれば、ひとひねりじゃ」

江戸者が二、三人、今にも正三に掴みかかろうとでもいう勢いで迫って来た。

「おおきに、けど、そんなんちゃいますねん。すんませんなぁ。あんさん、はよ行きましょ」

お小枝は慌てて正三の袖にすがるようにして土産物屋の脇道に正三を連れて入った。お志摩もあとに続く。

「なんじゃい、夫婦者か、下らん」

お小枝は男たちが立ち去ったのを確かめ、安心したように正三に改めて挨拶した。

「それはともかく、朝早うから、徳蔵さんをお探しに出ておられたのですか？」

「はぁまあ、そうだす」

お小枝はまた口ごもった。ほっとしたのも束の間のことに過ぎなかったようだ。

「宿に戻られるのでしたら、どこぞで中食でもいかがです」

正三の誘いにお志摩は顔をほころばせた。

「朝からなんにも食べてません。もうお腹が減って行き倒れになるかと思うとりました」

しかし、二人の話しを聞き出すには、正三には心当たりの適当な料理屋は思いつかない。二人には少し後戻りになるが、正三が泊まっている宿の部屋が一番だろうと誘った。二人はあまり乗り気ではないようだったが、それでも正三に付いて宿に戻った。

「ところで今日はどちらにお出ででしたか？」

中食を終えて正三は一服しながら尋ねた。二人ともまだ箸を置いていない。寺では自炊しているようだが、ご馳走とは程遠い食事の毎日のようだ。それに引き換え、この宿の料理はこの界隈の料理屋に劣らぬどころか、しばしば料理屋からの注文を受けて仕出しをしている。ただ中之地蔵芝居に近いというだけの理由で宿にしているが、毎日が宿の料理では贅沢すぎる。役者たちは宴席に呼ばれれば、宿に夕食を断って出かけている。正三はほとんど毎日、宿の夕食を食べてはいるが、逆に食傷気味でもあり、昼は簡単に湯漬にしていた。

「実は志摩の方に嬢様のご先祖の墓があるということで、尋ってまいりました」

「それはご奇特なことで・・・それで見つかりましたか？」

「へぇ、ございました・・・」

「ほう・・・」

食事の最中とは異なり、二人はまた困惑している様子だ。

「と言いましても、もう百年以上も放って置かれたお墓でっさかい、草に覆われた石の塊のようなもので・・・とてもお墓とは・・・ご住職も近々取り壊して新しいお墓にしようなどとお考えじゃったようです。もちろん、すでにご遺骨なんぞは志摩を離れる時に移されたそうだすさかい、もっと早うに処分されても一向にかまわんと親方も常々言っておられました」

「それでは何のために出かけられたのです？」

こういつまでも煮え切らない話しばかり続けていても埒もない。正三は思い切って本題に入ることにした。

「少しはお気づきのようですから、ずばっとお話させていただきます。いつまでもぐずぐずしていると、どんな事態が起こるかもしれません。あの、三次という男は道頓堀で御用を勤める者の手下《てか》のようです」

「それではあなた様も」

「いえいえ、わたしについては嘘偽りはございません。父は道頓堀の芝居茶屋の主で、わたしは一応、跡取りとなっています。けれど若い時分より芝居にばかり入れ込んでおりますので、万一、父になにかあったり、隠居などという話になれば、果たしてわたしに茶屋の主が勤まるものか、はなはだ怪しいものです。この度はお話しました通り、ここ伊勢の中之地蔵の芝居に呼ばれて参ったものです」

「三次さんがうちらを捕らえようとしておったのか・・・」お志摩は唇を噛んだ。

「いいえ、三次さんとて好んでかような御用を勤めているわけではありますまい」

「なんか、おかしい、思うておったが、やっぱりそうじゃったんじゃのう。嬢様、気を付けんといきませんぞ。どうも後をつけられているように思っておったが、やはり、あれは三次じゃった。いつぞやなんぞ、嬢様に髪飾りを買うてやるなんぞと申して、えらい大仰な髪飾りを買うてくれたそうじゃが、あれはどこからでも目立つための才覚じゃったにちがいない。嬢様、あのような物、捨ててしまわれ、でなければ、お返しなされ」

今にも泣き出しそうなお志摩の肩を抱きしめながらお小枝はきっとした目を正三に向けた。

「それで正三さんは三次さんとはどないな関わりだすか？　三次はんの御用をとうからご存知だったんだっしょ？」

「いえいえ、三次さんとは暗峠で声を掛けられたのが始まりです。わたしもやはり不審に思うことがありましたが、しかとは確かめることもできないまま、奈良の宿でしたか初瀬の宿でしたか、三次さんに捕り物じゃと打ち明けられ、仰天した次第です」

正三は三次とのいきさつを簡単に説明した。

「しかし、今、そんなことより、秘かにお確かめいただきたい人がいるのです。このままお二人が何事もなく大坂に戻られれば、それでよいのですが、大坂の方だけでなく、伊勢の奉行所も探索に乗り出している節があるのです。お二人が大坂に戻られても、それで事が終わらず、もしかするとお父上の探索が続けられ、お二人にも密入国の手助けという嫌疑がかけられないとも限りません」

「ではあなた様は親方を見つけなされたのですか？」

お小枝の表情は喜びというより畏れが溢れている。お志摩とは対照的だ。

「いいえ、わたしは徳蔵殿の顔かたちは存じ上げません。もっとも三次さんが所持されている手配書の似顔絵は拝見しましたが、随分、若い時分のもので・・・」

「では、親方が見つかったというわけではないのですね」

「さよで。しかし、もしかすると徳蔵殿ではないかと思われる人に出会いました。お二人なら確かめられるかもしれないかと思っております」

「うちは」お志摩が言いかけるのを遮って、お小枝がますます暗い顔で畳み掛けた。

「もし、そのお方が親方ならば、あなた様はどうなされるお心積もりなのです」

「もちろん」

「奉行所か三次に知らせるのですか」

「いいえ、そんなこと、出来る筈もありません」

「じゃが、匿えば同罪」

「しかし、わたしにはそのお方、浜蔵と申されますが、浜蔵さんがお父上の徳蔵様かどうか、分かる筈もありません。匿うもなにも、まったく知らないお方。と、取り敢えずはそうした振りをし、また心がけておれば、何か手立ても見つからないとも限りません。何はともあれ、そのお方を遠目に見て頂ければ、今後の方策の一助ともなりましょう。もし、浜蔵さんが徳蔵様とはまったくの別人であれば、このままそっと伊勢を発たれれば、何の心残りもございますまい。もし、他に当てがお有りになるなら、また別の方策も考えねばなりますまいが・・・」

「うちらは八方手を尽くしましたけど、何一つ分かりませんだした。もう諦めて大坂に戻るつもりでおったのだすが・・・」

「どうされます。何と言っても役人の目が光っております。別人ならよし、もしも徳蔵様となれば、たいそう難しいことになります。下手すれば、わたしも含めて皆、磔にならんとも限りません。遠目からご覧になって、そのままそっと離れられるのが、最善かもしれませんぞ」

お小枝はすぐには答えなかった。お志摩も当惑の色をますます深めている。二人は相手の気持ちを読もうとでもするように、互に顔を見合わせたが一言も発しない。

一服した正三は煙管を灰受けに叩き、吸殻を捨てると、懐紙で煙管を拭き始めた。浜蔵が浜辺の小屋に帰るのは口之芝居がはねてからだ。まだまだ日は高い。このままこの茶屋でゆっくりしているのも間が持たないだろう。時間つぶしにもなろうし、もっと詳しく徳蔵のことを知るのも今後の助けになるだろうと、二人に向き直った。

「どうやら、仲間の船乗りたちは徳蔵様が切支丹に改宗したなどと申し立てているようですが、そのようなお心あたりはあるのでしょうか？」

「滅相もない、切支丹なんぞ、ご先祖様にもおられる訳がありませぬわい。まして、今さら、さような邪宗に改宗なされる筈もございません」

「そうですか・・・それなら流れ着いた先で信者となられたのかもしれませんね」

「お父はんが切支丹じゃという疑いは晴らすことは出来ないんだすか」

お志摩は血相を変えている。目は真っ赤になりすでに涙が流れている。

「いえ、わたしには分かりようもありませんが、仲間の船乗りたちがそう申し立ていると聞きましたので・・・いやいや、まこと、独断に過ぎました。お許し下さい。じゃが、そうなれば、仲間は嘘を申し立てていることになります。嘘と分かればお咎めもありましょうに、かような嘘を申し立てる理由でもあるのでしょうか？」

正三は正直な気持ちで首をひねった。水手たちが船頭を陥れるなどとは考えにくい。ただでさえ結束の強いと言われる船乗りたちだ。ましてや嵐に会い漂流したとなると、少なくとも生き残った者同士は普通以上に強い絆で結ばれていてもおかしくなかろう。

「あの日は大坂の空は穏やかに晴れておりました」

「あの日？」

「親方の最後の船出の日だす」

お小枝は十年ほど昔のことを一つ一つ思い出を紡ぐように話し始めた。

その頃、徳蔵は船頭と言っても自前の船を持ち船頭を務める直船頭《じかせんどう》ではなく、雇われて船頭を務める沖船頭《おきせんどう》だった。

「九鬼水軍の海賊大将じゃったお方のご子孫が・・・」

「戦場《いくさば》と商いとでは大いにちがいがあるのでしょう。うちの亭主も親方にはえらいお世話になりましたけど、昔から親方の一族は金銭には拘泥なさらぬ方々じゃったようだす。直船頭ならばほとんど船頭一人の才覚で商いも出来、割前も決めることができます。じゃが、いつもいつも天気やら商いの相場とやらに恵まれるとは限りません。不運な目に会《お》うて一代どころか二代、三代にも負債を抱えならんことも珍しゅうございません。もちろん親方一人じゃのうて、うちの亭主のように親代々仕える手下も苦しゅうなります。手下の面倒を見るのは船頭の務めじゃとよう見てくださるお方が代々、続いたようだす。親方の代には数少のうなっていたとはいえ、親代々共にした船乗りが少なからず残っておりました。けれど最後の持ち船を手放す時、少し年下の楫取りのうちの亭主が残っているばかりになっておりました」

廻船では船頭、楫取り、賄いが三役に当たる。楫取りは水夫長、賄いは事務長とでも言うべきものだろうか。その下に水主《かこ》（水手などとも書き、櫓の漕ぎ手であるが、帆や碇の上げ下ろし、荷の積み下ろしなど作業一般を行う船員といえる）数人から十数人、それに炊《かしき》（料理番）がいる。船乗りの総数は五百石船で十数人、千石船なら二十数人というところである。楫取りは船頭の手足となるばかりでなく、口に出さなくても船頭の意図を読み取れる者が欲しいところだ。徳蔵にとってお小枝の亭主、長兵衛はそうした間柄だった。しかし、その徳蔵の最後の船出の船に長兵衛はいない。

「ある時、親方は廻船問屋から良い割前の話しを持ち込まれました。少し以前なら、うますぎる話には裏があるものと即座に断るところだした。その当座、御寮ん様はお産の後、元々あまりお丈夫ではなかったんだすけど、しょっちゅう重い病に罹るようになられました。その治療代やお志摩様をしかるべき家に預ける費用などもお望みだったんだっしゃろ。いつものようにわてにお志摩様を預けて乗り込なされました。わての亭主は別の船に乗っておりました。親方が乗り込まれた筑前博多の船の乗り組みは楫取り始め、初めて顔を合わす船乗りばかりだったんだす」

その船出の朝、徳蔵の妻がどうしても見送りをしたいと言って聞かなかった。しかし、しきりに胸の辺りを叩いたり、さすったりしている。気分が悪いのではと尋ねても、何でもないと言って、かすかに口元に笑みを浮かべる。

「今思うと、胸騒ぎだったんでっしゃろな」

六月下旬の暑いさなかでもあり、目眩《めまい》でも起きて倒れたらどうするのだと言っても聞き入れない。徳蔵は仕方なく、長兵衛の妻お小枝の抱くお志摩とともに木津川の河口まで見送りに来ることを許した。川口には大小の廻船が帆を下ろして舫い、わずかに緩やかな波に揺れていた。

「心配せんでえぇ。坊、ようけ土産買うて帰るからな」

まだ生まれたばかりの娘にわかるはずもないが、娘のお志摩は天真の笑顔で答えた。しかし、妻は涙ぐんだままだ。

「御寮ん様、そないに涙、見せると縁起悪うございます。さあさ、嬢《とう》様もこないに喜んでお見送りなさってじゃ」

「そうじゃのう、こないに天気もえぇことじゃし、何も心配せなあかんことないのう」

妻は袖で涙を拭いながら、敢えて笑顔を作り、艀に乗り込んだ徳蔵に手を振った。まだ無邪気に妻の手に抱かれている娘の笑顔を見ていた徳蔵は、ふと魔が差したように船を降り娘を抱いた。娘はなぜか急に泣き出した。しかし、それが今生の別れでもあるかのように徳蔵はあやし続けると、いつしか娘の泣き声も止み、また元の笑顔に戻った。徳蔵は手放すのを惜しむようにそのまま船に連れて行った。徳蔵が甲板に上がるとすぐに、

「頭、どないな気ぃしとるんじゃ。赤ん坊とはいえ、女な子を船に乗せるとは」

自分の娘を抱いて船に乗り込んだのを見つけた水手たちは徳蔵の周りに集まり口々に罵り始めた。

「なんで女な子を船に乗せたらいかんのでっしゃろ」お小枝は今、思い出しても憤慨に堪えない口調だ。「廻船には女の乗客も大勢おります。女な子を乗せなんだら三十石船なんぞ立ちいかんのちゃいますじゃろか。もちろん漁船や海賊船なら女人禁制も仕方ないかもれません。男はんばっかりの中で、女な子一人、乗り込んだら、そらどない騒動が起こるかもしれまへんじゃろ。

わてのような婆さんでも」

「そんな、お小枝さんはまだお若い」

「ともかく結束が乱れる原因になるから乗せるな、言われんでも、わてでも乗る気ぃにならしませんじゃろ。けど廻船だっせ。女な子じゃというて、なんでそないに罵られなならんのですか」

「そうですね、古くは女は縁起が悪いなどという考えもあったのかもしれません。嵐にあって難破しかけた船にたまたま乗り合わせていた女の乗客を、海に投げ込んだということもあったようです。随分、古い話で奈良の都の時代のことです。けれどこの船頭は投獄され罰せられたようです。ですから当時でも女を船に乗せたために災いが起こるというのは迷信だとされていたわけです。けれど同時に、そういう迷信を信じている船乗りもいたことにもなります」

正三の言う古い話とは天平宝字七年（七六三）渤海からの帰船が嵐に遭い難破した時、船頭の板振鎌束が同乗者の中に、学生《がくしょう》が妻と男子及び緑児と乳母を連れているのを「異方の婦女、今、船の上に在り」と言い立て、さらに優婆塞《うばそく》（男性の在俗信者）が「衆人に異にして、一食に数粒にして日を経ても飢えず。風漂の災は必ず此に由らずはあらじ」と学生の妻、緑児（おそらく女児）、乳母という女性三人と優婆塞の合わせて四人を海に投じたという事跡を指す。（『続日本紀』巻二十四、岩波書店『新日本古典文学大系』より）この船頭は帰国後、禁獄に処せられている。

始めから女性の乗船を拒否した訳ではなく、難破の原因を女性や異能の人物に事寄せている。

「もしかすると、血ぃの穢れとか、船に祀られている船玉様が嫉妬するとか言うんでっしゃろか」

「どちらにしても、おかしな話です」

「それはやっぱり、元々、見も知らない親方を船頭にするのに、他の船乗りらが疎ましゅう思うていたんちゃいますじゃろか。切支丹なんぞと言い立てたのも変じゃ」

水手たちの血相を変えた顔を見て、徳蔵は弁解することも出来ず、背中を押されるようにして娘を陸にいる妻に渡した。青ざめた顔をした徳蔵を見て、妻はその原因を作ってしまったことに激しく悔恨の涙を流し始めた。手を振りながらもまだ妻の涙は途切れることがなかった。胸騒ぎが当たった。しかし、それが嵐の原因であるわけはない。

「ただの偶然だす。慣れた海路でもあり、どこぞで嵐をやり過ごそうとなされたに違いありません。親方の船が難破したらしいと聞いても、そう言うて御寮ん様を慰めました。けど一年経っても二年経っても音沙汰ひとつありませなんだ」お小枝はなおも続けた。

「御寮ん様も初めは泣いてばかりおられましたが、乳飲み子を抱えて泣いてばかりいくわけもいきません。内職に裁縫やら洗濯やら何でもなさいました。元々は京都の御商家の嬢様であったとお聞きしております。お家が没落したかで大坂に下働きに出てこられたとこで親方に見初められたと・・・いえ、これはうちの亭主の言うことで、どこまでほんまのことか知りません。それにしても慣れない手仕事もなされながら、健気に嬢様をお育てなされておりました。嬢様もそれはそれは可愛らしいお子で、近所の悪餓鬼どもも人形のようじゃ、観音様のようじゃとしきりに遊びにまいりました。中でもあの三次さんによう似たお子は、わいの嫁じゃ、わいの嫁じゃ、とまだほんの生まれたばかりの赤子に向かってもうしました。やれ、でで子（でんでん太鼓）じゃ、やれ犬筥《いぬばこ》（犬張子、安産や子供の息災のまじないとされた）じゃ、それ桜貝じゃ、などとオモチャだけならともかく、まだ歯も生えていない嬢様にやれ花梨糖じゃ、と毎日のように土産を持って来たものでございます」

「そのお子は今は？」

「当時、十四、五歳でもありましたろうか、もう二年ほど前に嫁取りをなされ、もちろん、嬢様とはちがいます、今は可愛い娘さんもおられ、一人前の船乗りにおなりです」

「それはたのもしい」

「ええ、今でもやれ長崎の土産じゃ、松前の土産じゃ、などと珍しい物を欠かさず買うて来られます。ほんの嫁女どのが悋気を起こされないかと心配になるぐらいだす」

「それこそたのもしい男じゃないですか。それで母者人は・・・」

「御寮ん様は親方が戻って来られることは次第にあきらめなさったようだす。それでも霞のかかった海に廻船の姿が見えた時などは、親方を乗せた船ではないかと、じっと見つめ続けておられました。舳先に灯りの灯った船がゆっくり姿を現わすと、まるで幽霊を見たかのように親方の名を呼ばれ、次第に精気をなくして行かれました。そのうち重い病につかれ、とても放っておくことは出来ませんでしたが、どうしても親方を家で待つとおっしゃり、仕方なく嬢様だけを引き取らせてもらいました。といっても我が家と親方の家とは目と鼻の先、何の心配もしていなかったのですが、ある日、子供らがお婆んが死んでると駆けつけて来ました。わしらが親方の家に飛んで行った時にはもはや帰らぬ人となっておりました。あれほど美しかった御寮ん様も、ほとんど食も摂られず、骸骨のような姿で息絶えておられました」

正三にはお小枝の話しが珍しくもあり、同情しながらも今、仕組んでいる芝居の一場面のように頭に描いていたのも事実だ。徳蔵はやはり中村歌右衛門がよい。ふとしたことがきっかけで悪の一党に引き入れられ、やがては頭領になる。だが、昔馴染みに向かうと思わず一味の筋書きから外れてしまう。それが仲間の顰蹙を買い、やがては敵ばかりか味方からも追われる羽目になる。それにしてもあの古市芝居の奈落で力者を勤めている浜蔵は本当に喋れないのか、そればかりか記憶をすべて失っているのか、判然としないまま浜蔵の姿を徳蔵に写していた。さらにその姿は歌右衛門とも重なっている。

「ところが四、五年前、御寮ん様がお亡くなりになって五年も経っていましたか、いきなりお役人がやって来て、親方から知らせはなかったかとしつこうに尋ねられました。いくら、そんなもん、ありませんとお答えしても、信じようとはなさらず、うちらの荷物ばかりか、嬢様の荷物、持ち物まで行李をひっくり返してお調べなされたんだす。まだ幼い嬢様は怯えなされるし、うちの人がおろうものか、そないなことはお構いなく、家中、いうても小さな掘っ立て小屋みたいなもんだすけど、天井裏から床の下まで調べ上げられました。もちろん、何も怪しいもんなんてありません」

「怪しいもの？」

「へぇ、その時、親方に切支丹の疑いがあることを知ったんだす」

「つまり、徳蔵殿は生きていると？」

「へぇ、嵐に遭うて難破した船乗り仲間の幾人かが、唐船で帰って来たということだす。ほとんどは博多や瀬戸内の人で、知り合いなんぞは一人もございません。うちの人でさえ知らない人ばかりじゃった」

「その仲間の船乗りたちが徳蔵殿が切支丹に改宗したと申し立てたのですね」

「へぇ、呂宋の近くの島に流れ着いたということだす。その島か、その島の近くの島かに切支丹のお寺があったそうで、そこのご住職様に大変、よくお世話いただき、感謝の印に改宗なされたとか・・・皆様方が唐に送られることになった時も、親方だけはお残りなされて天主様にお仕えなされると決意されたとか申されるのです。そんな阿呆ぅなことあるわけないと仲間の方に聞きただそうとしましたけど、長い道のりを訪ねてゆくにも、嬢様を預けたり、家のことを任せる人も雇わななりません。とてもそんな余裕はありませなんだ。いずれ大坂の湊で会うことも出来るんじゃないか、その方を捕まえられるよう心しておくと、うちの人も申しますし、その方が角も立つまいとその機会を待つことにしました。けれどとうとう誰にもお会いできないまま今日まで来てしまいました」

「それなら、徳蔵殿は呂宋かどこかその近くの島に今もおられる可能性もあるわけですね」

「そう思っておったのですが、伊勢で見かけたという人が現れたそうで、お役所の方がまたお調べに来られたのですが・・・」

「とりもなおさず、その噂を確かめようとなされているのですね」

「じゃが、噂が真じゃったら、どないなるのでしょう?」

「では噂が真でない方が望ましいという訳ですね」

「いえ、それはそうとも・・・お志摩様にとってはこの世の只ひとりのお身内、わしらには大恩ある親方、どうなるものでもございませんけど、ひと目だけでもお会いしたいという気持ちは日に日に大きくなるばかり、うちの人も、なら、確かめに行けと快く送り出してくれたんだすけど・・・」

　お小枝もお志摩も会いたいという気持ちと裏腹に不安を抱えながら探していたのだ。それは三次も同じであり、また正三とて、このまま大坂に引き返してくれた方が有難いとの思いを捨てきれていない。そのことが浜蔵のことをすぐに言い出せなかった理由だ。そしてその気持ちはますます強まるばかりだ。

　三人はもっと詳しく知りたいという気持ちと確かめるのを躊躇する気持ちが交錯し、なかなか話が進まないうちに次第に日も暮れてゆく。中之地蔵の芝居も出番を終え、宿に戻って来た役者もいる。浜蔵もしばらくすると奈落の仕事を終え、浜辺の小屋に戻るだろう。余り暗くなってから行くよりも、本当は明るいうちに顔を確かめるのがよいとは思うが、そううまく事が運びそうもない。

「今日、明日にもと急ぐ理由はありません。けれど一度、顔を確かめて大坂に戻られるか、それともこのままそっと伊勢を離れるかは決めてもらわねばなりません。もっとも三次だけでなく伊勢の役人たちも少しは動いている様子ですから、そちらの方から手が回らないとも限りませんが・・・」

「手が回るとは？」

「今のところ何一つ確かなことはありませんが、浜蔵さんの方でも役人の動きを感じないとは限りません。そうなれば訳も分からないまま、またどこか別の所に身を隠すなどということも考えられないわけではありません」

「その方が親方かどうかを確かめられるのはうちだけでしょうか？」

「今のところはそのようですが、いざとなれば、仲間の船乗りを呼び寄せて、顔実検をすることもあるのではないでしょうか。そうなれば、お小枝殿よりも近々の顔かたちを承知している筈、あるいはお小枝殿には不鮮明でも、船乗り仲間の方が正しく見定めるかもしれません。別人ならよし、万が一、徳蔵殿ご本人ならば、たちまち捕縛されるでしょう」

「それなら、お父はんは死罪ですか？」

「いや、罪状次第、まことに切支丹に改宗されたなら厳しいお咎めも考えれましょう。じゃが、切支丹からまた改宗されたなら、難破して異国に漂流したという事情も考慮されるかもしれません。いや、一命は助けられるでしょう」

　お志摩の様子を見ていると、正三もそういう期待を込めざるを得ない。しかし、実際のところどうなるのか、百年も昔ならともかく、異国から密かに帰ってきたとか、切支丹のせいでとか、そうした死罪の話しは昔語りに過ぎない。このところはむしろ一揆で処刑されるという話しの方が耳にすることが多い。

「うち、遠くからでもひと目、お目にかかりとうございます」

　正三の言葉に惹かれるように、お志摩がしっかりとした声で言った。お小枝はなおも躊躇した様子でお志摩を見つめている。それでもお志摩の決意が刻々と固まっているのを知り、お小枝もはっきりとした言葉で正三に問いかけた。

「それなら、今からでもご案内いただけますか？」

　その言葉に惹かれるように正三は答えた。

「分かりました。この宿では口之芝居を出る浜蔵さんを捕まえることは出来ません。場所を移して待つことにいたしましょう。しかし、お二人ともお疲れではありませんか？　湯につかって一汗流す方がよいのではないですか？　何なら浜蔵さんの顔を確かめるのは明日にしても支障はないでしょう」

　正三は二人を気遣ったが、お小枝はきっぱりと、

「いいえ、折角その気になりましたのに、明日に延ばせば、気持ちも変わらんとも限りません。嬢様さえよければ、やはりこのまま、浜蔵様という方をひと目見とうございます」

十四　顔実検

三人はそそくさと昼食を済ませると宿を出た。街道はまた降り出した雨にせかされるように急ぎ足で駆ける人や駕籠、馬の往来で喧騒に溢れている。間の山一帯に宿を決め、あるいは帰郷の途上に宿泊する予定の旅人が留女の手を振りほどいて早足で先を急ぐ。正三は宿からもう一本、番傘を借りうけた。番傘をさして行くと一町（約百メートル）ほど歩いただけで汗が滲んでくる。蒸し暑さが日に日につよくなる。街道はすでに泥濘になり、一歩歩く度に泥が裾を汚す。お小枝もお志摩も汗ばんでいる。三人は口之芝居の向かいにある茶店で待つことにした。

「ここは？」

「ええ、浜蔵さんはあの芝居の奈落で働いておいでです」

「こないな近くにおられたのですか・・・それなら、やはり」

「やはり？」

お小枝の言おうとしていることは正三にも分かったが、本人の口から聞きたいと正三は思い、言葉を切った。

「やっぱり、別人かもしれませんな・・・一度や二度はすれ違ったかもしれませんのに、親方かもしれんと思うたことは一度もありませなんだ」

「もう十年以上、お会いなされていないのですから、その上、徳蔵殿は難破や異国での暮らしやら、いかいご苦労をなさったことでしょう。すっかり外見が変わられていても不思議はありません。じゃが、そのつもりで確かめられたなら、ご本人じゃと思われる点が見つかるかもしれません」

「そうだすな、お会いせな分かりませんな」

ぬるい茶を飲みながら時の経つのを待っていたが、口之芝居の木戸番、勘助の目に止まった。この雨では行き来する人も少なく、まして芝居に入ろうとする旅人も少ない。暇を持て余すように往来を眺めていたのだ。

「師匠、こないなところで油売ってるんだしたら、芝居に顔出してくれはったらよろしまっしゃろ」

「いやいや、すまんことで、今日は連れもおり」

「こりゃ気ぃつきませんで、えらい別嬪さんとご一緒だすたな」

お小枝、お志摩ともに恥ずかし気にうつむいた。

「なおのこと、芝居にお連れしてもろうたら、いつでもお入れしまっせ。もっとも今日のところは、間ものう打ち上げだす。どないだす、明日ならえぇ席、取っときまっせ」

「いや、わたしはそんな暇はありません」

「嬢《とう》はん、どないだす。明日、見物に来ませんか、おもろいもん、お見せしまっせ」

「おもろいもん？」

「奈落だす。セリ上げするとこ、見たことありませんじゃろ？」

この木戸番が二人を奈落に連れて行ってくれる。正三は思わずお小枝と顔を見合わせた。こうして茶店で浜蔵が出てくるのをじりじりして待つより、木戸番に連れられて奈落に行けるなら、間違いなく浜蔵を目にすることは出来るだろう。それなら、今からでもよい。間もなく芝居ははねるという。芝居がはねてからでも、力者たちが持ち場を離れるまでには時間もあろう。その様子をこっそりに見る方が相手に気づかれることもないかもしれない。

「勘助さん、ところで先日の男たちはまだ残っているのですか？」

正三はまず、浜蔵の所在を確かめるところから始めた。

「ああ、何人かはまだおりよります。大セリ上げはとうに終わっとりまぁさかい、後は二人ほどで足ります」

「あの片手の不自由なお人は？」

片手が手首までしかないと知れば、お志摩やお小枝はどれほど驚くだろう。しかし、そんなことは浜蔵が徳蔵と同一人物かどうかに比べると些末なことだ。しかし、やはりそう口に出すことを正三は躊躇した。

「浜蔵でっか、まだおるんとちゃいまっか。いやぁ、先だっての件で、何やらばつ悪うて、あんまり顔合わさんようにしとりまっさかい、実のとこ、確かなことは知りよりません。何か、浜蔵に御用でもお有りでっしゃろか？」

「用というわけではないのですけど、あれからどうなっているのかと・・・」

「別って変わったことはありませんけど・・・そういや、以前に比べて仕事に身ぃ入っとらんように見受けますな。いうても、支障あるほどじゃなし、気に留めるほどのこと、ちゃいまっけど」

「そうですか・・・浜蔵さんはよほど古くから芝居で働いていたのですね」

「いえいえ、昨年の秋からだす。大坂の役者はんらがお帰りになって、奈落の造作をした時に雇い入れた一人だす」

「へぇ、じゃあ、それまでは？」お小枝が思わず口を挟んだ。

「おたくらだすか？　人を探してる、いうんは？」

「へぇ、まあ」

お小枝は思わず口を挟んだことを悔いたが、今さら否定するわけにもいかず、言いよどんでいる。

「ということは、ご亭主だすか？」

「ええ、名ぁは違いますけど・・・」

「浜蔵は仮の名ぁだす。真の名ぁは本人も知りよりません」

「どなたがお付けになったんだすか?」

「仲間の者たちのようじゃ」

「仲間?」

「素性も国も分からん、いわば無宿者じゃが、乞食の仲間になって暮らしを立てておりまする。中には妻や子がおるものもいる。じゃが、浜蔵は手と足が悪いだけじゃのうて、何にも覚えておらぬ。皆とともに暮らすのも嫌がって、一人、浜で暮らしておる。それじゃによって浜蔵と名付けられたと聞いております」

「で、いつ頃から、浜にお住まいなのです?」

正三にも少しずつ事情が飲み込めてきたが、まだ分からないことは山のようにある。

「詳しゅうには知りませんが、一年ほど前に現れたようじゃ。なにせ、名ぁも昔のこともなにも思い出せんようで・・・ただ、伊勢の浜に来る前にはどうやら、志摩のどこかで漁師をしていたようじゃ。一度、志摩の小さな村の網元が浜蔵の様子を探りに来たことがあったそうじゃ」

「えっ、志摩においでだったのだすか?」お小枝がまた口を挟んだ。

「何か心当たりでもあるのかいのう?」勘助はまたも疑念を持ち始めたようだ。「大坂の者が志摩で漁師をしていたとは不思議なことじゃ。もし、浜蔵がお前さん方が尋ねる人であったとしたらのことじゃがのう。もっとも網元も浜蔵が何者かは、知らなんだようじゃが」

「そういうことでしたなら、浜蔵さんは元は志摩の人ではないということですね？」

「そうなりますなぁ・・・わしらはその辺のことは聞かせられてはおりません。垣外《かいと》か奉行所ならご存知でありましょう」

「分かりました。これ以上、お手間を掛けるのも心苦しいのですが、今、お二人を奈落に案内して、浜蔵さんの顔を確かめさせてはもらえないでしょうか」

　正三の頼みにお小枝とお志摩は頷いて、勘助を期待の眼差しで見つめた。

「師匠のお頼みを断るわけには行きますまい。よろしい、付いて来なされ」

　奈落の底に入る最後の階段のところで、お小枝は立ち止まった。数本の蝋燭で照らされていたが、人の顔を見分けるには暗すぎるようだ。二、三人が何やら小声で話していたが、勘助が近づくと、ぴたりと話をやめた。

「親方、また、何ぞ、ありやしたかいな」

　中の一人がぞんざいな口調で話しかけた。どうやら、あの事件以来、親方の威厳はかなり失われているようだ。

「いや、ちょこっと様子、見に来ただけじゃ」

　勘助は階段の方を振り向いたが、階段のところは奈落の底よりさらに暗く、人影ばかりは見えるであろうが、男か女かさえ見分けられないだろう。勘助もまた、お小枝らを近くに呼び寄せてよいものかどうか躊躇した。その上、力者の中に入って四方山話をする気もなく、芝居も打ち上げになると、木戸口の雑踏の取締もしなければならない。こんなところで持て余す暇はない。階段口に戻ると小声で言った。

「あの、とりわけ背ぇの高いのが、浜蔵じゃ。ここからじゃあ、見分けられんじゃろ。呼んでやろか？」

「いいえ、結構だす」

男たちも小声ながら女の声はすぐ聞き分け、階段口を見やった。しかし、暗がりでは若いのか年取っているのか、顔では見分けられまい。お小枝はそれだけ言うと、お志摩の袖を引いて階段を戻って行く。男たちもしばらく興味ありげな様子だったが、敢えて話しかけることも、近づいて確かめようともしない。正三と勘助は慌てて二人の後を追うように階段を上っていった。

「どうやら人違いのようだす。えらいお世話かけました」

芝居小屋の木戸口まで来るとお小枝は勘助に平身した。

「さよか、そら残念じゃったのう」

勘助は首を捻りながらもそれ以上は興味ないかのように、木戸番の番台に登っていった。

通りに出ると、傘《からかさ》もささずお小枝は木戸を振り返り振り返り挨拶をする。正三はお小枝のあまりの丁寧さにあっけにとられ、話しかける暇もないまま見やっていたが、勘助もうんざりしたように仲間の輪に入っていった。それを確かめるとすぐに、お小枝はきっと目を正三に向けた。

「間違いありません。親方だす。あのお方は嬢様のお父上だす」

「えっ、まことだすか？」お志摩は明らかに動揺している。

「そらぁ、風体《ふうてい》はえらい、違うとりますけど、あのお方は親方だす」

「何で」と言いかけてお志摩は言葉を飲み込んだ。お小枝が嘘をついた理由は明白だ。お志摩でさえ、お小枝が先ほど「人違い」と言ったのを聞いて、ほっとしたのだ。大坂を発つ時には噂が本当であればいいと願い、それを確かめるためだけに勇んでいたが、数日、伊勢で脚を棒にして探しているうちに次第にはやる気持ちは覚め、むしろ本人であった場合に降りかかる厳しい状況を重く感じ始めていた。

「親方のお住いはご存知なんでっしゃろ？」お小枝が正三に尋ねた。

「えぇ、存じております。しかし」

「しかし？」

「先ほども浜蔵さん、いえ、徳蔵殿はお小枝さんに気づかなかったようじゃ。どうやら、何も覚えておられぬだけじゃのうて、口もきけないようです。今、突然、娘じゃと名乗られても、何のことか分からないかもしれません。却って不審な行いでもされれば、それこそ役人の出番となるかもしれません。ここはしばらく、様子を伺うだけにしておいて、もう少し、徳蔵殿が難破以来、どうなされて来たのか、分かるだけでも調べてみませんか？」

「そうじゃのう、あの三次という男からも、わてらの知らないことを聞き出せるかもしれませんのう」

「特に、この伊勢の大浜にたどり着く前には志摩におられたようじゃ。どうしてそこからこの地に移って来られたのか、その辺りの事情も気になります」

「ほんに、親方が難破されたのは、もう十年以上も前になります。五年ほど前には仲間の船乗りたちは長崎に戻り、親方は切支丹に改宗したため戻らなんだと奉行所に申し立てました。それが真なら、志摩に着いたのは早くとも五年よりこっちということになります。五年としても四年ほどは志摩にお暮らしだったことになり、志摩での暮らしぶりなんぞは、もっと知らなぁなりませんなぁ」

お小枝は筋道立てて徳蔵の事情を整理した。正三は改めてお小枝の頭の冴を感じずにはいられない。ぼんやりとお小枝の顔を見ていた。

「親分、どこ行っとたんだすか」

突然の甲高い声に正三ら三人だけでなく、街道を行く旅人や見世の者までが一瞬、静まり返った。雨と雑踏にもかかわらず、笠を被っただけの三次の声は何故かよく通る。

「三次さん、いつの間に来てたんだす」

お志摩の不安顔にはさらに困惑が加わった。それは正三とも同じことだ。今、ここで三次に出会うのは余計な荷物を抱えるよりも都合が悪い。ましてや、万一、今の話を一部でも立ち聞きされていたら、勘のいい三次のことだ、すぐに徳蔵の件だと嗅ぎつけよう。

「さっきから、気ぃついとりました。あんまりお三人の仲がよろしいんで、声かけそこねとりました。いやいや、ほんまもんの親子三人連れみたいで」

「また、てんごうばっかり、お師匠はんに失礼だっせ」お小枝も気が気でない。三次の軽口に付き合う暇はない。それでもあまりに邪慳にすると却って怪しまれるとも思う。「うちと師匠とは母子くらいの年の差ありますます」

「そんなこと、ありませんで。お小枝さんはほんま、お若い。親分の御寮んはん、言うても通じます、なあ、お志摩ちゃん」

「そうだすなぁ、けど、うちとお師匠はんが夫婦《めおと》に見えませんか」

「そらない、そらない。そんなこと有り得ません」三次は真剣に否定する。「親分とお志摩ちゃんなら、やっぱり父子じゃや。そうだっしゃろ、親分」

「勝手に何とでも言うておけばよいわ」正三はむっつりしりたままだ。「それより、今日はどこに行っておった？　まさか・・・」

この雨のせいか、三次には正三とお小枝の立ち話は耳に入らなかったようだ。この際、三次はお小枝とお志摩の二人の後をずっと付けていたのかと聞いてもよかったが、二人に三次の素性を明かしたことはもうしばらく置いておこうと考えた。

「へぇ、知り合いんとこだすがな」と三次は作り笑いでごまかした。

「そしたら、うちらは宿に戻ります。また、師匠にお頼みせなあかんことがありましたら、宿の方に寄せてもらいます」

お小枝はそう言うと、心残りのある様子のお志摩の手を引っ張って大林寺に通じる路地に消えていった。

「お頼みってなんだすねん?」三次は怪訝な顔をした。

「いや、それ、ちょっと用立てたんじゃ」

「路銀にお困りだすか?」

「当座の小銭じゃ」

「そうだすか・・・それはともかく、今日はちょっと気になる話しお聞かせせなりません。どこか静かなとこないでっしゃろか。だいぶ、雨に濡れてもたし」

と、言いながら三次はどんどん中之地蔵の方に歩いて行く。もう正三の宿に行くものと決めているようだ。

＊

「こら、関係ないかもしれませんけど、志摩の方でちっくら気ぃになる噂を聞き込んだす」

ひとしきり夕食を食べ終えると、三次は待ちきれない様子で話し始めた。

「なんでも、数年前、志摩の沖合にある小島に一人の男が住みついたそうだす。どこから来たんか、いつ来たんか、よう分からんけど、もちろん、人っ子ひとり住んでおらん島でどないしてか、生きておったようだす。ある時、人の住んでおらん筈の島から火の気が見えたそうで、誰かが遊んでいるのか、思うてたんだすが、それが十日も続くと、さすが、こらぁ、おかしい、どっかから流れ着いたに違いない、と、舟を出して救いにいったそうだす。年の頃は四十歳代半ば、髭も髪も伸び放題、痩せこけた姿から難破してたどり着いたに違いないとみな、納得したそうだす。ところがこの男、なぁんも覚えておらん、名ぁもどこから来たんか、どうしていたのか、年の程も親兄弟のことも、覚えておらん様子じゃったそうだす。へぇ、様子っちゅうのは、口もきけないんだからで、何を聞いてもぽかんとした様子で、返事ひとつ出来なんだそうだす。ともかく、こないな人のおらん島に放っておくわけにはいかんと、村に連れ帰ったそうだす」

ここまで聞いただけで、正三にはそれが浜蔵、いや徳蔵にほかならないと分かった。吸いかけていた煙草も燃えるにまかせ、煙管を口にすることなく、灰吹に煙草を捨てた。

「して、それは何時頃の話しじゃ？」

「へぇ、三年程、以前のことのようだす」

「それ以前のことはどうなのじゃ？　まったく分からないのか？」

「へぇ、最前、申しましたように、口もきけん、覚えておることもない、そんな男にいくら尋ねても埒あきまへんじゃろ。じゃが、近隣の村々で、機会のあるごとに問い合わせたところ、どうやら紀州の熊野辺りから流れついて来たようだす。それも相当、昔からそこらで暮らしを立てていたようで、時に気の毒がられて施しを受けたり、ちょいとした手伝いで米なんぞをもらったりしておったようだす。けど、どの村にも居着くことはのうて、来た時と同じように、ある日、居のうなるということじゃったようだす」

「ふぅん、それでは、いや、万一の話しじゃが、お志摩の父御じゃとしても、確かめようがない」

「さいでやす」

「それなら、おぬしも用済みじゃ。明日にでも大坂にいねばよい」

「へぇ、その積もりでお奉行に申し上げに行ったのだすが・・・」

なぜか三次は言いよどんだ。急に落ち着かない様子になった。

「どうかしたのか?」

「へぇ、掛りのお役人が申すには、その口のきけない、記憶のない男が徳蔵でないと決まったわけではない。しかし、その男はどうやら、五年より以前には紀州にいた様子じゃ。難破した仲間が長崎で証言した五年程前には徳蔵はまだ呂宋辺りにいた筈であり、相入れぬ。もし、その男と徳蔵が同一じゃとすると、仲間の申し立てが嘘か間違いということになり、きゃつらを今一度、糾問せざるを得ない。こいつはえらいことになるぞ。そのことを肝に銘じてもう一度、詳しゅうに調べて参れ、まあ、こんな風に叱られたんだす」

「なる程、それは一理ある。すると、おぬしは明日また志摩に調べに行かなぁならんという訳か」

「さいでやす。親分、手伝うてくれはり・・・無理だっしゃろな」恨めしそうに正三を見る。

「当たり前じゃ。わしはほんに、芝居に精出さなならん。気の毒じゃが、そなた一人でやってくれ」

　と言いながらも、正三は思いめぐらす中でふと、思い付いた。

「じゃが、もし、お志摩、いやお小枝さんが、その男が徳蔵ではないと認めれば、二人は関係ないことになり、おぬしも無駄足になるわけじゃが、少なくとも徳蔵という噂の男など伊勢にはいなかったということでひと仕事終えられるのではないか」

「さいだすな。噂が真でないなら、それにこしたこと、ありませんしな。けど、その男とお小枝さんを会わすことが、まず、出来ませんがな。その男を探し出そうとして、未だに見つけられんのでやす」

「そのことじゃ。最前、その男が志摩の小さな漁村に拾われたところまで聞いたが、その男は今でもそこにいるのか？」

　もしそうなら、徳蔵と似たような男がもう一人いることになる。それはまた厄介なことではあるが、その方が事を処しやすいようにも思える。

「それだす。もうその村にはおらんようだす」

「そうか、おらんのか」正三はため息をついた。

「親分、なに、ため息ついとりまんねん。ため息つきたいんはこちとらだ。もうちょっと詳しゅう話は聞けますすじゃろ。けど、その男とお小枝さんを会わせることなんて、とても無理だっせ。

これだけ伊勢中、探しても見つかりません」

「そうじゃの」

　お小枝はすでに徳蔵を確認している。その通り三次に言うことは、その後の筋書きが何一つ出来ていない今、出来るわけがない。あるいはお小枝に浜蔵は徳蔵ではないと嘘をついてもらい、このまま大坂に引き上げる手はあるかもしれないが、それでは折角、ここまで漕ぎつけた甲斐もない。それよりも嘘をついたまま、三次を何とか利用できないかとさえ思う。しかし、人の良い顔をした無邪気そうな三次を見ていると、そんな小細工を考えることさえ気が引ける。しかし、徳蔵をどのようにして無事にお志摩と暮らすように出来るのかと考えると、小細工の一つや二つ、しないわけにはいかない。何と言っても踏み絵もせずに日本に戻って来た男なのだ。たとえ本人がいかに頑強に否定しようと、実際には一言も発することはないだろうが、仲間の証言により、切支丹とされてしまうだろう。たとえそこで踏み絵をしたとしても、果たして無罪放免となるかは定かではない。

　一旦、国外に出た日本人は二度と、日本に足を入れることは出来ないという法が定められて久しい。漂流者などは例外的な措置にすぎない。長崎の奉行所を経ずに帰国した者はそれだけで密入国とみなされ死罪に処せられる。大抵の漂流者は中国かオランダの船で日本に送り返される。そうした法が定められてから、ポルトガルの船が漂流者の返還として長崎に来航したことがあるが、漂流者は受け入れられたがポルトガル船の長崎入港は断固、拒否された。後年、ロシア船による大黒屋光太夫の帰国に当たった時も同じ措置が取られている。

それにしても、仲間の証言はどうなのだろう。もし、仲間らが帰国した時、すでに徳蔵が帰国していたとすれば、仲間との間にやはり何か揉め事があったとしか考えられない。今の徳蔵にそれを確かめることは出来ないだろうが、あるいは仲間を糾問すれば、その事情も明白になるのかもしれない。しかし、矛盾のない事実が明らかになったとしても、徳蔵が無罪放免となるかどうかは、まったく予想も出来ない。そのような危険も出来れば避けたいものだ、などとあれこれ考え巡らすだけで、これといった方策は何一つ浮かばない。

「もう、わて、帰りとうなりましたわ。お志摩ちゃんとて、このまま大坂に戻った方がいいんとちゃいますか」

「その方がよいかもしれんのう。それでその男は志摩の村からどこに移ったというのじゃ？」

「それが分からんのだす。一年ちょっと前のことのようだすけど、村で何か揉め事があったようで、それに巻き込まれたかして、その男の住いが襲われたそうだす。いや、手足の骨が折れたくらいで命に別状はなかったようだすけど、それに恐れをなして逃げ出したということだす」

「おぬし、随分、詳しゅう調べたもんじゃ。見かけによらん」

「わて、そないにうすのろに見えまっか」

「そないなことないけど・・・おぬしには心安うなれるところがある。おそらく話しやすいんじゃろ」

「へぇ、そうだす。お前には隠せん、よう言われます。それはともかく、親分、やっぱり伊勢で見かけたっちゅう話しは嘘ちゃうかもしれませんな。どこに去《い》んだか志摩のお人は知らんようだしたけど、お志摩ちゃんの父御、いや、父御らしき男が伊勢におっても不思議はありません」

「伊勢というても広い、それに、徳蔵の知人が見た時は伊勢にいたかもしれんが、もう今は伊勢を去ってどこぞを流れ歩いているかもしれん」

「そらそうだす。けど、お志摩ちゃんらが伊勢にいる間は、わても大坂に帰るわけにはいきません。何とかお二人に大坂に戻るよう説得してもらえませんじゃろか」

「そうじゃのう、それなら難しゅうはないじゃろ」

「なら、明日はわてはもう一度、志摩の探索、親分はお志摩ちゃんの説得、こう二手に分けて、みんな無事に大坂に帰れるよう塩梅しましょう」

「・・・」

「よろしまっしゃろ、親分」

まだ腕組みしたままの正三の耳元で三次は甲高い声で念を押す。正三にはまだ納得がいかないことがある。浜蔵と呼ばれた流れ者と志摩を追われた男とが同一人物と奉行所ではまだ確信していないようだ。たとえ一言も発しなかったにしても、伊勢と志摩とでは目と鼻の先、というより隣り合った小国同士だ、それぐらいのことは早々に掴んでいてもおかしくないように思えた。しかし、それは双方の事情を知った今だからこそ、自明に思えるだけかもしれない。

「三次さん、一つ教えてくれぬか」

「親分、またご丁寧に。三次と呼んどくれやす。三次さんなんて呼ばれるとむず痒うなってきまっさ。どんなことでっしゃろ?」

「つまり、奉行所では口のきけない男が伊勢に流れ着いたとは知らないわけじゃな」

「さあ、お奉行所がどこまで知っておったかは、わてには分かりません。親分、さっきから様子おかしまっせ。もしかしたら、その男に心当たりあるんとちゃいますか」

「いや、そんなことない。じゃが、そうした男は伊勢でもちょっと目立つのではないかと思っただけじゃ。まあ、伊勢には一文も持たぬ乞食同様の旅人がようけおるし、垣外小屋に引き取られるそういった者も少なくないらしい。そのお人がお役人の目に止まれば、奉行所も関わったのではないかと、ふと思っただけじゃ」

「わいにはとんと分かりません」

「ところで、もう一つ知りたいんじゃが、志摩での揉め事とは何なのじゃ?　まったく分からんのかいな」

「へぇ、それについてはわてもしつっこうに尋ねたんだすけど、迷惑げな様子だしたなぁ。何やら言いにくい事情があるんかもしれまへん。その点も明日、もう一回、しつこうに尋ねてみます」

「それなら、ついでと言っては何じゃが、志摩でのその男の暮らしぶりとか、様子とか、もう少し明確に知らせてくれぬか。志摩にたどり着くまでにどこに暮らしていたのかは分からないにしても、他所から移り住むにはそれだけの訳があったに違いない。そうそう、それに年格好も」

三次は正三の言葉を遮った。

「へぇ、ようけ尋っねななりませんな。よろしま、乗りかかった船だす。徹底的に尋っねてきます。へ、へ、へ、乗りかかったんは親分の方だしたな。けどもう一味同心だす。こうなったら親分も本腰入れて、徳蔵探索に乗り出してもらわなななりませんで」

「うぅん、どうしても徳蔵をお縄にしたいのか？」

「ちゃいま、ちゃいま、お縄にならん方策を見つけてもらわなならんと言うとるんだす」

人の良さそうな顔で必死になっている。その時、

「正さん、聞いたか」

と、突然、襖から嵐三右衛門が顔を出した。しかし、

「あっ、客人かいな。すまなんだ」すぐ、引っ返そうとする。

「わいのこったら、もう、去ぬとこだ。なら、親分、よろしゅうたのんます」

「親分？」

「あっ、いや、若旦那のこってす」

「承知じゃ、承知じゃ」正三はあたふたと返事する。三右衛門にまで奇妙がられてはたまらない。

「正さん、こっちも頼み事じゃ」

三次が帰ると、三右衛門が改めて正三の前に正座した。

「加賀屋が明日、明後日にも伊勢を発つらしい」

「ふぅむ、明日、明後日ですか・・・」

いよいよ中村歌右衛門は伊勢を発ち、江戸に向かうことが本決まりになったようだ。それにしても明日、明後日とは、正三にも思いがけないことだ。座本の坂東豊三郎にすれば契約違反でもあり、憤懣遣る方ないであろう。目の敵とみなされていた三桝大五郎は最早、遺恨はないだろうが、こうした我が儘はままあることとはいえ、一座の士気にかかわることに違いはない。すでに小詰（大部屋）役者の数人は名古屋や他の土地に当たりをつけだしたことも耳にしている。

「歌七（歌右衛門の俳名）さんを引き止めるのは、わたしには無理ですよ」

「そうじゃろなぁ、前から決めておったようだしなぁ。もうこの一座は立て直しはきかんかのう。何とか京まで持たせたら、手立ても見つかるかもしれんにのう」

沈んだ気持ちになっているのは三右衛門ばかりではない。しかし、三右衛門はこの伊勢の興行の勢いを買って京都にもどり、もう一度、座本としてやり直せないかと密かに目論んでいるようだ。

「あのう、女子衆《おなごし》様がおたずねだす」

襖の外から宿の女が声を掛けた。お小枝とお志摩だろう。最前、古市で別れた時、宿に訪ねてくるようなことをお小枝は口にして別れた。外はすっかり暗くなっている。もう今日はこれから、徳蔵に会いに行くことは無理だろう。二里程しか離れていない所に徳蔵の住いがあるとはいっても、話をして帰るとなるとおそらく夜更けになるだろう。雨の中をあの暗い谷川沿いの道を行き来する気にはなれない。宿の女に案内されて二人が部屋に入ってきた時、三右衛門はすでに気をきかせて自分の部屋に戻っていた。

「今のお人は？」

部屋に入ってくるなり、お小枝は尋ねた。部屋を出てゆく三右衛門とすれ違ったのだ。

「嵐三右衛門殿です」

「やっぱりそうだしたか・・・地顔も色男だすな」

「お小枝さんは三右衛門の贔屓なんじゃ」お志摩が口を出す。

「嬢様、余計なことを」と言いながらも、嬉しそうに袖で口元を隠した。

「色紙でも頂ければ、お小枝さん、一生の家宝だすな」

「嬢様、そんなこと・・・」

「まだ、伊勢にもしばらくおられるなら、一度、舞台も見てやって下さい」正三は心ここにあらずという様子で答えたが、すぐに気を引き締めた。

「三次が申すには、お二人がこのまま大坂に帰られたら、噂は人違いということでおさまるじゃろ。お二人が伊勢におられる限り、自分も帰れないと嘆いておりました。それももっともなことと思いますが、お二人はどうなさるおつもりですか」

二人は顔を見合わせた。決め兼ねている。

「何としてでも徳蔵殿と顔合わせをなさるか、それとも、奈落で垣間見られたのをよしとなさるか」

　正三の言葉を遮ってお志摩が気追い込んで喋りだした。

「やっぱり、このままじゃぁ、うちは心残りだす。手ぇの届くとこに来ておりながら、知らん顔して帰ったら、後々まで悔いがのこりそうだす。一緒に手を取り合うて帰るのが無理なら無理で、お父はんに分ってもらわな」

「そうだす。わてもその通りじゃと思います。けど、大坂にお連れすることは難しまっしゃろ。それに昔のことや自分のことがみんな忘れてしもうていなさるなら、その上、お体もお悪いなら、大坂にお連れしたところで生計《たつき》の方策があるわけでもありません。この地でも、どこか他の地でも密かに暮らしていなされば、時折、いや、始終、使いを送って暮らしの立つように計らいます」

「そうじゃ、そないにお父はんにお伝えして、消息が途絶えんようにしていたら、いつか、みんな思い出さはるかもしれません」

「そうですか、お二人とも、徳蔵殿と顔合わせをなさる気持ちは変わらないのですね」

「へぇ、どうか、親方の住いに連れてやって下さいまし」

　この宿の座敷でもあちこちから賑やかな音曲が鳴り出した。廊下を走る宿の女や客の声が絶え間なく聞こえる。この宿の厨房は階下にあるため、梯段を上り下りする足音も絶え間ない。用足しにも階下に降りなければならず、そうした不便も多々あるため、料理や見晴らしでは中之地蔵界隈では最高級に番付られているが、意外と馴染み客は少ない。芝居の役者たちが十人程、数か月滞在するのが一番の馴染みと言えるかもしれない。値も相当なものであり、むしろ料理付きの貸座敷といった趣きもある。それでも伊勢参りの一番の季節のため、おそらく空いている部屋も座敷もないと思われた。正三と三次の夜食の膳を引いた後は、宿の女も一向に顔を出す気配もない。

「正さん、おいでか?」

この日はなぜか、次から次へと声が掛かる。今度は中村歌右衛門であることは声ですぐに分かった。正三は座ったまま急いで返事した。

「ちょっと来客がありますので、すぐにお声を掛けます。部屋でお待ちいただけますか」

返事がなかったので、あわててお小枝に向かって用談を済ましてしまおうとした。

「今から徳蔵殿の住いにお連れしても、おられるかどうかも分かりません。今日明日どうなるというわけでもなさそうですし、明日、徳蔵殿に話を通しておきますから、今日のところはこのまま宿にお戻りいただけませんか」

「そうだすな、何やらお忙しいご様子、うちらのことでご迷惑をさんざ、おかけして申し訳もありません。じゃが、もうしばらくご面倒をお願いいただけましょうや」

「もちろん、そのつもりです。こちらの思惑が伝わるかどうかは分かりませんが、明日は間違いのう徳蔵殿と話してみます。今日のところは」

「へぇ、嬢様、まだ、開いている見世もありましょう。見物かたがた古市を散策いたしましょう」

「おじ様、今後ともよろしゅうお頼み申します」

丁寧に手をついてお辞儀をするお志摩の様子はとても十二、三歳とは思えない大人びた姿だ。

二人を見送りに先に立った正三が襖を開けると、廊下の奥で歌右衛門が立ったまま煙草を吸っている。

「親方、そないなところでお待ちとは」

「ははは、部屋に戻ると、またぞろ、来客もあろうと、こうして逃げておった」

奥の暗がりから煙管をくわえたままの歌右衛門が悠々とした足取りで近寄ってきた。

「親方・・・」お小枝が呆然とした面持ちで口にした。

「親方、どうぞ中へ」正三が歌右衛門を部屋に通そうとした。

「この親方は？」お小枝は正三の袖を掴んで尋ねた。

「加賀屋の親方です」

「はぁ、歌右衛門丈だすか」

「その通りで・・・お二方が大坂でご覧になった『天の羽衣』でも、たいそうお世話になりました。ご存じでは？」

　歌右衛門は正三とお小枝のやり取りなど気にもかけずに部屋に入ると、座布団の一つに腰を下ろし、また悠然と煙草を吸いだした。

「ほんま、どっきりしました。親方が、あ、いえ、うちの親方、徳蔵様かと見間違いました。薄暗い所なんで、顔付きはともかく、体付きがそっくりじゃった」

「そうですね、わたしも前々から、そのように感じておりました。やはりお小枝さんもそうお思いですか」

「明るいところで拝見しますと、別人に違いありませんけど・・・加賀屋の親方様は天下の大悪人にぴたりとした立派な顔付き」

「そうですね、徳蔵殿はなかなか」

「そらぁ、お若い頃は大変な評判でございました。その血ぃを嬢様も受け継いでおられます。母御寮ん様も別嬪だしたによって、親方はたいそう御執心であられましたなぁ。十年一昔、それ以前のことだすが、昨ん日《きんの》のことのように思われます」

「どうやら、わしのことが棚卸されてるようじゃが、何なら御同席してもらえませんかな」

　座敷で煙草に余念ないと思われていた歌右衛門は、正三らの会話を漏れ聞いたのだ。

「いえいえ、親方には内密の相談もありますｌ」

　正三は少しお小枝らの顔色を伺いながら婉曲に断った。

「まだ、夜は長い。どうじゃな、御寮人殿、酌でもしてもらえれば有難いが」

「わてらのような田舎者に、もったいのうございます。じゃが、お望みなら喜んでお酌させて頂きます。嬢様、よろしいじゃろ」

お志摩は小さく頷いた。こうなれば仕方ない。正三も三人に付き合う以外はない。

十五　詭計

「早速じゃが」

三人が車座に座ると歌右衛門はすぐに切り出した。

「似ていると言われたのが気になってのう」とお小枝の顔をじっと見た。「どなたに似ておるのかのう」

「あっ、いえ、申し訳ありません。お耳に入るとは思いもよらず、つい世迷い事を申し上げてしまいました」

「いやいや、一昨夜も酒の席で似ている、似ているという声が聞こえて気になっておったのじゃ。正さんも知っておるじゃろ」

しかし、詳しく説明するだけ事態が紛糾することは歌右衛門であろうが、嵐三右衛門だろうが同じことだと正三は口をつぐんだ。

「御寮人様、わしはどなたに似ておるのじゃ？」歌右衛門はなおも問いただす。

「ほんに、世迷い事を申しまして・・・いえ、わたしの旧主にそっくりな気ぃがしただけだす。わたしの主はあなた様のようによい男」

「なる程、わしより遥かによい男じゃったのか？」歌右衛門はお小枝を遮って大きく笑い声をあげた。「そなた様の主と申されるのは御亭主殿のことであろうな」

「いいえ、うちの人の御主人様でございます。この嬢様の御父上様で」

「ほう、そなた達は母子ではなかったのか」

「へぇ、時々間違われます。親方、いいえ、わたしらの御主人のことだすけど、親方はこちらの嬢様に瓜二つでございます」

「ははぁ、そのようなお方がわしに似ておるとは少々解《げ》せんわい。わしは泣く子も黙ると、時に、見ず知らずのお方に頼まれることもある。わしが笑ってやるとどんな赤子でもびっくり顔になって、ぴたりと泣き止むのじゃ。ははは」

歌右衛門は一人楽しげに、膳に残っている冷めた燗酒を空いている茶碗に入れて呑み干した。そして悠然と煙管に煙草を詰めている。すっかり腰を落ち着ける積もりだと、正三も仕方なく座り直した。お小枝とお志摩の二人も戸惑いながらも座った。

「さて、一昨日のことじゃが、わしに似ておると申されたのは、志摩の漁師の方々でのう、正さんが帰った後も長々と飲み明かしておったのじゃ。さすが漁師の方は飲みっぷりも違う。わしがもう結構と申しても、一向に承知なされず、ようやく広間を立った時には夜も白々と明け始めていた。その間、さすがの漁師と申したが、さすがの漁師の方々でさえ、酔いは回ったようじゃ。そのわしに似ておるという男について、色々と方々の口に上っていたのじゃ。わしは何も聞き耳を立てる気なんぞ、毛頭なかったのじゃが、何か気になってつい、こちらも聞き直すことさえあった」

一昨夜、歌右衛門を置いて席を立ったのは早計だったと、正三は後悔した。それでも歌右衛門はどうやら徳蔵について知ったことがあるようだ。三次が明日にも志摩でもう一度探ってみるということになっていたが、御用聞きが正面切って問い詰めるより、案外、歌右衛門の聞きかじった情報の方が真であるかもしれないと、正三は緊張した。それはお小枝らとて同じ気持ちだった。

「ところで嬢さんのお父上はご健在なのじゃな？」歌右衛門は確かめるようにお志摩を見つめた。

「いえ、あの・・・今は、何とも」お志摩はどう答えてよいか分からず困惑した。

「うんー、お達者ではないと申されるのか？」

「実は、お志摩さんのお父上は廻船の船頭をなされておいででしたが、数年前、乗っておられた船が嵐で難破され、行方知らずとなられたそうです」

正三は簡単に説明した。これ以上、歌右衛門に話しては却って迷惑かもしれないと思っている。

「ところが生きておられた」歌右衛門が納得したように頷いたが、ふっと、「しかし、まだ、確かめておられぬご様子、ではないのか？」

「十数年の年月のうちには様子も変わられておりましょう。果たしてまことにこの嬢さんのお父上かどうか分からぬ方が伊勢においでです」

「そこまで分かっておるなら、ご本人に確かめればよいではないか？」

「ところが、そのお方は何も覚えておられぬのです」

「ふぅむ、あの漁師たちもそのように申しておった。その噂の主がお父上かもしれぬのじゃな。まことに何も覚えておられぬのか、それとも、何ぞ訳でもあってのことか？　船乗りの世界はわしらには分からぬ風習や掟もあるようじゃ。嵐に遭われたとなると、積荷の放擲《ほうてき》やら水漬けになった積荷の処分やら、色々な揉め事もあると聞く」

「さいだす。そうした厄介事で、親方は持ち船を失われたのだす」お小枝が口をはさんだ。

「ま、その話はまた後日にでも致しましょう。わたしにとっても天竺徳兵衛の中に差し挟める話があるかもしれません」

「天竺徳兵衛のう」

歌右衛門はなお納得しかねる様子を隠そうとするかのように煙草の煙をひときわ高く吹き上げた。煙の中で目は光っている。無関係な話ながら、自分に似ているということで引っ掛かりが残っているのだろう。

「それで志摩の漁師方はどのような話をなさっておいででしたか？」

歌右衛門は一度、江戸に出てしまえば、上方に戻るのは何時になるか見当もつかない。下手をすれば、これが今生の別れとなる可能性とてないわけではない。それも三右衛門の言うところでは二、三日のうちに伊勢を離れるかもしれない。今、しっかりと聞いておかなければと、正三は腹をくくった。

「そのお人が志摩に現れたのは数年前のことじゃったそうじゃ」

歌右衛門が始めた徳蔵の話しは正三にはすでに三次から聞かされたこととほとんど違いはなく承知のことだった。それでもお小枝やお志摩には初耳のことでもあり、二人はさかんに相槌を打ち、詳しく聞きただそうと努めていた。歌右衛門は酒の席のことでもあり、自分もまたかなり酒が回っていたため、聞き違いもあるかもしれぬし、聞き漏らしたことも多々あるに違いないからと、問い質されれば問い質されるほど、曖昧にしか答えられなかった。徳蔵が志摩に来た時には、すでに記憶はなく、名も出身地も答えられず、ただ、海伝いに流れてきたこととしか伝えられなかったらしい。それもまた、正三には既知のことだった。志摩に流れ着いた時、徳蔵の右足は少々不自由であったが、他に悪い所といってはなく、年の頃は四十歳前、まだ機転もきき、船のことばかりでなく、星の動きや潮の流れなど、時に老練の漁師をも舌に巻く知識や体力にも優れていることが、すぐに知れ渡った。海と山に挟まれた小さな漁村とはいえ、老若男女をあげて海に生きている村は豊かであり、徳蔵もすぐに溶け込んでいった。

「それで、どこの誰とかの詮索はされなかったのですか？」

「海から流れ着いた者はそれだけで尊ばれるということもあるらしい。まして、人格、知力、体力ともに人に負けることはほとんどない、それだけ揃えば、たとえお尋ね者じゃったとしても、村では守り通そうとしても不思議はなかろう」

「けど、そんな親方がまた何で村を追われでもなさったのじゃろ」

「そこのところは、あまり言いたがらなんだ。わしもわしと似ているというだけで、取り立てて知る気持ちもなかった。不思議とは思うても敢えて尋ねる必要もない。ただの世間話として聞いていただけじゃ。正さんのお知り合いが探しておられるお方かもしれんと知っておれば、もう少し詳しゅうに聞いておいたのじゃが、すまなんだ」

「そんな、親方に謝ってもらうことではありません」と、言いながらもお小枝は失望した顔付きをした。

「じゃが」と歌右衛門は迷いながらも口にした。「じゃが、どうやら、女な子との揉め事があったようじゃ」

「親方がまさか・・・」お小枝はいかにも信じがたいという顔つきだ。「そらぁ、親方はえぇ男はんだす。けど、滅法もの堅いお方で、そないな浮いた話しなんぞ一遍もありませなんだ。嬢様の前じゃからとて、こんな時にほんまのことならほんまと申します。けど、嘘偽りのう親方の身持ちは申し分ありませなんだ」

お小枝の様子からは嘘ではなさそうだ。

「じゃが、何年も流れ者として孤愁をかこっていなさったなら、若い、いや、その相手というのが、嬢さんとさして歳も変わらぬ娘じゃったと聞きました」歌右衛門とて聞きもしないことを推測で話す気はない。そして続けた。

「それがまことか否かは別として、わしの聞いた話ではそなたの父御はひどい打擲《ちょうちゃく》を受けた上、海に放り込まれたようじゃ」

「なら、その時の傷で右手首を失われたという訳か」正三には少しずつ納得が行く。口には出さずにうなずいた。歌右衛門は正三がうなずくのに気付いたが、素知らぬふりをして続けた。

「それにしても、もし、この伊勢におられるとするなら、志摩の人らの目に止まっていよう。わしがそのお方に似ている似ていないは別にしてもじゃ」

「昼間はめったに外歩きはなさらんのではないでしょうか。ほとんど暗闇でばかり暮らしておいでのようじゃ。いつ頃の記憶が失われおるのかは分からんが、この伊勢でおおぴらに公道を歩くのは危険だとはご承知なんじゃろ。それならそうでもう少し遠方に隠れた方がよいように思うが・・・もしかするとそのための旅銀を貯めておられるのかもしれん」今度は正三も歌右衛門の問いに推測を述べた。

「父様はいずこに参られるお積りなんじゃろか」お志摩はますます動揺している。

「それにしても、どないな非道な目に遭われたことか、親方はすっかりお変わりじゃ。嬢様に昔の御父上のお姿をお見せしとうて、伊勢まで参りましたのに」お小枝もお志摩につられるようにため息をついた。が、慌てて口をつぐみ、歌右衛門の様子をじっと覗った。

「では、お会いになられたのか？」

歌右衛門は困惑の色を浮かべている。それにしては何故、再会を喜ばないのかは、理解できないのも当然のことだ。確かに記憶はない。しかし、それはそれで今後、治らないとも限らないではないか。歌右衛門は当然の疑問にしばし、口をつぐんでいた。お小枝と正三もまたうつむいたまま、どのように応対すべきか、様々な思いが入り混じり言葉もない。

「うちらが会うたら、お父はん、礫になりますのじゃ」お志摩が突然、かすかな声で泣きじゃくりながら言った。

「えっ、礫・・・」それ以上、歌右衛門には言葉もない。

「いや、そうと決まったわけでは」正三は慌てて繕おうとする。

「じゃあ志摩を追い出されたのは、色事じゃのうて悪事でも働かれたのか？」

「そんな、うちのお父はんはそないな人、ちがいます」お志摩はますます泣きじゃくる。

仕方なく正三は事の経緯を話し始めた。

「よく分からん話しじゃ」聞き終わった歌右衛門はさかんに首を振る。

「まず第一に、まことに異国に流れ着いたというなら、どのようにして我が国に戻って来たというのじゃ。しかも、どうやら紀州に着いたというではないか。果たして異国から紀州に戻るなどということがあるのじゃろうか？　あるとすれば、それは密輸船によるしかない。九州や出雲、北陸方面ではそうした密貿易の船もしばしば訪れるという。じゃが、紀州などにさような船が来ることがあろうか。仮に呂宋から琉球に戻ったとしても、琉球から先はどうするのじゃ。薩摩かそれとも琉球から、そのようないかがわしい男を乗せて来るなどという船があるものじゃろか？それが仮に密輸船じゃとしても、なぜ一人だけ紀州に流れ着いたというのか。また、嵐で難破したというのか。それとも仲間割れかなにかが起こって紀州沖で海に放り込まれたのだろうか？」

歌右衛門はそこでふっとため息をついた。あまりの仮定の荒唐無稽さに、理屈をつけて想像すればするほど、現実からは遠ざかっていく気がする。

「第二に、廻船のお仲間が異国から帰郷なされ、船頭殿を切支丹じゃと訴えられたとは。お仲間はおそらく唐国より帰られたのであろうが、船頭殿は呂宋で切支丹に改宗され、唐国には渡られなかったということになる。唐国も近頃は切支丹禁令が厳しいとのことじゃ。お仲間が呂宋から唐国に渡られるに当たっては、唐国のお役人の取り調べもあり、廻船の難破の状況なども詳しゅうに糾問されたに違いない。その口書も長崎のお奉行の手に渡っておるはずじゃ。口書の中身は分からんが、ただ船頭殿が切支丹に改宗なされたので、帰郷なされんというのでは、現にこの伊勢におられるというのとは少し矛盾があるように思える。ということは、お仲間の訴えが真かどうかも疑わしい」

「そうだす、そうだす。親方が切支丹になるなぞということは考えられませんわい。嬢様や御寮人様を残して、異国の地に骨を埋めるなんぞということを思われる筈もありません。お仲間の訴えは真である訳もありませんわい」お小枝の口調も激しくなっている。

「じゃが、たとえお仲間の訴えが偽りじゃったとしても、徳蔵殿の記憶が戻らぬ限り、偽りと言い立てても取り上げられぬのではないでしょうか」正三は煙管に煙草を詰めながらため息をついた。

「そうじゃのう、異国の言葉は話せぬとしても、異国に行かなんだという証にはなるまいしのう」歌右衛門が深く煙草を吸い込んだせいか何度か咳をする。

「親方は異国には行かれてません。じゃが、長崎にも何度か回られたせいか、少しは異国の言葉もお分かりになられます」

「えっ」お小枝の言葉に正三と歌右衛門は同時に驚きの声を上げた。

「それはまずい、記憶が失われておられるにしても、言葉まで失われたわけではなさそうです。何かの拍子に異国の言葉が口をついて出れば、ますます疑いの種となりましょう」

「昔、親方の奇妙な言葉を聞くのを楽しみにしたこともありました。それが今や却って仇となるわけですか・・・」

「かといって無理に記憶を引き出すこともかないますまい。たとえお裁きの場でなされる弁明をお教えしたとしても、その通りにお裁きが進むことはまずないでしょう。それに伊勢で捕らえられたとしても、伊勢ではなく長崎に送られてお裁きを受けることになるでしょう。われわれにはもはやお目にかかることすらかないますまい」

正三の言葉にお志摩は唇を噛んだ。

宿の中は部屋での宴会がまさにたけなわだ。三味線、太鼓、小鼓、笛の音に男女の甲高い、あるいは唸るような声音が混じっている。笑い声、怒鳴り声、緊張しているのか、それとも徹底的に緩みきっているのか、混乱の極みにある音声にさらに廊下を走る足音、皿が床に落ちる音、あるいは陶器の鉢を叩くのは拍子を取っている積もりなのか、こんな乱雑さの中でこの部屋だけが、忘れられたように静まり返っている。すっかり徳利の酒も尽きているが、手を叩いたくらいでは聞こえはしまい。かといって、わざわざ襖を開けて宿の女を呼ぶ気にもならないでいた。

その時、突然、襖が開いた。

「正さん、お困りの様子じゃのう」

静止する間もなく部屋に入り込んで来たのは嵐三右衛門だった。三右衛門は部屋に入るとすぐに後ろ手に襖を閉めた。

「いやぁ、立ち聞きする積もりではなかったのじゃが、つい声を掛けそびれておったのじゃ。これが芝居のことなのか、そうでもないのか、始めは分からないまま聞いていたが、どうやら芝居とは思われん深刻さ、いや、芝居の方も深刻なことじゃがのう」

「芝居も深刻だすか？」お小枝が重い口で尋ねる気もないままに口にした。

「加賀屋の親方はいよいよ伊勢を発つことになったようですし」三右衛門は本人を前に口ごもった。

「どうなのです？」正三も詰問口調で歌右衛門に尋ねる。

「そのことを正さんに伝えに来た」

「うちらはお邪魔でっしゃろな？」お小枝は心細げに口にしたが、また正三の助力は諦めねばならいかもしれないという気持ちになっている。

「邪魔？　いやいや、ここまで知った以上、放ってはおけんわい。正さん、そうじゃろ」

歌右衛門はそうは言っても、明日か明後日には伊勢を発つのを延ばすわけにはいかないと、口ごもりながら伝えた。

「明日か明後日ですか・・・」正三にも徳蔵のことよりも中之地蔵芝居のことが緊急のことと思われる。「何とか、次の芝居を決めねばならんなぁ」

「では、うちらは引き取らせてもらいます」

お小枝はそう言ってお志摩に立つように促した。お志摩もしぶしぶながら立ち上がろうとした。突然、三右衛門が二人を制した。

「もう少し、お二人のことを教えてもらえませんか」

「・・・」二人は首を捻りながらも座り直した。

「どなたかが覚えもなく切支丹の疑いをかけられておられるとか？」

「さよだす。この嬢様のお父上が切支丹じゃと讒言なされておいでだす。ところが、それこそ覚えておられることは何んもおありじゃないんだす。記憶・・・なんだしたか？」

「記憶喪失、すなわち、一切の過去のことを覚えておいでではないのです。ご自分の名も、おそらくこの娘子のことも、もっともそれは別れたのが、この嬢さんが乳飲み子の時だそうで、無理もないのですが、どうやら生まれ故郷やどうしてこの地にいるのかさえ覚えておられぬご様子。ましてやどうしてさような病にかかったかもご存じないらしい」

正三はそれだけで切り上げようとした。これ以上、三右衛門に詳しく伝えても困るだけだとおもったのだ。しかし、三右衛門は一向に切り上げる様子もなく、

「こちらの話はご理解できるのですね？」

「さあ、どうでっしゃろ、わてには」

「いや、間違いなく分っておいでじゃ」お小枝の言葉を遮って正三が答えた。

徳蔵は浜辺の小屋では一言も発しなかったが、こちらの話には間違いなくついて来ていた。もちろん、記憶は確かでないため、訳が分からずに呆けたようになっていたにせよ。

「なら、師匠はそのお方にお目に掛かったのですか？」

正三は歌右衛門ばかりか三右衛門にも徳蔵との経緯をさらに話す羽目に陥った。

「うむ、裁きで申し開きも出来んなら、逃げるしか仕方ないでしょう」

聞き終わった三右衛門はさも当然とばかり軽い口調で言った。

「逃げる？　大坂に戻るんだすか？」お小枝は驚いた。

「いや、大坂とは申しません。取り敢えず伊勢からは身を隠した方がよさそうに思えます」

「身を隠す？　すなわち我らが匿うということか？」歌右衛門が呆然としながらも気を取り直すように尋ねた。

「そんな・・・それでは謀反人を匿うようなことだす。そないな、えらいことを言わしゃっても、それだけで罪になるんと違いますか？」お小枝も思わず声を高めた。

「お小枝さん、それではそなたの主殿が磔になるのをただ見ておられる積もりだったのですか」三右衛門がきっぱりと言う。「そじゃないでしょう？　何とか無事に嬢さんとともに暮らせる道はないかと相談なされておるのじゃないですか？」

「そらまあ、そうだす。けど、そこまで大それたことは・・・」

しばらく誰も口に出す言葉もなく、ただ窓の外から聞こえる街のざわめきばかりがいっそう大きく響いている。

「なら、そうしよ」

しばらくして歌右衛門は重いこの場の空気を突き破るように断固とした口調で言った。

「そうしよ、わしの手代ということで名古屋に同道してもらお」

「名古屋まで？」お小枝が首をひねる。

「そのまま江戸まで付いて行ってもろてもえぇ。ご本人がその気なら、そのままわしに奉公する手ぇもあるじゃろ」

「ははぁ、うもう行ったら黒子のようなことも出来るかもしれませんな」三右衛門が手を打った。

「黒子？」

「いわば身代わりだす。黒子はもちろん見得やら台詞はしません。早替わりの時なんぞに見物衆にわからんようにすり替わる身代りです。親方とこちらの父御は身の丈なんぞがよう似ておるそうじゃ。それなら黒子にぴったりじゃ」

「三右衛門、そらあまり先走り過ぎじゃ。無事に名古屋に行く算段が先、まずその仕組みをこしらえねばならん」正三がたしなめた。

「そらそうじゃ、なら、ここは師匠の出番じゃ」三右衛門が悪戯っぽく片目を閉じた。

「おっと、正さんにはすまぬが、わしにちと考えがある。実はわしは大湊から舟で宮に行く手筈になっている。弟子一人と名古屋の贔屓筋からの迎えも共にじゃ。贔屓筋の迎えの者はもうすぐ伊勢に来る」

「親方、もうそないに話が進んどりましたか。そら、頭取も頭かかえてるはずじゃ」三右衛門が改めて非難めいた目を向けた。

「まことに皆には申し訳のう思うておる。じゃが、わしの身を案じて、古うからの贔屓が何とかわしに一花咲かせんとの心遣いから生まれた話じゃ。正さんには前にも言うたが、江戸に下って大立者になった役者は大勢いるが、ほとんど若女形ばかりじゃ。浜村屋（初代瀬川菊之丞）しかり、慶子丈（初代中村富十郎）しかりじゃ。梅幸（初代尾上菊五郎）とて元来、若女形じゃ。助高屋（初代沢村宗十郎）ばかりは立役じゃった。それにしても上方の実悪が江戸で一世を風靡するなんぞとは誰も思うてもおらんじゃろ。わしは役者の性根を賭けて江戸に出ようと決めた。もし、しくじれば、どこか田舎の村芝居にでも潜り込む積もりじゃ。二度と上方には顔は見せぬ。おぬしらとも今生の別れになるかもしれぬ」

「親方の決心はよう分かりました。もう愚痴は申しますまい。それはそうと、どのような手筈をお考えなのでしょう」

＊

歌右衛門の仕組みはこうだった。

出発のすべての手筈が整えられれば、歌右衛門は伊勢での最後の舞台の挨拶の後、伊勢での贔屓筋との名残の宴を催すことになっている。その間に徳蔵を歌右衛門らしい様相に変えて、大湊から廻船に乗りこませる。その船には歌右衛門の弟子の一人を同行させ、宮についてからの一切の手配をまかせる。歌右衛門自身は翌日早々に宿を発ち、陸路、もう一人の弟子とともに宮に向かい徳蔵に合流する。それだけの簡単な筋書だった。

「けど、親方、お役人の目ぇ、くらませられまっしゃろか？」お小枝がまず、疑問を奏した。

「お役人も伊勢ばかりでのうて大坂からも出役に来ておりますす」正三も和した。

「大坂から？」

「へぇ、ちょっとばかし可愛いお人だすけど、うちらのこと、ずうっと見張っとります」お志摩が言う。

「あんさん方と徳蔵さんとが一緒には行かれんということですか」三右衛門が尋ねる。

「へぇ、そらぁ、わてらもうちの親方と船で伊勢から逃れられたら、それに越したことはないんだすけど・・・」

「なら、わしと一緒に宮まで行くということでどうじゃ。そこで一旦、別れてそなたらは大坂へ戻るということではどうかな？」

「えらい何から何までご親切、痛み入ります。けど、三次はん、大坂のお役人だすけど、たいがい宮でもどこまででも、うちらに付いて来やはると思います。宮で親方と一緒になれたらいいんだすけど、そこで御用となってしもうたら、元も子ものうなるばかりか、親方さんやお弟子さん、ご一統さんにご迷惑かけることになります。うちらはその覚悟で伊勢に参っとりますさかい、いざとなれば親方ともども磔も仕方ありませんけど」

「いやいや、そないなことはわしはご免じゃ。ほれ、三右殿の顔もひきつっておるぞ。じゃが、三次とか申す大坂の役人は徳蔵さんの顔も知らぬ、果たしてまことに徳蔵さんが切支丹かなどとはさらに知らぬ、たとえお役人に捕らえられたとて、どうやら徳蔵さんには記憶というものが失せておられるらしい、たとえ石責め水責めにかけられ切支丹と白状したとしても、それは苦し紛れのことに過ぎぬことぐらいお奉行にも分かるであろう。それに踏み絵を踏むことぐらい何の躊躇もなさるまい。まず、切支丹の疑いは簡単に晴れるのではなかろうか」

「そないにうもう行くならいいんだすけど、ひょっとしたはずみに心にものう、切支丹じゃと白状したり、かつてのお仲間がそれらしい証拠でも挙げられたら、みな、同罪じゃ。やっぱしお役人の目ぇはくらまさんとまずいのではないでっしゃろか」

「お小枝さんの心配はもっともです。山田奉行所では徳蔵さんのこと、どれくらい本気で考えているか、ちょっと伝手《つて》を当たってみます。加賀屋の親方、すみませんが、もう少し、伊勢を離れるのは遅らせてもらえませんか？　一日、二日では徳蔵殿の出立の用意が整えられるとは思えません」正三が頼み込んだ。

「うむぅ」歌右衛門は渋っていたが、「仕方ない。わしから持ち出した仕組みじゃ。けど、一日だけじゃ。それ以上は待てぬぞ。四月中には名古屋に着かねばならん。二日後に見物衆に別れの挨拶をして、その晩、船に乗り込む。その時、わしの身代わりに徳蔵殿を船に乗るよう手筈を整えておこう。正さん、おぬしはそれまでにお役所の意向も調べておいてくれ。どちらにしても手筈通りの実行じゃ。それでよいか」

「何から何まで、親方様の心遣い、うちらのようなものには勿体のうございます。うちらも覚悟しております。いざとなっても決して皆さま方にご迷惑の及ばぬよう細心の注意を払いますので、よろしゅうお頼み申します」

「悪魔のごとく細心に、天使のごとく大胆に」三右衛門が冗談口を叩く。

「それは何じゃ？」

「いや、そのような言葉をどこかで聞いたことがあるような気がしまして」

「天使とは何ですかいのう？」

「はあ、菩薩のようなもののようです。まだ仏にはなっていない」

「なら天使は神の一歩手前ということかいのう」

「神というても八百万の神とは違うようです。ははあ、これではわしらも切支丹の疑いを掛けられるやもしれぬ。桑原、桑原じゃ」

三右衛門は冗談めかして言いながらも少々怖気づいているようだ。それでも気を取り直すようにはっきりと宣言した。

「歌右衛門様は暇乞いにお忙しいでしょうし、正三師匠もまた、歌右衛門様が去られた後の興行の手筈などで手が空かないかもしれません。わたしが徳蔵殿を船にまでお送り致します。わたしなら歌右衛門様のお弟子とも顔なじみですし、名古屋の贔屓筋の方とも顔合わせすることはわたしにとっても利のあることかもしれません。なあに、歌七師匠が芝居の仲間の見送りもなく伊勢を発つとなればあらぬ疑いも起こるでしょう。わたし一人でも付き添っているのとないのとでは世間の目もごまかしがきくのではないでしょうか」

こうして三右衛門が大湊まで徳蔵を送り、歌右衛門は三日後、四月二十一日の昼前に参宮街道を名古屋に向かうという筋書が書かれた。正三はまだどちらに付き添うか決めかねていた。名残りの舞台といっても、いわば喧嘩別れと取られている。一人去ってゆく歌右衛門にさほどの気遣いをする役者もいないだろう。座本の坂東豊三郎などは歌右衛門と口をきこうともしないばかりか如実に不快そうな目で見る。時には聞こえよがしに悪態さえつく。伊勢を発つに際して一席設けたとしても、どれほどの役者が顔を並べるかは分からない。ほとんどが知らん顔をすると思われた。正三はこれまでの経緯もあり、むしろ歌右衛門の一席に加わらないと逆にあらぬ疑いを受けることになるだろう。三右衛門はそう説明した。

十六　海行

正三はさっそくその翌日、奉行所をたずねた。今までも何度か通りかかったことはあったが、ただ二、三度、宿の風呂で顔を合わせただけの奉行祐筆をたずねることは躊躇していた。いかにも徳蔵の情報を聞き出そうとする下心を隠し得ないと感じていたからだ。しかし、もはやそうした遠慮をしている状況ではない。思い切って安田彦四郎を問うたのだ。木戸番の勘助からまず手始めに奉行所の動きを聞き出すことも考えたが、却ってあらぬ疑惑を呼ぶかもしれない。奉行所の動きを探るには奉行所の内部に当りを付けるのが手っ取り早くもあり、何らかの手がかりも得られるかもしれないと思った。

彦四郎は幸いにも天気もいい上に暇だと言って、正三を海釣りに誘った。正三はそれならここらの海でもよいが、いっその事、志摩まで出かけて海女の鮑取りの見物をしてみたいと逆に提案した。

「安田様はお出でになったことはありませんか？」

「はあ、一向に不調法で」

志摩でも鳥羽なら伊勢から三里足らずの道のりで、歩いても一刻（二時間）ほどで着くことが出来る。といっても彦四郎にとっては他国でもあり、志摩に出るとなれば奉行の許しも得なければならないと渋った。それでも同意して主の許しを取ってくれた。

志摩は九鬼守隆が寛永九年（一六三二）に没した後、五男が家督を継いだが摂津国三田へ移封、三男が丹波国綾部二万石と九鬼家は分裂した。その後、内藤家、土井家など次々と領主が代わり、享保十年（一七二五）稲垣昭賢が下野国《しもつけのくに》鳥山藩から移封され、ようやく幕末まで鳥羽藩として安定する。この当時、稲垣家二代目の昭央《てるなか》が家督を継いでいる。三万石の譜代大名である。

彦四郎は奉行所から船倉への道を進んだ。船手同心屋敷を過ぎると海とは反対側の村はすでに田植えを終えており、どの田もまだ背は低いながらも稲の苗がすくすくと育っている。農作業もひと段落の様子で午後の田舎道を通り過ぎる百姓の姿は稀だ。それでも彦四郎が奉行の祐筆と知っているのか知らないのか、すれ違う百姓は敬意を払う風もなく軽く会釈する。十町ほど（約一キロ）も歩くと海辺の船倉に着く。入江の船倉からは新造の船の作業の音が次第に大きくなってくる。

「もうすぐじゃのう」

彦四郎は新造船の見える岸に来ると船大工の親方らしき精悍な男に声を掛けた。半纏を纏っているが白褌を絞めただけで赤黒い肌からは筋肉が浮き出て見える。

「これはおめずらしい、安田様ではございませんか。今日は何用で？」

「別に用があるわけではない。大湊から船で志摩へ行こうと通りかかっただけじゃ」

「ほう、安田様が志摩へ？　それこそ仰天じゃ。本の虫のお方が海女見物でもなさる気になられたとは」

「いやいや、この御人の付き合いじゃ」

「それもおめずらしい。付き合い嫌いのお方がのう」

「そういじめてくれるな。それよりもうこの船はもう出来上がりのようじゃ」

「そうじゃ、海に浮かべる時には安田様もご同乗なされませぬか？」

「それはありがたい。楽しみにしております」

船倉からしばらくすると大湊に着いた。宮ばかりでなく、駿府や江戸、逆に大坂に向かう廻船も停泊する。沖合に碇を下ろしている船から積み下ろしたり、積み込んだりする上荷船が浜辺から行き来している。大小二、三十隻ほどもあろう、廻船の帆柱が幾重にもなり、ようやく久しぶりに晴れ渡った夏空を覆っている。まだこの日は船の停泊は少ない方である。大湊では引き潮の時には五百から千石の船が二十隻余り、百、二百石の船なら百艘余りが停泊し、満ち潮ならば水深一丈三、四尺にもなり、それぞれ百隻、二百艘の船が停泊できた。

「伊勢もこうしてみるとはまむぎのような役立たずで厄介者のわたしにもなかなか面白い所もあると、改めて思います」彦四郎がぽつりと言う。

「船はお好きなのですか？」

「船というより海の上では心が休まります。つまらないことに目くじらを立てたり、わずかな金子に拘泥する陸の煩わしさから一時でも逃れることが出来ます。船にはたまに乗せてもらいますが、どこに行こうという当てもなし、釣りにも一向、興味ありません。ただ甲板で潮風に当たるだけなのです」

徳蔵のことに話を持ってゆく決心がつかないまま、賑やかな湊の狭い通りを通った。道の両側には小売りの店に交じって船宿や傾城屋もある。さすが昼日中から二人に声を掛ける女はいない。魚の骨や剥かれた野菜の屑も散らばっている通りから桟橋に抜け、小さな釣り船に乗って鳥羽沖に向かった。正三はこのような船に乗るのは初めてであり、静かな伊勢の海とはいえ、波に揺られ気分が悪くなってしまい話どころではなくなった。それでもわずか半刻（約一時間）ほどで鳥羽の沖に着いた頃にはようやく人心地も回復した。

「気分はどうです。だいぶ、顔色もよくなりましたね」

「面目ありません。彦四郎様は慣れておられるようで」

「いえいえ、駿河の海を越す時なんぞはわたしも船縁でのたうち回ったものです。もう二度とあのような船で江戸へ帰ることは金輪際ご免じゃと思ったものですが、それからも一度、船で江戸に帰りました」

「駿河の海はそれほど荒れるのですか？」

「駿河というより遠州灘です。季節によれば大海原に流される船も後を絶たないようです」

「異国にまで？」

「そういう話も聞きますが、異国と言っても人の棲まない島に流れ着くのがほとんどでしょう。西の方に流された場合は呂宋、高砂、安南などに流れ着くこともあるようです」

「そうした人が帰って来た場合、やはりお調べを受けるのでしょうね」

「ご存じのことと思っておりましたが・・・」彦四郎には却って不審を呼んだようだ。

「いえ、まあ、そうですが、少し耳にしたことがあるのですが、今、大坂の御用向きでそうした人の探索をしている男と知り合いまして」

「ああ、あの三次とか申す役人ですか」

「やはりご存じでしたか。それで奉行所でもやはり三次さんに力入れをしているのですか？　それとも・・・」

「わたしは長年、甲斐守様に仕えておりますが、今年こそ江戸に戻れるのではないかと、毎年のように期待しております。もう六年にもなりますが、一向にそうした願い入れも聞き届けられませぬ。決して能のないお方ではありませんが、幕閣にはさほどの伝手もなく、それでも期待ばかりは弱まることはないようで・・・つまり、何より失態を恐れておられる。異国から密かに伊勢に入り込み、しかもその行方も真偽も掴めぬ、そのことが幕閣に知れたらと内々、何とかせよと腹心の方々には申し渡されているようです」

「一刻でも早く、捕らえよと命じておられるのですね」

「そのような言葉はどうも本心ではない」

「ほう、では本音は？」

「さような厄介な事は消えてしまえば、ははは、まあそれはわたしの本心でしょう。そりゃ、甲斐守様にすれば手柄を立てて江戸町奉行にでも昇進できればというのが御本心でしょうが、そのようなことは越前守様以前にも以降にもないことです」

　大岡越前守忠相は三十五歳で山田奉行に就き、四年間、山田奉行を勤めた。山田奉行は当初はおおむね二人制であり、大岡忠相の相役の渡辺下総守輝は十九年の長きにわたって山田奉行を勤めている。水野甲斐守忠福は宝暦十一年（一七六一）まで十一年にわたって山田奉行を勤めることになるが、特に目立って長いとも言えない。しかし、水野忠福に先立つ享保十一年（一七二六）より山田奉行は一人制となっており、次第に遠国奉行の中でも地位の低下を受けたと思われる。

　舟はまもなく鳥羽沖の答志島に着いた。そこで島の釣り船に乗り換える。鳥羽藩領の島で漁師たちが暮らしている。米作はわずかに三百石ほどであり、漁が生活の糧となっており、貢納として毎年、藩主に幾らかずつ献上している。例えば鯛四枚、和布三百把、塩辛二升などと極めてささやかな献上品である。この島には船は二百五十隻もあり、鰯網舟と荷船があるが、ちょろ舟と呼ばれる小舟が大半の二百艘以上を占めている。ここでも海女たちが鮑や和布などの潜水漁をしている。そのちょろ舟に乗り、漁を見物しようという計画だった。

船頭は二人が釣りも潜りもしないと知ってがっかりした様子だった。

「せっかくここまで来て、釣りもせんとはのう」

「根がぶきっちょなんじゃ。そこらをしばらく回ってくれればよい」正三が言った。

「ぶきっちょ?」彦四郎は怪訝な顔をする。

「いや、不器用という意味です。ご存じありませんでしたか?」

「長年、伊勢に住みながら、出不精のおかげでこちらの言葉にも一向に慣れません。浜荻さえ知りませなんだ」

「それはともかく、先ほどの話ですが」正三は船頭を気にしながら小声で話しかけた。

「あの徳蔵殿を探索しているという三次をお奉行の方では当てにしているのでしょうね」

「いえいえ、あの男が何とか穏便に大坂に戻る手立てはないかと密かに画策されておるようです」

「しかし、宿を宛がい手助けをしているのでは?」

「むしろ、あまり無暗に探索せぬように見張っているといった方がよいでしょう」

「ならば、お役所では徳蔵殿の行方には関心がないと?」

「あってもらっては困るということです。幸い、今の所、三次は何も掴んでおらぬ様子、徳蔵を探しに来たとかいう母子ももはや探索の手立てもなくなったと聞いております。三人ともにこのまま大坂に戻れば、お奉行にはそれに越したことはないと内心お考えの様子です。万一、徳蔵が現れ、海外の地を踏んで、密かに帰っており、あまつさえ切支丹などという邪宗を信じているなどということになれば、本人はもちろん、手を貸した人や家族ともに長崎に送り死罪となりましょう。その男がしかも、数年来、伊勢に潜伏していたとなれば、それこそ奉行所の手落ちも咎められるのではないかと、まあ、恐れておられるのでしょう。それにしても正三殿はあの親子と関わり合いがあるのですか？」

「いや、この度、こちらに参る路上、たまたま連れとなっただけです」

「それにしては肩入れなされているご様子」

「芝居のネタになるのではないかという邪まな思いも少々あり」

「この地で新作を興行されるのか？」

「いえ、一場面にでも使えれば使い、後は大坂に戻ってからのことです」

「なるほど、それでこの地には何時までご滞在のおつもりですか？」

「それは座本の思惑次第です。しかし、あまり長くはおれない様子で、果たして今申し上げたネタが使えるかどうかも分かりません」

「では、間もなく発たれるのですか？」

「一部の役者が先に発ち、その後のことはまだ決まっていないようです。わたしはあくまでも伊勢見物がまず第一、次に新作の仕組みが少しでも出来ればと思っています」

「あなたはなかなか腹の中を明かさないお方ですね」

「いえ、本心で」

「確かに本心であるのでしょう。じゃが、それだけかな・・・いやいや、あまり腹を割って話すとわたしにも迷惑がかかるとのご配慮なのでしょう。まあ、おおよその察しはついています。少なくともこの地の役人は大坂からの手配には消極的だと分かれば、ご安心なされましょう」

「はい、もしかすると手助け頂くことになるかもしれません」

「さて、それは少々むつかしい・・・こうした凪いだ海を見ていると、異国では戦さつづきということが不思議に思われます」

「異国？　阿蘭陀《オランダ》のことですか？」

「阿蘭陀ばかりじゃありません。英吉利《エゲレス》、西班牙《イスパニヤ》・・・仏蘭西《フランス》とかいう国も戦さの中にあるそうです。それに墨西哥《メキシコ》の側の広大な亜米利加《アメリカ》というところでも戦さが行われているとか・・・いやいや、このような話は内密に願います」

この年、七年戦争（一七五六～六三）が英仏の間で始まっている。この前年にはアメリカではフレンチ・インディアン戦争と呼ばれる七年戦争の前哨戦が始まっており、この翌年にはインドにおいて英仏の間でプラッシーの戦いが行われる。すでにネーデルランド継承戦争、スペイン継承戦争など西ヨーロッパは戦争の渦中にあり、七年戦争で敗れたフランスはまもなく始まるアメリカ独立戦争にアメリカ独立軍を支持することになる。

「亜米利加？　聞きなれない国ですね」

「国という訳ではないようです。唐・天竺にもまさる広大な土地で、天竺と間違われ、かつては印度と呼ばれていたとか聞いております。しかし、そこも極楽ではなく、多くの人々が鎖に繋がれ、鞭うたれて死ぬまで働かされているとか・・・」

彦四郎の曇った横顔を見ながらも、正三はふと、天竺徳兵衛が行ったという天竺は、安南の向こうにある印度かそれとも今、話された墨西哥《メキシコ》のことか分からなくなった。墨西哥も以前にはノヴァエスパニョーラとか呼ばれていたように記憶している。もし徳蔵が本当に高砂（台湾）か咬𠺕吧《ジャガタラ》にでも行っており、その記憶が失われていなかったなら、もっと異国の話を聞けたかもしれないと無念に思った。しかしそんな話をすることさえ治安に反し、反逆罪に問われることになるかもしれない。そして共謀罪ということで徳蔵ともに磔にかかることになるかもしれない。

「チュッチュッ」「ツイツイ」「ツイショウツイショウ」

切り立った崖に囲まれた磯の近辺を正三たちの舟が通りかかると、海女たちの舟から鼠鳴きの声がした。

「あれは？」思わず正三は船頭に問いかけた。

「迷信じゃと思われるであろうが、ああせんと、海に入って何かあれば、そら神を恐れぬ仕業のせいじゃと言われるでのう。いやいや、まことに海の力は大きい。この海に生まれ育ったものでも、おのれの力一つでこの海に生きていけるとは思うことはできぬ」

まもなく磯辺の海では海女たちが潜っては浮き上がり、潜っては浮き上がり、獲れた鮑や栄螺を舟の縁に付けた磯籠に入れる。海女たちは「磯なかね」と呼ばれる腰巻一枚で海底に潜っている。磯なかねは木綿の腰巻で細紐を股の間に通して結びつけ、両足が自由に動かせるように工夫されている。髪は磯髷と呼ばれる髪型をしており、やはり木綿の「磯手拭」を巻いている。手拭には「ドーマン」と呼ばれる三角形を二つ組み合わせた星形、あるいは「セーマン」と呼ばれる縦五本、横四本の線の印を魔除けとして付けるものもある。髷には守り札を麻苧《あさお》で固く結びつけている。海に潜るのはそれだけでも危険も多い。鮫やうつぼ（鱓）、海蛇のような危険な魚類だけでなく海藻類にも皮膚に障害を与えるものもある。「山椒ビラシ」という水母の類に刺されると全身に毒が回り、海底で麻痺してしまい死に至ることもあると恐れられている。それだけに海中にも「トモカヅキ」と呼ばれる物の怪や幽霊のようなものがいるとの迷信も強い。さらに思わず深みに長時間潜っていて、息切れを起こしたり潜水病に罹る恐れもある。海女たちは思い思いの鼠鳴きをして神に挨拶をし、舟の横板を叩いてから海に潜る。命綱を腰ひもに付け、上がる時はそれを引いて舟にいる男に知らせる。

いつの間にか正三たちの釣り船の周りには数艘の舟が集まり、波に軽く揺れている。どれも海女舟だ。白い腰巻一枚の海女たちが舟から海に潜ってゆく。一艘の舟が正三らの乗る釣り船に近寄って来た。気のよさそうな漁師が声を掛けて来た。

「どうした。釣りはせんようじゃのう」

「この人らはただ見ておるだけじゃそうじゃ」船頭が答える。

「それはつまらんのう。うちのが採って来る鮑や何かを分けようか？」

「それはありがたい」彦四郎が大声で答えた。

わずかに揺れる海面に現れた海女が飛沫を噴き上げた。急いで自分の舟の方に泳いでくる。手にした大きな伊勢エビを舟の生簀に入れた。そして腰紐に下げた網の袋からいくつかの鮑を取り出し、それもまた生簀に入れる。

「釣りはなさらんのか？」

海女は舟に上がり、舟中にある「火床」で冷え切った体を温めながら舟の梶を取る男と同じように尋ねた。数分の潜水により体は冷え切っており、夏でも火は欠かせない。

「見ておるだけじゃそうな」船頭も同じように答える。

「うわぁ、恥ずかしいわえ、お若い殿御に見られるなんぞ」

「いや、別にそなたの」正三は弁解しかけて笑い出した。「はちきれんばかりの見事なお体です」

「ますます恥ずかしいわえ」

海女はそう言って急ぐようにまた潜って行った。

「伊勢の白水郎（海女）の、朝な夕なに、潜《かず》くという、鰒（鮑）の貝の、片思（も）いにして」

彦四郎は万葉の歌を口ずさんだ。『枕草子』でも「海女のかづきしに入るは憂きわざなり。腰に着きたる緒の絶えもしなば、いかにせんとならん」と述べられている。

島に戻り砂浜の上で焚火をする海女や漁師に混じり焼いたエビや鮑、様々な魚を食べた後、この答志島で二人を待ち、共に食事した大湊の釣り船で二人は戻った。もう長い夏の日も傾きかけている。

「わたしでお役に立てることがあれば、出来ることはやりましょう」

彦四郎は別れ際、慎重ながらも誠意のこもった様子を見せた。正三もまた、迷惑はかけられないと思いつつも、

「お願いできれば」と、二日後、歌右衛門の大湊からの出立を確かめる役目を装ってもらうように頼んだ。早朝の出帆を告げると彦四郎は少々、渋い顔になったが、「何とか抜け出しましょう」と承知してくれた。今のところ奉行所には変わった動きもなく、取り立てて歌右衛門を見送るのに支障はなさそうだとも言って、急いで奉行所に戻って行った。

十七　再会

もう一つ、正三には重大な役割が割られている。徳蔵に伊勢を離れることを説得しなければな

らない。もし徳蔵が渋りでもすれば、歌右衛門の詭計はすべて無駄になる。いざとなればお志摩とお小枝からも説得してもらわなければならない。本来ならば、それに先立って、もう一度、お小枝に徳蔵であることを確かめさせるべきであろうが、三次が二人に付いて離れなくなった今となっては、三次の目を盗んで徳蔵の小屋に忍んでゆくのも難しくなっている。ここは正三に任せた方がよいというのが、一致した考えとなった。それに船に徳蔵を案内する役を引き受けた嵐三右衛門も引き合わせておかねばならない。いざ、出立というその時、徳蔵は計略を壊して逃げ出してしまわないとも限らない。徳蔵を湊まで連れて行く、いわばお目付け役を三右衛門が引き受けてくれた。

正三が奉行所前で安田彦四郎と別れ、古市に帰って来たのは、まだ日暮れには遠かったが、すでに街の灯りが幾つか灯り、夕暮れの気配が漂っている。街道には参宮の行き帰りの旅人であふれ、傾城屋の喧騒が街道にも流れていた。徳蔵の住まいを訪ねるにはまだ少し早い。供をする三右衛門もまだ宿に戻っていまい。三右衛門は徳蔵の小屋に立ち寄り、出立の説得を正三とともに行ってから贔屓の酒席に出る予定にしている。夜通しの酒宴であるが、適当に加わり、適当に抜ければすむ。三右衛門は芝居が終われば軽く夕食を摂っておく心積もりをしている。尾上坂（尾部坂）を上り切って寒風の街道に戻った正三も、そこらの茶店で軽く夕食を摂ることにしている。寒風というのは間の山の北端、古市の口之芝居にかかる辺りから中之地蔵にかかる辺りまでの地名である。その名の通り、季節が季節なら坂の下から寒風が吹き上げ、街道を吹き抜けてゆく。

夕闇のせまる寒風の口之芝居の前を通り過ぎた。幸い木戸番の勘助はこの日の芝居の打ち上げが迫っていたせいか木戸横の番台にいなかったため、時間つぶしをすることもなかった。その時、この季節には珍しく一陣の突風が街道を通り抜けた。一瞬の風ながら、街道の人々を驚かせるには充分な激しい風だ。正三も思わず目をつぶった。菅笠が幾つも街道に舞う。合羽を飛ばした旅人もいる。叫び声は一瞬で笑い声に変わった。

「えらい風じゃ」

「姉さん、裾が捲れてまっせ」

「どあほ、どこに目ぇつけとるんじゃ」

突風に驚いたか、三宝荒神から振り落とされた旅人は道に蹲《うずくま》り、馬士が心配げに客を介抱する。また、先ほどの風ほど強くはないが風が紙切れや布切れを回しながら通り過ぎる。正三は突風を避けるため脇の小道に入った。

「兄さん、遊んでおいで」

ひと気のない路地には何軒かの小さな二階家が溝板に沿って並んでいる。軒行灯や看板も風で吹き飛ばされそうなほど揺れている。居酒屋、土産物屋、怪しげな小料理屋、見世物小屋、夕暮れにはまだ間があるというのに、どの店にも客一人、見えない。そのひとつにひときわみすぼらしい楊弓屋の小屋があった。小屋の中の小さな床几に首筋に白粉を塗り、胸が見えるほどにはだけた四十歳前後の女が座っていた。裾もはだけているのは先ほどの突風のせいでもあるかのよう

に、

「えらい風じゃったのう。小屋ん中まで吹き込んできたわい」

わざとらしく裾をさらに手ではたいた。ほつれ髪をかき上げながら溝板を越えて路地に出ると、正三の手を掴み、ただでは行かさないとでもいうように小屋の中にひっぱりこむ。仕方ない、こんなところで面倒に巻き込まれるのも困る、正三は十文を払い、弓と矢を受け取り、楊弓場に座ると的を狙った。楊弓というのはあくまでも遊戯用の二尺八寸（約八十五センチ）の小弓で、楊柳で作られ座って的を射る。室町時代に明から伝わり、公家の遊戯とされた。江戸時代には各地の神社や盛り場でなかなか人気のある遊び場となっている。楊弓屋は江戸では普通、矢場と呼ばれた。

正三の射る五本の矢のうち三本が的の端に当たった。当たる度に女は小太鼓を打ち鳴らし、「当り」と大声で叫ぶ。しかし、その声も往来を吹き抜ける風の立てる音にかき消される。幸い雨模様の日が続いていたため砂埃が舞うわけではないが、相変わらず風は強い。軒先の軒や板戸が大きな音を立てて揺れている。

「お松、お客さんじゃ、いい加減に飯《まま》は切り上げて店番に来ぬか」

女が裾を捲くり上げ白い脛までむき出しにして矢を拾い上げながら大声で二、三度呼ぶと、若い女がのっそりと店先に顔を出した。やはり首筋には白粉を塗りたくり、単衣の長襦袢のようなしどけない姿をしている。近隣の村の娘のようだ。

「兄さん、この娘でよいかかい」女は正三に向かって言った。

「いや、人を待っている。少し小腹が空いたので、どこかで茶漬けでもと思っている」

「なら、お松、饂飩屋に行っておいで。さあ、兄さん、饂飩でよいじゃろ。そこの小座敷でお待ちよ」

「あ、いや」

正三が断る間もなく、お松と呼ばれた若い女は下駄をつっかけると小座敷と楊弓場の仕切りになっている低い竹矢来をまたいで表に駆け出した。正三は仕方なく小座敷に座った。迷惑に違いないが、三右衛門が宿に戻るにはまだ小一刻（二時間弱）はある。女は相変わらず店先で客を呼び込もうとしているが、あいにくこの路地には人通りは少ない。時折、物憂げに立ち上がり、道にまで出てゆくが、声をかけても断られ続けている。

「この天気では客は来ぬわ、兄さん、ゆっくりしておゆき」

そういって、楊弓場の座敷に座るとみずから弓を射た。矢は見事に正鵠《せいこく》と呼ばれる的の中央の白い円に当たった。

「よし、図星じゃ」女はにっこり笑った。

楊弓には星的《ほしまと》と霞的《かすみまと》の二種類があり、中央が白い円をした霞的では、中心に当たっても図星とは呼ばない。

「商売道具だけあってうまいもんじゃ」正三もお世辞抜きでほめた。

「もう一本、射るぞ。また、当たれば、兄さん、今夜は泊まりじゃ」

「いや、それは」

正三が断る間もあらばこそ、女の矢はまた霞的の中央の白い円、正鵠を射た。正三がしどろもどろしているうちに、先ほど出て行った娘が箱を下げて戻って来た。

「兄さん、饂飩が届いたぞ。お代に手間賃を入れて〆て三十文じゃ、それに」

「まだいるのか？」

「座敷代を二十文もらおう」

「五十文か、そら高い饂飩じゃ」と正三は苦笑いをした。「それならついでに言伝をたのもう」

正三は仕方なくこの楊弓屋で三右衛門を待つことに決めた。女は気軽に店先に顔を出すと、向いの子供を呼びつけ、正三の言伝を言いつける。

「お松、水屋に沢庵、残っておったろう。出しておやりな。だんない（心配ない）、振舞じゃ」

と言いながら女はほほ笑む。正三には女の気心は分からないまま、立ち去る気にならないのは疲れていたからだろう。

「おかやん、おこうこ（沢庵漬）食うて、しもうたわい」お松は少し舌足らずな口調だ。

「なにか、残っていなかったかのう」

「いやもう、饂飩と酒だけで十分です。ご心配には及びません」

二人はどうやら母子であったようだ。母子で酌婦をしている。

「ははぁ、及びませんか、まあ、ゆっくりしておいき。雨になるかもしれぬ。きっと泊りなされ」

「いえ、本当に人と会わねばなりません」

その時、言伝の使いから帰って来た向かいの子供が店に報告に来た。

「こないに駄賃もろうたぞ」子供は手に握った銭を嬉しそうに女に見せた。五文あるらしい。

「へぇ、五文ももらったのか、とっておき」女は鷹揚に子供に駄賃をやった。子供は、

「ほな、二文、もろうとく」といって向かいの家に飛んで帰った。

「そのお人は何時、迎えに来るのかのう？」

「おそらく六ツ（午後六時頃）は過ぎるでしょう」

「ならまだ、一刻（約二時間）以上もある。お松を相手にしてやってくれぬか」

「あ、いや、そのような積もりでは・・・」

「生まれた時は利発な子でのう、周りからも可愛い、可愛いと可愛がられていたのじゃが、まだ、ほんの二歳にもならぬ時に流行り病にかかり、あのようになってしもうた。不憫な娘じゃわい。じゃが、本人は何にもないように、いっつもあのように機嫌ようニコニコしておる」

「御亭主はおられぬのですか」

「腕のよい職人じゃったがのう、あの娘の療治に働きづくめで、自分の体を壊してしもうたわい。わしらもそれから流れ流れて、ようよう、この伊勢の地で細々ながら生計《たつき》を立てておる。わしが

元気なうちはまだ、よいのじゃが、あの娘の行く末が心配でならぬ。というても、どうなるわけでもない、あの娘が玉の輿に乗れるわけもなし、わしが死んだ後も何とか暮らして行けるだけのものは残してやりたいもんじゃが・・・どうなることか」

「いずこの地から来られたのです」

正三の問いに答えることもなく女はため息をついた。

「兄さんもこの地の人ではなさそうじゃ。伊勢参りにも見えぬし」

正三も女の問いに答えない。女は正三の盃が空になっているのを見て、瓶子の酒を注ごうとした。

「いや、もう結構です。少し大事な話があります」

「そうか」

女はそれ以上、無理強いしようとしない。お松も退屈そうに自ら弓矢を手にして的を当てようとする。しかし、どれも外ればかりだ。照れくさそうに笑う笑顔は幼女のように見える。

それから小半刻（一時間弱）、話をするでもなく、酒肴を重ねるでもなく時を過ごしていると、まもなく、駕籠舁きが店に顔を出し、三右衛門がやって来たことを告げた。女はとりわけ挨拶の言葉を掛けるわけでもなく、先ほどの泊まっていけと言ったことも忘れたかのように、相変わらず一人で弓で遊んでいるお松を励ますばかりだった。

街道脇に止められた駕籠は三梃あった。不思議に思いながらも、正三は垂れを上げている駕籠に乗り込んだ。明日は雨かもしれない。歌右衛門の伊勢名残狂言とすでに看板は出ているが、果たしてどれほどの効果があるか分からない。これが嵐小六ででもあったなら、都でも江戸でも評判の女形の名残狂言と見物が押し掛けるかもしれない。確かに実悪で見物を集めるのは難しい、正三は改めて考えさせられた。是が非でも実悪に人気を集める仕組をいずれ作り上げよう。それにしても、雨つづきでは芝居もますます入りが悪くなるだろう。歌右衛門も去り、天気にも恵まれないなら、新しい出し物に替えてまで芝居を続ける値打ちもないかもしれないと思いながら正三は駕籠に揺られていた。駕籠は四半刻（約三十分）余りも勢田川沿いを通り、海浜の手前に着けた。月もなく、雲が垂れこめている。暗くなった大湊には何台もの篝火が焚かれ、沖には漁火が揺れている。三右衛門は駕籠舁きに駕籠代を払うとともに、どこで用意していたか、大徳利を差し出しながら、

「少し、手間取るかもしれんが、半刻（約一時間）ほどここで待っていてもらいたい」

「へい、さように聞いております」駕籠舁きはすでに承知のことだ。

「小腹も空いたであろうが、酒だけで辛抱してくれ」

「へい、分かっておりやす」

もう一挺の駕籠から下りたのはお小枝だった。

「これはお小枝さん、三次に付けられませんでしたか？」

「へぇ、三次さんは嬢様が引き付けて下さいました。こちらの三右衛門さんの筋書だす。三次さ

ん、道の真ん中でどっちを付けるか、迷ってはりましたけど、やっぱり、嬢様の方に付いて行かはりました」お小枝はそう言って笑った。

浜辺から松林を少し戻って歩いて行きながら、驚く正三に三右衛門はお小枝を連れ出すことにした訳を語った。

「徳蔵殿は記憶が確かかどうかもはっきりせんとのことで、わたしらのような見知らぬ男を果たしてどの程度、信じてもらえるか自信がありません。けど、お小枝さんならば、たとえ記憶が確かでないにしても、どこか見知っておられるところがないとも限らないと考えました。うまく行けば、すっかり記憶が戻るかもしれん、そううまくは行かなくても、今、この地を離れて、どこかで娘の成長した姿を見ることが出来るかもしれない、そうした心が少しはわたしらの計略を信じてもらえることに働かないかと考えました。お小枝さんも、親方をもっとじっくりと見てみたいと言われる。そらぁ、嬢さんも一緒に行かれたらそれに越したことはないでしょう。けど、大坂から付けて来た役人が下手をすれば騒ぎ立てんとも限らん。ここは嬢さんには辛抱してもらい、役人を引き付けておく役目を果たしてもらった方がいいと考えたのです」

「そんな計略、いつの間に？」

「今朝、ふと思いついて、正さんに相談しようとしたのですが、正さんはすでに出かけられた後で、仕方なく一人で決めてしまい、さっそく宿の下働きの男に大林寺に使いに行ってもらいました。うまい具合にお二人に会え、嬢さんも納得された次第です。これとは別に、座本や頭取がこないな大事な時に正さんはどこ行ったって、えらい剣幕でした。お二人は加賀屋の親方がいなくとも、伊勢の興行をもう少し続けたいご様子です」

「座本はこの地にも借銀があるのかもしれんな。歌右衛門殿が名古屋に発った後、どうするか・・・いっそのこと一からやり直してみようと思っているのじゃが」

「お二人とも正さんのお知恵を拝借したいと思っておられます」

松林の奥に焚火の炎が見えた。徳蔵が火を熾している。浜辺の雑草越しに人の姿も火影に映っている。ますます雲が厚くなっている。

「また、当分、雨かもしれません。芝居の入りは一段と悪くなるでしょう」

三右衛門がため息をつきながらも砂地を軽やかに進む。徳蔵に少し離れた所から正三は声を掛けたが気づかない様子だ。波の音は遠く、曇り空のためか、鳥もすっかり塒《ねぐら》に戻っているのだろう。徳蔵は少し耳も遠いのかもしれない。しかし、数歩のところまで来ると徳蔵は砂地の足音を聞きつけたのだろう。振り向いてじっと三人を見つめた。

「親方、お時間をいただけますか?」

正三は徳蔵を親方と呼んだ。あるいは思い切って徳蔵と呼んだ方がよかったかもしれないが、逆に警戒され過ぎるのではないかと懸念した。徳蔵は正三を覚えていた。

「そこに」徳蔵は火の傍を指さした。初めて聞く徳蔵の声だった。

「声が」みんな一様に驚きの声を上げた。もっとも、今まで徳蔵が喋れないと聞いたことはない。

木戸番の勘助ですら、一度も話したことがないとは言っていたが、口がきけないとも耳が聞こえないとも言っておらず、それほどの関心を示していなかっただけだ。しかし、「そこに」と言った以上、喋れるのは間違いなく、おそらく少し遠いようだが耳も悪くないのではないか、それなら話は通じる。記憶が確かでないにしても何とかこれからの企てを分かってもらえるのは間違いないと三人ともに少し安堵した。

「親方、お懐かしゅうございます。小枝です。舵取りの長兵衛の嫁の小枝でございます」

しかし、徳蔵はお小枝を覚えていないようだ。

「あぁ、親方はわしも分からんのじゃ」

お小枝は先ほどの喜びが帳消しになったように打ち沈んでいる。

「お小枝さんです。覚えておられませんか？」

正三は助け舟を出すように徳蔵に問いかけた。しばらく徳蔵はお小枝を覗き込んでいたが首を振った。やはり昔のことは覚えていない。後は何とかここから連れ出してお志摩に会わせさえできればよい。もう変な小細工をせずとも、このままでも徳蔵は今まで通り生きていけるのではないかとも思われたが、いずれ遅かれ早かれ志摩の漁師とも顔を合わせるのは必定だ。そうなれば追い出しただけならまだしも、もしかすれば海に投げ込んで殺そうとしたかもしれない男が生きていることを知れば、今度こそ亡き者にしようと計るかもしれない。山田奉行とて再度、吟味の命を受け本格的な取り調べに入らないとも限らない。今の平穏がいつまでも続く保証はない。やはり歌右衛門の策略に乗って、この伊勢の地から連れ出すことが徳蔵にもお志摩にもよいことだと正三は改めて納得した。

「親方、先日もお話しましたが、お役人が親方に疑いをかけております。親方が何も覚えていない、まして奉行所の取り調べを受けるような悪事を働いたことなどないということは重々承知しております。しかし、親方が覚えていないのも詭計ではないか、裁きを逃れるために呆けた振りをしているだけではないか、との疑いを掛けられる可能性もあります。そもそも親方の娘子のお志摩さんが、今度、伊勢に参られたのは、大坂の昔の知人が親方らしき姿を見たということから始まっております。それだけならよいのですが、実は親方には密入国だけでなく切支丹の疑いさえかけられているのです」

「切支丹?」徳蔵は不思議なことを聞くように呆然と暗闇を見た。「マリア、ゼウスの教え、クルス」

意味もないまま知っていることを並べたてただけだろう、廻船で長崎も馴染みの地であり、阿蘭陀人とも接触したことも多々あるのだろう。聞き慣れた言葉をただ口にしただけにすぎないのだろう。しかし、そうした言葉自体も今では禁句であり、ただ無暗に口にするだけで、一層、切支丹の疑いを強めこそさえすれ晴らすことにはならない。そうしたことも徳蔵には分かっていないのだろうか。

「切支丹をご存じで?」

徳蔵は両手を開いた。磔になった基督の像も見たことがあるということだろう。ただ身振りで知っていることを示している。もちろん片手は手首から先はない。お小枝は驚きの声を抑えた。

「まさか切支丹になられたわけではなかろう。それでそんな不自由な・・・」お小枝は親方に取りつくように詰問した。

徳蔵は「うっ」と唸るような声を上げてお小枝を振り払った。そして、改めて「いや」とはっきりと否定した。一同、また安堵のため息をついた。この時、正三はもしかすると徳蔵は記憶を取り戻したのではないかと期待した。

「もし、親方、徳蔵殿、何か思い出したのではないですか？」

「ほんに、わて、お小枝だす。舵取りの長兵衛の嬶《かかあ》だす。嬢様のお世話をさせていただいておりますお小枝だす」

幾度も、お小枝は繰り返した。しかし、徳蔵は困惑を深めるばかりのように見えた。だが、その目はもうすっかり暗くなった雨模様の夜の闇の奥を見据えているのではないかと正三はまだ期待していた。遥かな昔の記憶の一部でも取り戻しているのではないかと。

「徳蔵さん、もしや、最後に乗られた廻船で何か重大な事が起こったのではないのですか？」

「重大？」徳蔵の言葉は喉の奥に何かが詰まったような聞き取りにくい言葉だが、そのように聞き取れた。これは間違いなく少しは思い出しているようだ。しかし、まだおぼろげな、この闇に包まれたようなものでしかないのだろう。

正三の頭に浮かんだ重大な事とは近松門左衛門の浄瑠璃『博多小女郎波枕』の筋立、京の商人小町屋惣七が博多へ下る便船で、その船主毛剃九右衛門《けぞりくえもん》が抜符買《ぬけふかい》（密輸）の頭目だったことを知ったため、海中へ投げ込まれるというものである。廻船の船頭が奉行所の手配を受けると聞けば、それはまず思い浮かぶことだったが、正三はここで改めて徳蔵に抜け荷を確かめられるのではないかと期待したのだ。

「もしや、抜符買にでも巻き込まれたのでは？」

「抜け符・・・」

徳蔵は抜け荷を咎めたため打擲を受け、海中に投げ込まれて一命をとりとめながらも記憶を失い、紀州や志摩の海辺を転々としていた。その船は徳蔵を放り出した後、遠州灘かどこかで嵐に遭い呂宋《ルソン》にまで漂流した。その時、十数人の船乗りの何人かは落命していたが、漂流前に海中に投じていた船頭徳蔵がもしや生き残っており、奉行所の知るところとなれば故郷に帰るどころではなくなってしまう。こうして唐船によって長崎に帰って来た数人は口裏を合わせ、もし徳蔵が生きて見つかっても自分たちの悪行を大っぴらにならないよう、徳蔵は切支丹に改宗したという虚偽の申し立てをした。このような筋立を正三は頭に描いた。

しかし、徳蔵には相変わらず何のことか分からない様子で口ごもるばかりだ。今ここで徳蔵の記憶を取り戻すことは難しそうに思えた。しかし、落ち着いたならやがて確かな記憶の一部でも取り戻すかもしれないとの希望も生まれた。万が一、そうなれば、そして事がそのようなものであったなら、徳蔵は自分を陥れた船乗りたちと対決できるかもしれない。

しかしそれは先のことになろうし、もしかすれば起こらないことかもしれない。今、これ以上、徳蔵の記憶を取り戻すことはあきらめ、正三は歌右衛門の計画の手順を幾度も繰り返し、徳蔵の意志を確かめながら丁寧に説明した。徳蔵は特に問いただしも否定もせず、ただおとなしく聞いていた。

「わたしが迎えに来ますから、身ぃ一つで船着き場まで行くのですよ。姿を隠したか、事故にでもあったか、分からないように、この小屋の物は何一つ持ち出さずに行きます。いいですね」三右衛門も何度も念を押す。

「親方が落ち着きなされたら、いずれ、嬢様とともに親方を尋ねて参りますよって、気ぃを長うして待っていて下さいや」

ここまで念を押せば間違いなかろう。徳蔵は何度も枯れた松の葉を焚き火にくべた。松の葉の煙は低く垂れこめ、誰もが蒸せては咳がやまない。一滴、二滴、雨が落ちて来た。

「こらいかん、雨じゃ。徳蔵さん、明日の夜には迎えに来ますから間違いのう付いてきて下さいや」

三右衛門の最後の念押しとともに、三人は雨から逃れるように急ぎ足で駕籠を待たせていた浜に向かった。徳蔵も心なしか三人を見送るように小屋の前に佇んでいたが、間もなく小屋に入って行った。

正三がひとり中之地蔵の宿に戻るとそこに三次が待ち受けていた。

「親分、遅おましたな」

「おぬしこそ、どないしたんじゃ？」

この人の好い若者に嘘をつき、ごまかすようなことばかり言うのは正三には心苦しくもあったが、ここは演技を通さねばならない。

「へぇ、わてもぼちぼち腰、あげよか思うとりま」

「腰あげる？ それはお志摩ちゃんを締め上げるなんぞと企んでおるのか」

「まさか、いえ、大坂へ引き上げる潮時かと思うてます」

「ふうん、あきらめたのか？ けど、それがえぇ。何時までこんなとこ、おっても埒明かん。大坂におる人がやきもきしておろう」

「そんなん、いてまへん。どうやらお志摩ちゃんらも引き上げるようじゃし、わても引き上げよ、思うとりまんねん。親分、どないしはります？」

「わしはまだ、ここ離れる訳にはいかん。まだ、仕事もしとらんしな。三人で仲良う帰ったらよい」

「へぇ、それは残念だすな。へへへ」

三次は残念というより嬉しそうな笑いを浮かべた。

十八　出立

歌右衛門の筋立てを実行することになったのはそれから二日後のことだ。名古屋から贔屓筋の手代がやって来て、密かに打ち合わせがなされた。手代はかなり渋っていたようだが、承知するまで伊勢を動かぬという固い決意のような脅しのような歌右衛門の意向を受け、手代も仕方なく同意したのだ。もちろん、徳蔵が切支丹の疑いを受けているなどということは伏せられ、ただ身に覚えのない濡れ衣のため伊勢を逃れる必要があるとしている。「そないな男がなんで捕まりもせぬのか」と首を捻ったが、それ以上、問いただしもせず承諾した。

中之地蔵の芝居小屋の傍の宿から出た二挺の駕籠は大林寺の玄関脇で、さらに二挺の駕籠と合して街道を北に向かったのは昼前のことだ。この四月には珍しく晴れ間がつづいたため街道を一挙に賑やかにしている。この日、宝暦六年（一七五六）の四月二十一日は太陽暦では五月十九日に当たる。四月の終わりともなれば、伊勢参りの百姓にとってはぼちぼち農繁期を迎える故郷が気になりだす時期だ。この日、筋向橋（現：伊勢市常盤二丁目、伊勢本街道などからの宮川の柳の渡しと伊勢街道からの宮川の桜の渡しの合流点になる）から茶屋町（現：常盤一丁目）、中川原と進むと参宮街道を神宮へ向かう旅人より、参宮帰りに京都あるいは名古屋へ向かう人の数の方が多い。しかし幸いにも四人は楽に桜の渡し舟に乗ることが出来た。宮川を渡し舟で渡ると、そこから徒歩で明星茶屋（現：三重県多気郡明和町）まで行った。着いたのはちょうど昼飯時だ。伊勢参宮の旅人にとっては明星茶屋から外宮までおよそ二里、ゆっくり歩いても一時《ひととき》（約二時間）ばかりで着くことができる。街道往来の旅人でどの茶店や料理屋も賑わっている。客には講中の連中はもちろん、一人旅はほとんどなく、一台の床几にも五人、六人と互いに体をすり合わせながらの一休み、各地の言葉が飛び交い、まるで鳥の囀りや獣の吠え声のように聞こえる。少しばかりの蒸し暑さなどは気にするものもいない。

「こげな豪勢な施行、初めてじゃ」

抜け参りの若い少年が茶店の握り飯の施行を受けている。ほとんど年も変わらない少女のような赤ら顔をした茶店の娘もさらに施しをしようとするが、後ろから若い男の手が少年の頭越しに握り飯をさらってしまった。

「おやおや、三次さん、貧しい人の施しを横取りするなんざ大坂者《もん》の恥じゃぞ」お小枝が大声を上げた。

「そいつぁ怪しからぬ、そこへ直れ」通りがかりの侍が刀の柄袋を払う仕草をした。

「すんまへん、わいも朝からなんも食べてまへんよって、腹ぺこなんだす」

「信心に施行するのじゃ、無銭飲食に施行するわけちゃうぞ」店の親爺も三次を掴まえようとする。

「ご亭主、あの者はわしの知人じゃ、堪忍してやってくれ」

歌右衛門が小銭入れから小銭を出した。脇差を一本差しただけだが、侍が忍びで伊勢参りをしているという恰好で菅笠を茶店でも被ったままだ。万が一にも歌右衛門と見破られないようにとの配慮である。そこまで扮装しなくても、めったなことでは見破られる恐れは少なかったが、大湊から廻船で宮に向かったはずの歌右衛門が陸路、伊勢街道を行くことが知れれば厄介なことになる。この先は駕籠か馬に適当な所で乗ろうという腹積もりである。

「三次さん、ここにおいで」お志摩が体を寄せて床几に少しばかり空きを作った。

「大勢の前でみっともないことしなさんな」お小枝が釘を刺す。

「すんません、わいのこととうからご存じだったんだすか？」

「ふふふ」お小枝もお志摩も軽く笑うだけでそうとも、そうでないとも答えない。これも三次を引き付けようとの計略から出ている。

＊

その前日、中之地蔵の芝居が跳ねた後、歌右衛門を送る宴が宿で催された。そこには頭取や座本の姿こそあったが、ほとんどの役者は参加しなかった。まだ伊勢芝居の興行が終わったわけではない。歌右衛門が抜けたからといって、すぐに伊勢を引き上げ、大坂に帰るとか京に上るとか出来るわけではない。みんなの心が伊勢からは離れていることは間違いなかったが、それでもすぐに新たな芝居に加わることも容易ではない。

「そら、加賀屋はんはえぇで。じゃけども、わしらの立場ももうちょっと汲んでもらわんことには・・・正さん、早う次の出し物、決めんとどもならんぞ。しばらくはわしが加賀屋の役も引き受けるがの、いつまでもというわけにはいかん。二、三日後には新しい出し物にしたいと思うておる」

「座本の親方の立場はよう分かっております。わたしもここまで来た上は、このまま帰るわけにもまいりません。一蓮托生の気持ちです」

正三の決意の言葉にも拘わらず、座本の坂東豊三郎は少し酒が入るとまた、今まで幾度も繰り返された愚痴ばかりだ。この場にいるのは一座の者以外は歌右衛門の贔屓ばかり、ということはほとんどが地元の漁師の網元、地主、大工や左官の親方など筋骨たくましい者に占められている。十分の芸妓を呼んでいるとはいえ、座は当初からしらけきっており、時折、思い出したように一人の芸妓が三味線を鳴らしても、歌を歌っても、また二、三人で拳をしても、盛り上がらないこと甚だしい。その上、正三も歌右衛門も心はここにはない。果たして徳蔵はうまくやりおおせているか不安がいつまでもなくならない。宿では他にも二、三の座敷で酒宴が催されているらしく、そうした騒がしさがいっそうこの席の苛立ちを掻き立てる。

「それにしても加賀屋の旅立ちに誰も見送りもないとは、えらい嫌われたものじゃ。江戸では心して励まんことには、二度と上方には戻って来れませんぞ」豊三郎はましてや言わでもがなの事を言う。

「もちろん、承知のことです。皆に念を押されてます」

「それにしてもようやく位も上がって来たところなのに、江戸で出直すとはのう」

「若い頃の自分をもう一度、見直したくなったのです。金沢から江戸に出て、思いもかけず役者稼業に足を踏み入れた時分の意気込みをもう一度、取り戻せぬかと」

その時、大きな足音がして三桝大五郎が入って来た。

「すまん、すまん、所用で遅うなってしもうた」と言いつつ正三の傍に腰を下ろした。正三の横にいた芸妓はそそくさと座を立ち、歌右衛門の若い見習い弟子の傍に移って行った。

「どうやら、無事、抜け出せそうじゃ」大五郎は耳打ちした。「例の男の住まいはどうする。たいした物はないようじゃが、少しは持ち出したいようであったぞ」

それにしても大五郎がいつの間に一枚かんでいたのか、正三は知らなかった。

「いや、そのまま何もかも置きっぱなしにしておこうという打ち合わせでした。それより親方がかんでおられるとは・・・」

「三右衛門がごそごそしていると皆に筒抜けになるぞ。あいつは人はよいが己を隠すのは苦手のようじゃ。役者としてもこれからが大変ぞと、前々からちちとばかし、たしなめていたのじゃが・・・まあ、これからおいおい修練もいるじゃろが、何より経験が大切、正さん、もう少し三右に大役を与えてやってくれんか」

大五郎は徳蔵の名も逃亡の企みも巧みに話題から避けるようにしている。

「今夜は歌七丈の門出のめでたい宴じゃ。もちっと陽気に行こうではないか。そら、わしが踊るぞ。姐さん、賑やかに頼む」
酒をいざ汲も、船人もうかれ、
廻る盃おもしろく、一番の新盃、
まっこと面色若やがれ、愛嬌ありける改めて、
次の衆是は都の花の伊達助、助八いちかしこまり、
膝の皿でか砂鉢でも、三こん三こん五こん六こん、
おさめは八はいこんこんどし、富士は千はい万はいと、
次の男にさすがまた、是も呑む人、
これやこなたへ御免なれ
どこで覚えたか大五郎は伊勢音頭を歌いながら、次々と手を取り、酌をしては、愛嬌たっぷりに踊りつづける。ようやく沈んでいた座敷も賑やかに次々と歌や踊りが始まった。次から次へと踊り手も変わり、滑稽な身振りはさらに滑稽になる。芸妓たちも大喜びで踊りだす。座敷には空になった徳利や盃ばかりか、誰のものとも分からなくなった足袋や帯、果ては褌から腰巻まで散らばっている。
「京桝屋、ありがとござんした」
畳の上で伸びている芸妓や二、三の役者の弟子たち、それに頭取、名代を縫うように歌右衛門は大五郎に近づいてささやいた。

「もうすぐ夜も明ける、旅の用意はよいのか？」
「もう終わっているが、大林寺に寄らねばならん。この宿の後片付けは正さんにまかせている。ゆっくり礼も出来んが、もし、わしがまた上方に戻れる日があれば、力を貸すことも出来るじゃろ」

歌右衛門と正三はこっそりと宿を出た。正三は三右衛門が手伝っている徳蔵の乗船を確かめるために大湊に行く手筈になっている。途中、徳蔵が住まいとしていた小屋に立ち寄った。小屋の中には徳蔵のわずかな荷物がそのまま残されており、この小屋を引き払ったとは見えないだろうと一安心した。徳蔵は事故かなにかで行方不明になったと装えばというのが目論みの一つだ。ほとんど誰にも構われていない徳蔵であるが、芝居小屋に力者として働いており、木戸番の勘助などは不審に思うかもしれないとも想定している。

湊に着くと、すでに徳蔵らは船に乗り込んでいた。黒い煙をもうもうと上げる篝火が焚かれた浜辺には彦四郎が人待ち顔にたたずんでいる。それとなく正三が知らせておいたことだ。人別改めをしている訳でもなく、乗船の手続きは廻船の船頭らが独自にしているが、奉行所の役人ではなくとも関係者が来ているというだけで、湊には緊張感がただよっている。抜け荷の見張りらしいとか、お尋ね者の詮議だなどと荷の上げ下ろしをしている仲仕たちのささやきが正三の耳にも入っている。まもなく碇を上げるらしいが、しばらく風待ちをしているとのことだ。
「ご苦労さまです」正三は彦四郎に改めて礼をした。

「いや、もうすぐ出帆するそうじゃ」

「三右衛門が見送りに来ている筈ですが・・・」

「何やら悪寒がするとか申して宿に帰ったぞ。出会わなかったのか？」

「どうやら行き違いになったようです。古市の方に回っておりましたので。して三右殿の容態はいかがですか？」

「よくは分からんが、少し熱っぽかった。歌右衛門は去る、三右衛門が病に倒れれば、そなたらの芝居は大変じゃのう。歌右衛門の抜ける穴は埋められるのか？」

「どうやら名古屋芝居から二、三の役者が助《スケ》に来る手筈を歌右衛門が整えたようです。歌右衛門もいろいろ気苦労ばかり多いようで、先が思いやられます」

「三右衛門もこんな夜更けには医者もすぐには来てくれまい。それにしてもこの気候で風邪とはのう。はやり病の話も聞かぬのに、困ったことよのう」

「三右の容態はさほどに悪いのですか？」

「いや、本人もただの寒気じゃと言っておった。心配はなかろう」

このような話をしながら正三と彦四郎は浜辺の掛け茶屋で冷酒をちびりちびりと口にしながら廻船の出帆を待った。薄明るくなるとともに、次々と帆を上げた船が港を離れてゆく。しかし、一艘出るとまた新たに船が着く。湊の賑わいは一向に静まらないばかりか、揚荷船に乗り込む仲仕や下りてくる客などが入り交じり、喧騒は高まるばかりだ。徳蔵が乗った船が帆を上げたのはすっかり日も昇り、梅雨の晴れ間の五月晴れを予感させる暑さが浜にも高まって来る頃だった。向きを変えた船の甲板で手を振る歌右衛門の弟子の姿を認めた。正三を見知っているのだ。しかし、徳蔵の姿は見えない。警戒して甲板の下の部屋に隠れているのかもしれない。それとも久しぶりの船に心動かされることでもあったのか、船の距離は一刻一刻広がり、波間には帆柱ばかりしか見えなくなって行く。

「どうやら、無事に伊勢を離れたようです」

「うん、宮には何時頃になるのかのう？」

「まっすぐならば今日中に着くのですが、途中、津や桑名にも立ち寄るそうですから、二、三日後になるようです」

「師匠は今日はこのまま宿にお帰りですか？」

「はい、三右衛門殿の容態も気がかりですし・・・」

「もしよろしければ、少し松坂まで参りませんか？」

「松坂？」

「少々知り合いの医者がおります。と申してもまだ医師の修行中とかで、三右衛門殿を診てもらおうというわけではありません」

「では？」

「数年前から京都で医師の修行を積まれているそうですが、なかなかの博識、和漢の古典にも詳しく、歌もたしなまれる。温和でいながら、どうしてどうして辛抱強く、また気の強いところもおありで」

「なるほど彦四郎様は敬愛されておられるわけですね」

「必ずしも心映えは一致しているわけではありません。たいそう神宮を敬い」

「それは伊勢の方なら誰でもそうなのではないのですか？」

そういいながらも正三は危惧を感じた。幼馴染のお勢の兄が国学に関わり、幕吏に捕らわれて未だに行方もつかめていない。

「何かご懸念でもおありですか？」正三の顔が曇ったのを見て彦四郎は怪訝な顔をした。

「いえ、そういうわけではないのですが・・・わたしの頭にはついていきかねるのではないかと思うのですが」

「いやいや、ただの朴念仁ではありません。実は・・・」彦四郎は少し照れくさそうにした。

「わたしもまだ直接、お会いしたことはないのですが、たいそうな芝居好きでおられるそうで、京都では始終、芝居見物をしておられたそうです」

「そうなのですか・・・そういうことなら、一度、お目にかかりましょう。それにしてもどうしてご存じで？」

彦四郎は正三の問いにはすぐには答えず、少し思い出し笑いのような表情を浮かべた。

「何かおかしなことがあるのですか？」

「いえいえ、失礼しました」

　そう言って彦四郎はまた、何か思い出しているようだ。彦四郎が思っているのはまさかとは思うが、この修行中の医師の妻女でもあるのかと正三が疑った。

「京都からはもうお着きの筈だと伺っています」たまたま大湊から松が鼻（松坂の湊）に立ち寄るという荷船があった。伊勢参りの客を下ろした帰りと言い、二人の同乗を船頭は過大な船賃を呈示され大喜びで承知した。このように二度までも彦四郎と船に乗ることになるとは思ってもいない。幸いこの日も雨に降られることはなさそうに見える。しかし、海上には雲が掛かり、沖に出ても晴れた日なら見える富士もこの日は雲に覆われて見えない。知多の岬も煙っている。

「また雨かのう」彦四郎が口にする。

「へぇ、今年は天気も今一つだすな」船頭も相槌を打つ。「そのせいか、今年は例年になく参宮人も少のうて手間賃もあがりませぬわい」

「そうじゃのう、確かに見るからに少ない」

「天気のせいばかりではありますまい」正三が口を出した。

「何のせいだす？」

「昨年の不作が影響しているのではないですか。北国も西国も相当な不作で伊勢参りどころではないのかもしれません」

「そうだすか・・・ここらは不作どころか、むしろ豊作じゃと百姓も喜んでおりますがのう。麦も順調、米も間違いのう豊作じゃと聞きましたぞ」

「それはめでたいことです」

「芝居はどうです？」彦四郎が正三にたずねる。

「いや、どうもいけません。しかし、これは天気のせいでも不作のせいでもありません。わたしの力不足で」

「何か新たな工夫を拵えているというのはどうなりました？　もう目途は着きましたか？」

「いや、一向に駄目です。せっかく伊勢まで出向きながら、何の力にもなれんようです」

「ご謙遜を、お若いのに随分なご活躍と聞いておりますよ。これからお伺いする春庵殿もそなたのお名前は聞いたことがあるとかで、会うのを楽しみにされていると聞いております」

「どなたに？」正三の問いに彦四郎はまた答えない。それ以上に何か心ここにあらずというように見える。

「春庵殿とおっしゃるのですか？」

「まだ、正式に看板を上げているわけではないようですが、近々、本格的に松坂で医者を開業されるとか。今回の帰郷はその下準備らしい」

「お年は何歳ぐらいなのです？」

「詳しくは知りませんが、正三殿とほとんど変わりないのではないでしょうか・・・確か享保十五年（一七三〇）のお生まれとか」

「それならわたしと同年です」

「ははぁ、それは奇遇で・・・正三殿は年もさほど変わらないのに、すでに一人前の狂言作者、それに引き換えまだ修行中の身と」

「いやいや、わたしも一人前にはまだまだ程遠い存在です。それにしても二十七歳で修行中とは、御裕福な身分とうかがえます」

「そうですね、実家は松坂の由緒ある木綿商、一時は江戸にも大店を構えていたようですが、お父上を失ってから少しく傾き出したそうです。次男坊のため江戸の叔父上の商売を助けに行かれたり、他家に養子に行かれたけれど、すぐに離縁になったそうですが、跡取りのお兄上を失われ、商売には向かないと医者を志されたということで、その時はもう二十歳を過ぎておられたそうです」

「ふうん・・・そうですか」

正三には他人事ながら、身の回りを見てみると、血のつながりはないながら、兄弟や甥にそのような人間ばかりが目についている。それも幼い時分には何かにつけて才覚があると見られた者ほど身の置き所を見つけられていないように思う。かと言って同情する気持ちも起こらない。贅沢病とまでは言わないが、身を立てるのに暇と時間があるのだろうと想像された。この春庵にしても豪商とまではいかないにしても、裕福な松坂商人の次男坊らしいと想像した。

「それでは今はどなたかが店を継いでおられるわけですね」

「いや、そうでもないらしい。もはや松坂の店も人に譲り渡し、かつての別宅に母上や妹御たちと住んでおられます」

「それでは親御様の代からの残された財で学業をされているわけですか？」

「京都に着物を送ってくれと母御に頼まれると、継ぎはぎだらけの身丈に合わないつんつるてんの古着同然の着物が送られてきたとの文句たらたらだったそうで。かつては裕福だったとはいえ、今は内情はかなり苦しいようで、一日も早く一人前の医者になることを期待されているようです」

「それは大変ですね。期待に応えようとすることは苦しいことです」

「しかし、あちこちの店も整理してむしろ心置きなく修業にかかれ、むしろさばさばしておられるのではないでしょうか。貧しいといってもその日暮らしの百姓町人とは違いましょう」

考えようによっては彦四郎も似たような境遇なのだろう。そこそこの資産もある実家からの仕送りで学業を積み、町奉行の祐筆に取り立てられるところまで行ったに違いない。

船はまもなく松坂の湊に着いた。伊勢の大湊から蒲生氏郷によって呼び寄せられた角屋が家康の朱印状を得て、朱印船貿易に従事していた頃には、この港からはるか安南、暹羅《シャム》にまで貿易が行われていた。それは遠い昔のこととはいえ、紀州徳川家の松坂領内の年貢米の積み出しなど多くの廻船が出入りする姿は大湊に勝るとも劣らない。

「いつもなら川の水は干上がっております。こんな所まで船を上らせられるのはめったにないこと言い、「貴方様方はついておられる」などと言いながら、船頭は船をそのまま坂内川を遡り、松坂の市街地にまで送ってくれた。

伊勢街道に掛かる橋の袂の川岸で船を下りた。雁木（船着き場の階段）を上ると橋の袂には高札場があり、すでに街道には伊勢参りの人波で賑わっている。春庵の住まいのある魚町は伊勢参宮街道の一本、西の道にあり、武家屋敷街に隣り合っている。

「これでも例年よりは少ないのでしょうか。なかなかの人出じゃ」彦四郎は駕籠を避けながら言う。

坂内川から引かれた堀川に沿って魚町に向かった。薄曇りの城下町は伊勢街道の賑わいが嘘のようだ。城の石垣と木々が生い茂り、その合間に櫓の白壁が霞んで見える。蒲生氏郷の築いた天守閣は百年程前に大風で倒壊したまま建て直されてはいない。伊勢国内の紀州藩領はここ松坂のほか、白子、田丸などに点在し、計十八万石近くになる。松坂はその内、五万四千石余りを占めている。城代などが和歌山から出向いているがその数はわずかであったという。大手門も倒壊したままであり、武家屋敷といっても無人の屋敷も多く静まり返っている。松坂は商人の町だった。

「ここじゃ」彦四郎が示した家は二階建ての町屋だった。もちろんまだ医者の看板も掛かっておらず、町中にしては静かな家だ。通り向かいの一軒の家には医者の看板が掲げられており、繁盛している様子が外目にも見て取れる。

「向かいも医者ですね。春庵殿もよほど勝気な性分のようです」

「いや、商売敵というわけでもなさそうです。むしろあのように繁盛しているのも目にして、母御前が医師になるように勧めたと聞いています。何かと手助けもしているようで、敵とはなられますまい」

二階は奥にあるらしく、表からは見通せない。春庵はその二階を自室にしているという。部屋には春庵の趣味という鈴が集められ、あちこちに置かれたり懸けられたりしているという。

「鈴？　猫の首に懸けるあの鈴ですか？」

「うむ、そういうのもあるが、社でお守り札にするものやら、何か古めかしい骨董のような鈴も手に入れたと喜んでおられたそうじゃ。何十ではきかぬかもしれぬ。夜中に時折、手に入れた鈴の音を聞いて楽しんでいるとか、夜更けに鈴の音とひそかな笑い声が聞こえ、近所からお化け屋敷か何かと間違われると母御前は未だに気苦労が絶えぬとか・・・母御前に言わせれば、いつまでたっても子供っぽさが抜けぬ。そのせいか、髪型まで稚児のようにして、ほんに医者になれるものかと愚痴をきかされております」

「お化け屋敷、いや鈴屋敷、鈴の屋ですかな？　なかなか変わった方のようですね」

「稚児のような髪型というが、これは医者や学者の普通の髪型じゃと春庵殿は憤慨されているらしい」

彦四郎は思い出し笑いのようにくすっと笑った。引き戸を開けて薄暗い玄関口に入り、声を掛けるとまもなく若い女が顔を出した。どうやら妹という人のようだと正三は直観した。面長な顔立ちで怜悧な眼差しをしており、控えめな様子だったが、彦四郎の姿を見ると娘から笑みがこぼれた。

「よくいらっしゃいました」

「兄上は？」

「まだ、お帰りではありません。今朝、安濃津を発たれる筈で、迎えにやりました。夕刻までには着くことと思います」

「そうですか・・・それは残念、今日は折りもよしと、先日、お話しした正三殿をお連れしました」

　そう言って彦四郎は正三に紹介した。やはり春庵の妹だった。お八津《やつ》という。

「折角ですから、一休みされればいかがです？　間もなく着きましょう」お八津は正三にそう勧めてにっこりとほほ笑んだ。彦四郎はまるで自分に微笑みかけられたかのようにどぎまぎしながら、

「正三殿、どうしますか」と尋ねた。

「春庵殿がおられないなら、わたしは戻ります。彦四郎様はゆっくりなさればよい」

「伊勢からわざわざ出てこられたのですか？　それなら、粗茶など一服だけでもいかがです。それとも御酒がよろしいでしょうか？」

「いえ、とんでもありません。宿に病人がおりますので」

「それは失礼しました。しかし、兄はまだ一人前の医者ではありません。向かいの小泉先生は名医の評判も高いので、ご紹介申しましょうか？」

「いや、ただの風邪と聞いております。遠路わざわざお出でいただくことはないでしょう。彦四郎様、今日はまことにありがとうございました。ここで失礼します」

正三ひとりが表に出ようとすると、奥から声がした。どうやら母親らしい。

「八津、弥四郎のお知り合いが来られたのかい？」

「はい、彦四郎様です」

「弥四郎、ああ、春庵殿の本名ですね」彦四郎はうなずいた。

「母は兄の子供の時の名を呼び続けております。本人はもう弥四郎ではない、宣長と呼んでくれとたいそう嫌がっております」

「宣長さん・・・なるほど学者らしい名です。小津宣長」

「いいえ、小津屋の看板は本町の店を処分して、もはや下ろしています。兄は遠い縁者の本居という姓を名乗っています」

正三にはこの医者の卵の名には関心がない。彦四郎と春庵の妹お八津の仲良さそうな会話を中断させまいと、小声で帰ることを告げた。彦四郎とお八津は正三の言葉も上の空のように話が尽きないようだった。

正三が伊勢街道に出て数里、徒歩で明星茶屋まで行くと、茶店から声を掛けられた。三次だ。

茶店の奥で歌右衛門とその弟子一人、お小枝、お志摩と五人が一つの床几に腰を下ろして昼飯を食べている。三次は茶碗を片手に往来に出て来た。

「親分、何してますねん。芝居の筋、考えなならんのちゃいますのんか？」

「いや、少し気晴らしにここまで歩いて来た」

「とか何とか言うて、なんか魂胆、あるんちゃいますんか」

「そんなことない。それよりお前、跡付けてたのを見破られたようじゃ。もう疑いは晴れたのか？」

「いや、どうもすっきりしませんけど、いつまで伊勢におっても埒も明きません。それにお志摩ちゃんも、大坂に戻ることになったし、わいもお供して戻ることにしました。親分も一緒にどないでっか？」

「わしはまだ仕事が残っておる」

「そら、残念なこっちゃ。わいらは京見物かたがた大坂に戻ることにしましてん」

「そないに気楽なことでお勤めが勤まるのかいのう。帰ったらお目玉食うんと違うか」

「それはそこ、伊勢のお役人からお墨付きもろうとりまっさかい心配ありしまへん」

「お墨付き」

「いやぁ、ようやった、探索ご苦労じゃった、いうようなこと書いてもろうたんでやす」

「ほう、そらよかった。どれ見せてみぃ」

「へぇ、これでやす」

「きちんと封、しとらんな。簡単に中、見られるぞ」

「わい、無筆でさかい。これこれのことじゃと聞いて知っとりま。それに誰かに見られても取られてもべっちょない（別条ない・差し障りない）でっしゃろ」

「そうじゃのう、こら、べっちょないとも言えるが、出来れば大坂のお頭には見せぬ方がよかろう」

「へぇ？　何て書いてありまんねん？」

「そなたはよう働いたと書いてある」

「なら、見せん手ぇはないでっしゃろ」

「じゃがな、そなた、なかなか舌が肥えてるようじゃの。宿では値のはるものばかり食べていたそうじゃのう」

「へぇ？　そうだすかいな。親分んとこで頂いたもんをもうちっと味比べした程度だす」

「そなた、こんな高いもんばかり、と言っておったではないか」

「ははあ、そうだしたかいな。宿料、心配せんでよいと太鼓判押されましたよって、雲丹やら伊勢海老やら、牡蠣やら、ほんの少しだけ頂いただけだす。そないに贅沢したわけちゃいますで」

「それが贅沢じゃというのじゃ。まあ、口だけで報告するのが無難じゃろ。まさかそなたの食費の請求が山田奉行所から来ることもないじゃろ」

「なら、何て報告しましょかいな」

「自分で考えておくのじゃな。まだまだ日はある。これから京に回って帰るなら、少なくとも五、六日はかかる。下手するとお志摩ちゃん、京が気に入ってひと月ふた月、滞在することになるやもしれんぞ」

「そら、困ります。わい、そこまで路銀ありません」

「そないに気ぃ使わんでもいいじゃろ。それはともかく、一緒のお方、そなたは存じているのか？」

「へぇ、親分、知りませんのか。あれがかの名高い加賀屋の親方ですがな。おかしいな、今まで一緒していなはりましたじゃろ？」

「うん、それはわかっておる・・・少々、仲たがいしてのう」

「それで加賀屋の親方、伊勢から逃げ出す羽目になったのかいな」

「そう聞いてるのか？」

「へい、男二人連れより色気あってよろしまっしゃろってお小枝さんが誘ったらしゅうございます。わても賑やかしに一緒に安濃津までどうじゃと言われましてん。その後はよろしゅうたのむって頼まれてま」

「そら、よかった。道中、何が起こるか分からん。お二人をよろしゅうたのむぞ」

「へい、まかしとくなはれ。親分、大坂に帰られたら一遍、寄らしてもろうてもかまいまへんか？」

「もちろん、詳しゅうに聞かせてもらいたい。これからわしは急いで中之地蔵にもどる」

正三は往来から歌右衛門やお志摩らに軽く一礼して急ぎ足で伊勢に向かった。

十九　霹靂

正三が宿に戻ると座本の坂東豊三郎が襖の向こうから声を掛けるのももどかしいように、いきなり襖を開けるか開けないうちに震え声で喋りまくった。うわごとのようにさえ聞こえる。

「おぬし、今までどこに行っていたのじゃ。探し回ったぞ」

「歌七殿の見送りに」

「一体どこまで行っておったのじゃ」

「それより何か大事でも？」

「昨夜、遅く帰って来たらしいが、三右衛門がえらい熱じゃ」

「風邪ではないのですか？」

「いや、医師の話では傷風とか申す病じゃそうな。命にかかわる、いや、もう少し早ければ足を切り落としてでも救うことも出来たろうに、と申されて」

「では、治癒の見込みのない病なのですか？」

「うわごとばかりで、熱も一向に下がらぬ。ここで三右がいなくなれば、もう興行の見込みもつかぬ」

豊三郎には三右衛門の事より興行が大事だろう。正三は急いで三右衛門の部屋に入った。

部屋の中に入っただけで熱っぽく感じられる。三右衛門は胸をかきむしり汗だらけになりながらも震えている。

「三右衛門、わしじゃ、正三じゃ。分かるか」

正三は何度も何度も三右衛門を呼び続けたが、かすかに瞼を開くが、果たして分かっているのかどうかさえ分からない。うわ言のようなうめき声とともに痛い痛いという苦痛を訴え続けるばかりだ。

「一体、どうしたのじゃ」

枕元には医者と宿の女中が一人いるだけだ。女中が盥に入れた水で三右衛門の手拭を浸し、始終、手拭を変える。新しい手拭からもたちまち湯気が立ち上って来る。

「座本や一座の者はどこにいるのじゃ？　豊三郎殿、豊三郎殿」

正三の大声を聞きつけてたか、豊三郎が顔を出した。

「座本、みなはどうしている。なぜ看病せんのか？」

「師匠、芝居を休みにして、昨夜から今まで、みなが寝ずに看病しておった。疲れているし、先の話もせなならん。三右衛門のことは師匠におまかせする」

そう言えば、芝居の前を通った時、本日、臨時休業という看板が木戸に掛かっていた。正三は景気が悪いので一休みすることにでもしたのかと思い、深く考えもせずに通り過ぎたのだ。

「それにしてもこの病はどうしたのじゃ」

「おそらく古釘か何かを踏んだのであろう。足の裏に傷がある。そこから悪い病が入り込んだのじゃ。何でも破傷風とか聞いている」医者が愛想なく言う。

「おぬしは医師なのじゃろ？　何か薬や手当はないのか？　ただ手拭を変えるしかないのか？」

「わしの手には負えぬ。薬もない。南蛮の薬ならもしかすれば病に勝てるかもしれぬが・・・」

「南蛮渡来の薬か？」

何と皮肉なことか、もし徳蔵が本当に妙薬を手に入れて南蛮から帰ってきていたなら、三右衛門の病はたちまち回復するかもしれぬのだ。その徳蔵を見送りに行った三右衛門が不治の病にかかり、治すには南蛮渡来の妙薬しかないという。

「そうじゃ、松坂の医者なら手元にあるかもしれぬ」

春庵の向かいの小泉とかいう医者は名医の評判らしい。そこになら破傷風に効く薬もあるかもしれないと、ふと正三は思いつき女中に使いを頼んだ。使いを頼んでみると、「松坂でっか・・・」と女中は不承不承ながら正三の書状を携えて出て行った。

まもなく今まで付き添っていた医師も引き取り正三ひとりが枕元に付き添い数刻が経った。松坂からの医師の音沙汰もなく、女中はたまに顔を出すだけでいつしか日も暮れて来た。三右衛門は相変わらず汗をかき、苦し気なうめき声をあげつづけている。ただ手拭を変えるしか処方もない。とはいえ、医師の調合してくれた熱さましがわずかばかり効き出したのか、日の沈む頃には三右衛門の様子も少し落ち着いて来た。

「三右、気分はどうじゃ？」

「師匠、徳蔵さんは無事に」

三右衛門はようやく枕元の正三に気づき頼りなげに笑みを浮かべた。

「すまなんだ。そなたをひどい目に合わせてしもうた。それにしてもどうしたのじゃ？」

「足がひどう痛い。徳蔵殿の小屋を出る時、釘を踏んだようです。その傷が化膿したのかもしれません」

途切れ途切れに三右衛門は病の元を説明した。小屋の中はそのままにしておくようにと言っていたにもかかわらず、いざ、出るとなると、徳蔵は何かつまらないものを持ち出そうとした。それを遮ってもみ合った時、釘か何かを踏んだようだという。さして大した痛みでもなかったが、徳蔵の乗船を見送って宿に帰る時、俄かに痛み出し、ようよう這うようにして何とか宿にたどり着けたのだという。

「そうか、まことにすまなんだ。もうすぐ医者も来る。すぐに治る。心配すな」

「吉田屋の親方はおられませせぬか？」

「吉田屋、ああ小六殿か？　何か話があるのか？」

「お頼みしたいことが」

正三は嵐小六を呼び寄せようと使いを出した。小六は息子の雛助とともに別の宿をとっている。果たしてなかなかやって来ない。すっかり暗くなった頃、ようやく松坂の医師がやって来た。温和な表情を浮かべ、丁寧に診察した後、帰りがけ正三に耳打ちした。

「もう少し早ければ、足を切り落として命を取り留めることも出来たじゃろが、もう全身に毒が回っておる。今晩ひと晩、持つかどうか。痛み止めを出しておく」

正三は悄然と医師を見送るしかなかった。

夜に入って一座の役者が次々と立ち代わり入れ替わり見舞いに訪れたが、三右衛門にはもはや誰と見分ける力もなく、ただ痛みを訴えるばかりで手拭を変えるほか処置の仕様もない。しばらくするとまた正三一人が残された。すでに三右衛門の命が長くないことは一座の者には知れ渡っていたが、手出しも出来ない。

小六がやって来たのは真夜中近くになってからだった。

「すまん、すまん、どうにも抜けられぬ話があって」と正三に弁解した。おそらく伊勢を発つ打ち合わせに入っていると見て取れた。座本の坂東豊三郎もあきらめて一座の収支決済を頭取の三名川弥平次と行っていると匂わせた。

「それで話って何じゃ？」小六はつっけんどんに三右衛門に話しかける。

「これ、小六殿、三右は今、意識が朦朧としている。お前様のことも分からんのじゃ」

「なら、ここにおっても仕方ない。また後で出直そう」

「弟子ではないか、さように邪慳にせずと、少し慰めてやってくれぬか」

　小六は渋い顔をした。三右衛門の養父三代目三右衛門が自分にではなく、このさして見込みもない弟弟子を養子にして四代目を継がせたのが、未だに不満なのだろう。三代目もそうだったが、完全な女形より、元々、男役であった自分のような役者にこそ嵐三右衛門の名跡はふさわしいと思っているようだ。二十四歳から女方を勤めているが、いずれは男役を兼ねたいと念願している。小六のその念願は今から七年後、五十五歳にして女方と立役を兼ねることで実現し、晩年には立役を専門とした。

「分かった、それでどうすればよい？」

「三右、小六殿が来ておるぞ、頼み事とは何じゃ？」

　正三の問いかけにも初めは反応を示さなかった三右衛門だったが、幾度か粘り強く話しかけると、ようやく少し意識が回復したのか薄目を開けた。苦痛に歪んだ顔が少し収まると若女形の可憐な表情とさえ見える。

「小六殿じゃ、何を頼もうとしておるのじゃ？」

　三右衛門はようやく小六の姿を認めたようだ。口を開けたが言葉にならない。正三は急いで枕元の水を口に含ませた。人心地がついたのか、起き上がろうとした。しかし、すぐにうめき声をあげて布団に倒れ込んだ。

「無理をせんでもよい」正三はさらに水を口に含ませた。

「京都に、中村八重蔵、という役者がいる」

三右衛門はようやく途切れ途切れながら話し始めた。中村八重蔵という役者に関することのようだ。しかし、正三にも小六にも聞き覚えはない。幾度も聞き返した挙句、ようやくその役者の名を聞き取った二人は顔を見合わせた。「中村八重蔵?」

「三右殿とどのような関係があるのじゃ?」二人は一様にたずねた。

「まさか、お子ではあるまいな」小六は勢い込んだ。

二十六歳の三右衛門に五、六歳の子供がいてもおかしくはない。何か事情があれば十二、三歳でもないことはない。中村八重蔵が三右衛門の隠し子ではないかというのは二人ともにまず頭に浮かんだことである。

「その子をわしに世話をせよというのか?」

小六はますます不機嫌になった。小六には雛助という十六歳の息子がいる。まだ一人立ちはしていないが、寛延元年(一七四八)、六歳の年、父小六の江戸下りに同行したさい、二代目市川団十郎に前途を嘱望されて可愛がられ雛助という名を与えられた。この名はしばらく父小六が俳名、雛助「すうじょ」として用いていたが、宝暦元年(一七五一)その子が大坂の舞台に初めて目見得した時、改めて雛助《ひなすけ》という芸名として用いた。まだ舞台では所作事(舞踊)が中心であるが、いずれは女方を兼ねた立役として上方の歌舞伎を背負って立つのは間違いないと江戸の役者たちにさえ期待されている。この年の顔見世に京都の四条南側芝居を見た本居宣長も、「年もたけねど、所作事いとよくしはべる」と期待を込めている。常に父と同行し、この度も伊勢にいる。ほとんど贔屓にも後ろ盾にも欠ける今の四代目三右衛門を見るにつけても、その雛助に小六は元禄以来の大坂歌舞伎の由緒ある三右衛門という名跡を継がせる気持ちを持つようになったのだろう。


「八重蔵は、岩五郎様と、ほぼ同年」

三右衛門はまた苦しそうな声を出した。岩五郎というのは雛助の本名である。

「なに・・・岩五郎と同年、ではおぬしが十歳かそこら、ははは、何を言い出すのか」

死に瀕している三右衛門を前に小六はいかにも軽蔑したような笑いを浮かべた。

「もちろん、わたしの、子ではござりません」

「なら、誰の子じゃ、もしかすると三代目の隠し子か?」小六は青ざめた。

「確かな事は・・・」三右衛門の言葉は途切れがちだ。

「確かではないのじゃな」小六は確かめるように念を押した。「けど、その可能性もあるのか?」

三右衛門は苦しそうに説明した。あまり要領は得なかったが、どうやら三右衛門の実母と八重蔵の母親はともに祇園の芸妓だった。三右衛門の母は年下の八重蔵の母をよく世話をし面倒を見ていた。三右衛門がまだ幼い時にその母は死んだがその後、八重蔵の母が幼い三右衛門の母親代わりになったという。三右衛門には弟のような存在である八重蔵の面倒を見る力も未だなかった。もし、この地で帰らぬ人となったなら八重蔵にも八重蔵の母にも申し訳なく、心残りという。

「何とか、八重蔵の、身が立つよう、手助けを、お願いしたいのです」

「それで八重蔵の父親は誰じゃ？」

「いいえ、わたしも、養父三右衛門も、確かなことは、聞いてはおりません。しかし、父がしばしば、八重蔵の母親の、世話をしたことは確かなことで」

「ならやはり師匠の隠し子なのか？」小六はあくまでも八重蔵の父にこだわっている。

「わたしが、父の養子となったのも、八重蔵の、母御の力添え」

「うむぅ」小六は唸るばかりだ。

「よう分かった、八重蔵という役者のことは気に留めておく。そんなことより、気を確かに持って自らの力で八重蔵の手助けをするのじゃ」

正三は何とか三右衛門の回復を願っていた。徳蔵を三右衛門一人に任せたのが、そもそもの過ちだったと悔いている。しかし、小六の前ではそんなことさえ口に出せない。逆に三右衛門がうわ言ででも徳蔵のことを口の端に乗せないかとさえ気遣うばかりだ。

その夜、三右衛門は苦悶のうちに息を引き取った。傍にいたのは正三ただ一人だった。一座の役者たちはすでにそそくさと伊勢を後にする手配りをし始めていた。

二十　後日

五月の中頃、正三は久しぶりに彦四郎と風呂に入った。彦四郎にはすでに無沙汰の断り書きや様々な気遣いの礼状も出している。その日は梅雨の最中の珍しい五月晴れの日だった。彦四郎もそれで足を延ばす気になったのだろう。

「一度、お伺いしようと思いつつ無沙汰いたしまして申し訳ありません」正三はそれでも型どおりの挨拶をした。

「いやいや、そなた様にはたいそうなご苦労であったとこの宿の者から聞き及んでいます。それにしても、まさかあの三右衛門殿が亡くなられるとは思いもかけないことで・・・病の様子を目にしておりながら、何の手当もしなかったことを悔やんでおります」

「お八津様にも丁重なお悔みの言葉を頂き、却って恐縮しております」

正三にしても彦四郎にしても、またお八津にしても、三右衛門の治療に有効な手立てを持てなかったことは、やむを得ないこととはいえ悔やまれてならない。それだけに正三は三右衛門の葬儀から埋葬まで出来るだけの手立てを尽くした。

伊勢神宮は不浄を殊の外、避けている。穢れの筆頭は何といっても死穢《しえ》であり、死者の家や家族だけでなく、埋葬の参加者にまで死穢は及ぶとされている。そして何日かの間、物忌みに服さねばならない。享保六年（一七二一）、山田常盤町のさる寺の住職の葬儀が宮川の外の渡会郡《わたらい》で行われたにも関わらず、参列した神宮領民の触穢が問題とされ、葬家の家人や役人は三十日の穢れ、葬送の参列者は七日の穢れ等々と厳しく禁忌に服すことが命じられた。神宮領内の住人に対してだけでなく、参宮の旅人などにもこうした触穢は適用されており、死をみとった正三だけでなく宿にまで触穢は及ぶことになる。けれども日常生活にまで他人と接触することや同火の食事を禁止され、ひと月にも及ぶとなれば神宮の門前町としての機能自体が停止する。それを避けるため「速懸《はやがけ》」と呼ばれる方策がとられていた。それは死者がまだ生きているものとして、周囲の人間も普段通りの生活を送り、死者を埋葬してしまう。こうして穢れは埋葬に関わる人間だけが負うという奇策が弄された。ただし死んでから一昼夜の内に埋葬しなければならないとされたが、それもまた時には様々な口実の下に猶予も設けられたようである。

　座本の坂東豊三郎や頭取の三名川弥平次も正三を手助けしたが、他の一座の役者たちにすれば、伊勢での興行に目鼻がつかないばかりか、長居は自らの首を絞めることにもなりかねないと、それぞれが一刻も早く伊勢を離れる手立てを尽くし始めた。それもやむを得ないことだったろう。

　三桝大五郎は正三より一足先に伊勢を発ち、堺の戎島の芝居に加わった後、京都へと向かった。「芝居不景気にて休みになり、直接、伊勢中之地蔵の芝居へ出、夏は堺戎島へ行かれ、この度、また御当地（京都）へ帰り新参」（『役者真壺錺』宝暦七年正月）と評判記に記され、大五郎の属していた道頓堀の角之芝居も入りはもう一つであったことが知れる。それでも角之芝居は二月に中之芝居から中山新九郎、文七父子を迎え入れ、五月には『夏祭浪花鑑』の書き替え『備中玉島鑑』を上演し、そして七月には大坂に戻った正三を作者に迎え入れる。

坂東豊三郎は伊勢から大坂に戻り、「北芝居にて秩父の重忠役できました」（役者評判記同上）とあり、北芝居、すなわち曽根崎での中ゥ芝居《ちゅうしばい》（大芝居でない芝居の総称）に加わった。三名川弥平次と嵐小六・雛助父子の動向は不明である。

中村歌右衛門は宝暦七年三月に江戸にお目見得した。「三月八日より、市村座、初下り中村歌右衛門、二番目、七種四郎蟇の術大當り」と『歌舞伎年表』に記されている（宝暦八年正月刊の『役者初火桶』には「この人、去年三月中旬大坂下りの由にて、市村座へ出勤」となっている）。当初の懸念にもかかわらず、歌右衛門は江戸では最初は好評を受けた。しかし、次第に好意の目も覚めて来たのか、むしろ冷たい目でみられる。「成るほど何をさせてもしかねそむない（そうもない）実悪仕、なお永日の時を期し候」（『役者初火桶』宝暦八年正月）、「去年秋、休息の内、江戸役者の風を呑み込み、鬘衣装大小など、江戸風に仕立て出勤めさるれども、まだ大坂の実悪の仕打が残ります」（『役者将棋経』宝暦八年三月）と、大坂風の実悪そのままではやはり江戸では通用しなかったようである。しかし、その後の苦心がやがて歌右衛門を江戸でも抜群の実悪仕との評価を受けるようになる。「当時（現在）、平九（山中平九郎）に肩をならぶる実悪は、此加賀屋の歌七に至極せり（略）歌右衛門、古今の大でけ大あたり」（『役者談合膝』宝暦九年正月）と江戸有数の実悪役者と目される。

「そうそう、先日、少し余裕が出来ましたので、お礼かたがた春庵殿のお宅を訪ねました」と正三が付け加えた。

「それはそれは、あの鈴の屋でお話されましたか？」

「いえ、それが当日、春庵殿は早朝から宮参りに出かけられ、またもや、すれ違いになってしまいました」

「それは残念なことでしたね。春庵殿もそなた様に会って芝居の話を伺えると楽しみにされておりました」

「まだ、しばらくこの地に留まらねばなりません。また、良き折を見て、是非ともお伺いしたいと思っています」

「いやぁ、それも叶えません。つい二、三日前に京へ発たれました」

「そうでしたか、それは返す返すも残念なことです。けれど、もしかすれば来年には京でお目に掛かれるかもしれません。楽しみにしていると、ついでにでもお伝えください」

「わざわざ葬儀やなにかでお忙しい中をお出でになられたのに残念でした。三右衛門殿には身寄りの方はおられぬのですか？　何もかも正三殿が引き受けられていたようにお見受けしました」

「義理の母に当たる方が大坂におられるのですが、もう随分、お年も召され、この地に参られるわけにはいかなかったようです」

「では三右衛門殿は？」

「贔屓の方が来られまして位牌は大坂に持って帰られました。大坂での葬儀も何もかも引き受けていただきましたので、わたしは大坂に戻ったら早速、まず墓参りに行きたいと思っています」

＊

正三は後始末がすべて終わった後、座本の坂東豊三郎とともに五月の下旬、大坂に帰った。三右衛門の義母に悔やみの挨拶に行った後しばらくして、三右衛門家の墓があるという尼崎久々知《くぐち》村の広済寺に墓参りに行くことにしていた。ちなみに三代目の戒名は真空院祐讃日栄といい、四代目の戒名は真證院普讃日浄という。

広済寺は鎌倉時代に禅宗の寺として創建された。『摂津名所図会』によると、南北朝の動乱により廃寺になっていた広済寺は、江戸時代、正徳四年（一七一四）に日蓮宗の日昌《にっしょう》上人により元々の禅宗から日蓮宗に宗派替えをしての再興を許された。日昌上人は妙見菩薩の示現を受け、幕府に廃寺の再興を願い出ていた。日昌が境内に荒廃したまま残されていた社の扉を開けたところ、中央に妙見菩薩、左に諏訪明神、右に牛頭天王の三像があったという。この妙見宮は清和源氏の祖である多田（源）満仲の勧請になり、かつては当、久々知村の産土神となっていた。日昌上人は大坂の有力商人である船問屋尼崎屋の一族であり、大坂に移り住んでいた近松門左衛門の帰依も受けていた。広済寺の再興には近松も発起人の一人として中心的役割を果たし、この寺の一角、本堂の裏には「近松部屋」と呼ばれる座敷が作られ、晩年はここを執筆の場としたと伝えられる。近松は元々は京都の日蓮宗の本山、本圀寺の檀家だったが、実母の法要もこの広済寺で行い墓も築いている。自らの墓も生前からこの寺に造っていた。近松は広済寺の再建にあたり歌舞伎や人形浄瑠璃の関係者にも参加を呼びかけた。四代目嵐三右衛門の義父の三代目三右衛門も近松の呼びかけに応じて、当時、若年ながらこの寺の再興の発起人として名を連ねていたのである。この結果、歌舞伎や人形浄瑠璃の関係者はこの寺にしばしば詣でており、宗派は異なるとはいえ正三にも親しい寺であった。広済寺は妙見宮を神宮として境内に建て直し、この頃には久々知妙見宮は能勢妙見宮にも劣らぬ参詣者を集めていたという。

正三は六月早々、お由とともに広済寺に出かけた。祖母の世話は母のお絹が引き受けてくれた。今年は中之芝居ばかりか角之芝居も大西芝居も入り薄く、この六月は例年に比べてずっと涼しいとはいえ、道頓堀はますます人気薄くなっていた。そのため大芝居三座ともに六月は休み、七月の秋芝居に挽回を期そうとしていた。芝居茶屋もまた例年になく暇になり、お絹はお由に代わって看病を引き受けてくれたのだ。

六月になっても水無月という名に相応しくなく、まだ曇り空がつづいたばかりか、前夜には激しい雷さえ鳴った。朝には雨も止み雨の恐れもなさそうだった。この雷でようやく夏らしくなると夏雲の広がる青空を見上げて正三はお由と島の内の家を出た。

「婆様にはこの夏は過ごしやすくてよかったわい」

十三の渡しを渡る時、お由はふっと思いついたように口にした。その顔は口ほどには安堵の色はない。正三とて同じ気持ちだ。三右衛門の墓参にこじつけてはいるが、もう五年以上になる祖母の看病にお由自身が疲れているのが目に余るようになっている。かといって正三が代わってやることも出来ず、自然、お由に任せっぱなしになっているのを祖母も気遣っているのが分かる。それでも慣れたお由でなく、お絹が代わって看病すると知ると祖母は「ゆっくりしておいで」と口では言いながら、不安そうな表情が微かに浮かんでいる。お由は遠縁の娘であり、養女のお絹よりは多少とも血縁関係にある。しかし、それ以上に数年に渡って看病を一手に引き受けて来たお由に対する安心感を持っていることにまがうことはない。

「だいぶ弱られたようじゃのう。しばらく見んうちにげっそりされているのが目に付く。医者は何とお見立てなのじゃ？」

「この夏を乗り切れればと・・・」

「お年じゃしのう」

「三右衛門様はお気の毒じゃ。まだまだこれからというに」

「む・・・」正三に言葉はない。徳蔵の一件に巻き込まなければ、今頃はまだ伊勢で評判を掴んでいたかもしれない。

「歌右衛門様は今頃はどちらにお出でじゃろ？」

歌右衛門からは桑名での興行を恙なく終えた後、名古屋には寄らずに北陸回りをすることになったとの書状が届いた。名古屋というのは元々、一種の隠れ蓑で、大湊からの廻船も桑名に寄ることになっており、そこで徳蔵とも落ち合うことになったようだ。どうやら歌右衛門は一刻も早く一座を離れて新天地を目指したいという気持ちが強かったのだろう。名古屋からの誘いというのは確かなものでなく、桑名で座本になってから名古屋に乗り込む腹積もりであったらしい。当時、名古屋では若宮社と清寿院が大芝居の興行地となっていたが、それ以外にも宮芝居が幾つか残っていた。享保の徳川宗春の時代には伊勢から乗り出した遊郭が橘町という町の裏通りに西小路と呼ばれる新地を開発しており、ここにも芝居が数軒、建ち並んでいたが、宗春が失脚するとともにこの新地は取り払われ、ただの荒れ地になっていたらしい。それでも不況の時の京都の芝居は名古屋に一座を移して挽回することも多かった。しかし、それも少しずつ衰え、今や伊勢が夏芝居の本拠のようになっていた。その伊勢をしくじったとなると、次は地方で稼がねばならない羽目になったのかもしれない。

「生まれ故郷の金沢辺りで英気を養っているのじゃろう」

歌右衛門の北国廻りが徳蔵という男の世話を引き受けたための回り道でなければよいがと正三は密かに憂いている。それでも徳蔵も無口ながら歌右衛門の付き人の一人として何事も嫌がらずに世話をするだけでなく、役者には出来ない力仕事をこなすため重宝していると書状にあり、このまま無事に江戸に着けば、あるいはお志摩との再会も叶うかもしれないとも思われた。

「冬までに江戸に着いたなら、顔見世にも名が乗るであろう」

それが翌年の三月まで延びるとは正三にも思いもよらないことだった。

「これから暑さがやって来るのでしょうね」

　お由は相変わらず祖母の容態が気に掛かるようだ。神崎の渡しも渡り、蛙の鳴き声が広がる田圃に囲まれた有馬道には旅人の数も次第に増えてくる。道端に茶所と旗を立てた掛け小屋に一休みする旅人も多い。

「そういえば、十日程前でしたか、三次というお人が親分、お帰りでっかって尋ねて来ましたぞ。うち、てっきりお父はんのことじゃと思いました。正さん、親分って呼ばれていなはるそうだすな」

「あれは揶揄うているだけじゃ。若親分とか若旦那とか、好き勝手に呼ぶので迷惑していた・・・そうか、もう大坂に戻っていたのか」

「お志摩さんをあんじょう、お送りしましたよって、安心して下されと伝えてくれ、言うてはりましたけど、うち、何のことやらさっぱり分かりません」

「いやいや、旅の途中で難儀しているものと少々、関わり合うただけじゃ」

「けど、三次さん、お志摩って名前、出すだけで何やらうれしそうな御様子だした。よっぽど綺麗なお嬢様なんでっしゃろな」

「うん、まあ・・・そうか、三次は嬉しそうにしておったか」

「正さんも」

「あほ言え、まだほんの十歳かそこらじゃ」

「へぇ、あの三次さんはそないな子ぉを」

「別に深い訳があるわけじゃなかろう」

「へぇ、そうだすか」

お由はまだ何か言いたげだったが、飛び交う蝶と戯れるように駆け出した。

「有馬山、猪名の笹原、風吹けば、いでそよ人を、忘れやはする」と歌われたかつての猪名の原は今や一面の田畑が広がるが、猪名川には川漁師の小舟もあちこちに浮かび、釣り竿や手網で鮎漁をしている。その川原には今も萱や芒が生い茂っている。応永二十七年（一四二〇）の昔、朝鮮王朝（李朝）の回礼使、老松堂宋希璟によると、京都からの帰路、尼崎に宿した時、「日本の農家は、秋に水田を耕して大小麦を種《ま》き、明年初夏に大小麦を刈りて苗種を種き、秋初に稲を刈りて木麦を種き、冬初に木麦を刈りて大小麦を種く。一水田に一年三たび種く」（『老松堂日本行録』岩波文庫、村井章介校注、一部の漢字異体）と室町時代にはすでにこの地では三毛作が行われていたことを記している。

＊

六月のある日、三次が改めて正三を訪ねて来た。三次らは伊勢を発ったその日は安濃津で一泊したという。もともとの筋立ては、歌右衛門は江戸に戻る上方の奉行所の祐筆、これも安田彦四郎からの思い付きで、ということにして、たまたま明星茶屋でお志摩・お小枝の二人と袖振り合うという筋立ての筈だったが、明星茶屋で三次と一緒になり、三次には役者であることを明かしてしまっていた。

「いや、歌右衛門というお人は、ほんに根っからの役者だすな。その宿で仲居はんに、もしかしたら中村歌右衛門さんちゃいますじゃろか、って見破られたんだす。はっ？　それどなただす、って空とぼけて、わしは船頭徳蔵じゃ、言うてからに、冷や汗が出ましたわ。お志摩ちゃんのこと娘じゃて、よう似てるじゃろ、何てさんざ、仲居はんをからかいなすってのう、わい、この人、ほんまもんのお志摩ちゃんの父御でなかろうか、なんて一瞬疑いました。舵を取る仕草、船を出しゃらば、夜深に出しゃれ、帆影見るさえ気にかかる、なんて唄まで歌って、みなみな拍手喝采だした。まこと、役者はえらいもんじゃ、わし、もちょっとで歌右衛門様、ひっくくって大坂に連れ帰ろうと思いました」

「そうか、それは陽気な旅でよかったのう」

「ほんに、次の日、雲出川ちゅう大きな川、渡ってしばらくしたら、別れならんとは残念なこってした。わいらは分かれ道を鈴鹿へ、歌右衛門様はそのまま伊勢街道を宮へ向かわれました」

「それからおぬしは晴れてお志摩ちゃんと京見物をして帰って来たというわけか」

「さいでやす。頭に、今まで何してたんじゃ。遊び回っておったのじゃろ。お前みたいなもん、大事な使いに出して間違いじゃった。もう二度と、大坂から出られんとそう思うとけ、ってえらい叱られましたわい」

「伊勢から何か知らせでもあったのか？」

「そのようだす、けど、たいしたこと書いてなかったんちゃいますかいな。二、三日、わい、寝っぱなしじゃったそうだす。結構、みんな、話、聞きたがりまして、話してやったら、えらい喜ばれましてな。今度は一人では行かせん、わしが行く、ってみな、羨ましがっとりました」

「まあ、喜ばれたなら結構なこっちゃ」

正三は七月には中山文七に頼まれ角之芝居の手助けをすることになった。そろそろ天竺徳兵衛の仕組の目途をつけたいとは思っていたが、まだまだ先のことになろう。来年の座組が決まってからのことになると考えている。もしかすれば京都に行くことになるかもしれない。今、属している中之芝居は来年もどうなるかも今は見当もつかない。少なくとも今の役者たちはほとんど大坂に残っていない。そこで近松門左衛門の『博多小女郎』の書き替えを『草津小女郎』と題して仕組むことにした。伊勢で徳蔵に最後に会った時、頭に浮かんでいた筋立てである。「草津」よりむしろ「古市」か「大湊」とでもしておこうと考えたが、未だ徳蔵は歌右衛門に連れられて北国辺りを巡っている筈である。あまり疑念を起こさせたくはない。

「三次さん、伝法まで使いに行ってもらえんじゃろか」

このところ毎日のように道頓堀の芝居茶屋泉庄に顔を出す三次に正三は頼み事をした。

「えっ、伝法、もしかすると」

「そう、お志摩ちゃんのところに頼みたいことがある」

「まさかお志摩ちゃんの御父っあんのこと、何か分かったなんて、ないでっしゃろな」

「もちろん、そないなこと、あるわけない。七月の角之芝居に招こうと思っている。三次さんもどうじゃ」

「いや、あては・・・表からはちょっと入れません。役木戸が偉そうにしとりますし」

役木戸というのは三次のような垣内《かいと》とともに町奉行所の御用を勤めている芝居の木戸番である。

両者は互いに張り合いをしており、お世辞にも仲がいいとはいえない。

「そうじゃった、すまなんだ。まあ、角之芝居の役木戸はいい奴なんじゃが、仕来りにはうるさいしのう」

「へぇ、それにあこのやんちゃ坊主が苦手だすねん」

「ははは、あの五八が苦手なのか、なかなか機転のきく面白い小僧じゃがの」

五八というのは当時、角之芝居の役木戸をしていた和泉屋五兵衛の養子、十歳の子供のことである。

「へぇ、それがあての一番の弱み、あては全然、機転、ききませんよって」

「ほう、五八はそないに機転がきくか？　まあ、芝居の作者になろうともいうものが、機転がきかんでは困るがのう・・・いや、そうでもないか、わしもあんまり機転はきかんわい」

「親分がきかんなら、誰もきくもんはおりませんわい」

「そない言われるとちと、恥ずかしい。わしの思い付きは練り上げなならん。なんほも考え考え、ようやく仕上がる。して五八はどないな様子かのう」

「ついこの前、お宅の方に伺った時、お由はん、蝿《はい》叩き、蝿叩き、って叫び声、上げはりましてん。台所《だいどこ》に油虫（ゴキブリ）見つけはったんでやす。わいがうろうろしてたら、五八の奴、どっからか、見つけた肩叩きをさっと出したんだす。あほか、こないなもんで油虫、叩け言うんか、ってお由はんにえらい怒られますと、また、どっからか達磨叩き探して来なすって、もう、お由はん、かんかんだした。わてが笑っとたら、三ちゃん、何、ぼやぼやしてんねん、油虫、おらんようになってしもうた、言うて、わいばっかり怒られました。えらい災難じゃった」

「そうか、そら災難じゃったのう。近頃はあまり姿を見せんが」

「そら、結構なことで」

と言っているところに五八が飛び込んできた。

「師匠、今度、うちの手っ伝《た》いに来るんじゃそうじゃの」

「ああ、ちょっとばかり、手間稼ぎさせてもらう」

五八の顔を見ると三次は、

「明日にでも伝法に行て参ります」と、逃げ出すように店を出て行った。

ようやく秋らしくなってきた七月二十三日（太陽暦八月十八日）に幕を開けた角之芝居『草津小女郎』は思いのほか好評だった。初日に芝居見物にやって来たお志摩とお小枝は大喜びで、しきりに「和泉屋」と中山文七に声援を送っていたが、芝居の後は、お小枝はわが意を得たように、涙を流しさえした。

「その通りだす。親方はあらん疑いを受けて無実の罪に落とされるところだした。無事、お会い出来るのは、ひとえに師匠のお蔭だす」

正三はその年の顔見世から大西芝居に移り、そのまま一年、大坂に残ることになった。伊勢での座本坂東豊三郎は大坂にもどったが、正三とは別に角之芝居に加わった。頭取の三名川弥平次は正三とおなじく大西芝居に入っている。三桝大五郎、嵐小六、嵐雛助は上京し、四条南側芝居、沢村国太郎座に入った。この南側芝居も大評判でなかなか席も取れないことは本居宣長も記している。この四条南側芝居に伊勢で倒れた嵐三右衛門が正三や小六に託した中村八重蔵も若衆方として一座していた。正三は八重蔵のことが気になりながらも、この夏を無事に越えた祖母の看病をつづけるお由のためにも京都に出て行く気にはなれなかった。

そして翌宝暦七年一月二日、二の替りに『天竺徳兵衛聞書往来』を上演した。船頭徳兵衛に中山新九郎ほか中山文七、松屋（後、中山）来助といった父子中心の座組で無人に近い上、座本は大松曲助という老齢の道外方、道外方の座本は初めてという訳ではないが、めったにないことだった。それでも顔見世の評判はよく、この二の替りは「初《はじめ》の間はおろか、後にいたりても、桟敷などは、中々急にはなくて大入大当りは、近年になき南の賑わい」（『役者笑上戸』宝暦七年三月）と評される大成功だった。

＊

新年、早々、正三の許に伊勢から安田彦四郎の年礼の挨拶状がよこされた。決まり文句の終わりに簡単に、春庵殿の妹御お八津さんが昨年末、婚礼をあげ松坂を離れたと書かれていた。それだけを書きたいがために、書状を寄こしたものと思われ、苦衷を隠して婚礼を見送る彦四郎の姿を想像して正三は思わず苦笑いをした。

宝暦6年（1756）
並木正三（1730〜73）道頓堀の芝居茶屋和泉屋正兵衛（泉正）の息子
中村歌右衛門（1714〜91）加賀屋、俳名歌七、実悪
三桝大五郎（1718〜80）京桝屋、俳名一光、立役
嵐小六（1708〜86）吉田屋、若女形、三代目嵐三右衛門の弟子
嵐雛助（1741〜96）嵐小六の実子、当時色子、後に若女形から立役
嵐三右衛門（1732〜56）四代目、若女形、三代目の養子
坂東豊三郎（生年没年不明）立役、当年、道頓堀中之芝居から伊勢中之地蔵芝居の座本、当年、四十歳半ばと思われる
三名川弥平次（生年没年不明）敵役、当年、坂東豊三郎座の頭取
以上が当年、伊勢の中之地蔵芝居に加わった主な役者、作者。

勘助、伊勢古市、口之芝居の木戸番
浜蔵、古市、口之芝居の舞台下で働く男
鳥羽屋徳蔵、お志摩の父、廻船の船頭、浜蔵と同一人物か？
お小枝、鳥羽屋徳蔵の配下の舵取長兵衛の妻、お志摩の世話をする
三次、道頓堀垣外《かいと》の手下、町奉行所の捕り物御用を勤める。大坂に垣外は四か所（天王寺、飛田、天満、

道頓堀）あり、四箇所とも呼ばれる。
水野甲斐守忠福、（伊勢）山田奉行
安田彦四郎、山田奉行水野忠福の祐筆
春庵、本居宣長（1730～1801）、松坂の綿織物商小津屋（廃業）の次男
お八津、春庵の妹

座本：一座の頭、一座の資金繰りやメンバーの決定などの権利を持つが、時には名目だけの場合もある。江戸では座元と書き、中村座なら中村勘三郎が代々つとめ、座元はさらに芝居小屋の持ち主（芝居主）や興行権の名義人（名代）も持っていた。大坂では座本は一年契約であり、長年つづけることは約束されていない。芝居主や名代はこの当時は座本とは別人で、大坂や大坂近郊の町人、名主などがなっていた。角之芝居は福永太左衛門が名代、芝居主を兼ね、大西芝居は久宝寺屋新兵衛が芝居主、名代は普通、大和屋甚兵衛だったが、実際には別人がその名代を買っており、この当時には大和屋甚兵衛その人は存在しない。中之芝居も名代は塩屋九郎右衛門だが、実際の興行は別人がその名代で行い、塩屋九郎右衛門その人は一町人、九郎右衛門町の年寄にすぎなくなっている。中之芝居の芝居主はしばしば代わった。
頭取：楽屋の入口近くに頭取座が設けられ、楽屋の取り締まり一切が行われていた。休演や事故の処置、無断立ち入りの見張り、その他、日払いや花代の分配など金銭的な出入りの監督も行った。普通、

敵役《かたき》など人気のない下積みの老練の役者が任じられる。

はまむぎ －並木正三諸工夫より－

2021年8月8日　第1刷発行

著　者　毛利隆一
発行人　大杉　剛
発行所　株式会社 風詠社
〒553-0001　大阪市福島区海老江5-2-2
大拓ビル5-7階
TEL 06（6136）8657　https://fueisha.com/
発売元　株式会社 星雲社
（共同出版社・流通責任出版社）
〒112-0005　東京都文京区水道1-3-30
TEL 03（3868）3275
装幀　2DAY
印刷・製本　小野高速印刷株式会社

ISBN978-4-434-29365-8 C0093

郵 便 は が き

料金受取人払郵便

大阪北局
承　認

6123

差出有効期間
2023 年 5 月
31日まで
（切手不要）

553-8790

018

大阪市福島区海老江5-2-2-710

㈱風詠社

愛読者カード係 行

ふりがな お名前		大正　昭和 平成　令和　　年生　　歳	
ふりがな ご住所	□□□-□□□□	性別 男・女	
お電話 番　号		ご職業	
E-mail			
書　名			
お買上 書　店	都道府県　　市区郡	書店名	書店
		ご購入日	年　月　日

本書をお買い求めになった動機は？

1. 書店店頭で見て　　2. インターネット書店で見て
3. 知人にすすめられて　　4. ホームページを見て
5. 広告、記事（新聞、雑誌、ポスター等）を見て（新聞、雑誌名　　　）

風詠社の本をお買い求めいただき誠にありがとうございます。
この愛読者カードは小社出版の企画等に役立たせていただきます。

本書についてのご意見、ご感想をお聞かせください。

①内容について

②カバー、タイトル、帯について

弊社、及び弊社刊行物に対するご意見、ご感想をお聞かせください。

最近読んでおもしろかった本やこれから読んでみたい本をお教えください。

ご購読雑誌（複数可）	ご購読新聞
	新聞

ご協力ありがとうございました。

※お客様の個人情報は、小社からの連絡のみに使用します。社外に提供することは一切ありません。